ROUSSEAU
DE L'EMPIRISME À L'EXPÉRIENCE

DU MÊME AUTEUR
À LA MÊME LIBRAIRIE

Raison et perception. Fonder l'harmonie au XVIIIe *siècle*, 2001, 320 pages

*Empirisme et métaphysique. L'*Essai sur l'origine des connaissances humaines *de Condillac*, 2003, 162 pages

Contingence et nécessité des lois de la nature au XVIIIe *siècle. La philosophie seconde des Lumières*, 2006, 224 pages

Empirisme et théorie de la connaissance. Réflexion et fondement des sciences au XVIIIe *siècle*, 2009, 176 pages

BIBLIOTHÈQUE D'HISTOIRE DE LA PHILOSOPHIE

ROUSSEAU
DE L'EMPIRISME À L'EXPÉRIENCE

par

André CHARRAK

LIBRAIRIE PHILOSOPHIQUE J. VRIN
6, Place de la Sorbonne
PARIS Ve

Imprimé en France

ISSN 0249-7980

ISBN 978-2-7116-2456-0

www.vrin.fr

INTRODUCTION

LECTURE ET CONSTITUTION D'UNE PHILOSOPHIE

Ce livre propose un *cheminement* dans l'œuvre de Rousseau. En choisissant cette démarche pour l'avoir longuement éprouvée, nous savons pourtant qu'elle ne saurait nous conduire jusqu'à la vision synoptique que les interprétations globales ambitionnent d'atteindre : nous ne produirons pas la sorte de cartographie qui distribue tous les genres où s'illustre un auteur majeur, tous les grands textes et tous les aspects qu'ils offrent au lecteur sur un même plan d'intelligibilité. Les points de vue adoptés au cours de notre parcours seront forcément partiels[1], cependant qu'ils saisiront leurs objets dans une profondeur (dans leurs strates et dans les sources qui s'y déposent) qui s'efface de trop haut; bornés, pour la même raison qu'ils restitueront des horizons problématiques que Rousseau aperçoit toujours, fût-ce pour s'en détourner; conditionnés mais, autant qu'il se peut, explicites sur les raisons qui les déterminent. Quant au cheminement d'ensemble, il consiste à suivre une évolution dont la marque s'imprime aux grandes étapes qui scandent la constitution du *corpus* – or un chemin, en philosophie, s'entend toujours comme une méthode, en sorte que la perspective adoptée dans notre étude s'assortit d'un fondement dans la chose même : c'est l'évolution des décisions méthodologiques de Rousseau qu'il s'agira d'identifier, de suivre et de comprendre. Reste à justifier ce choix par des nécessités théoriques et à lui donner corps en retenant le cas d'une conceptualité pertinente.

1. Ce n'est pas dans ce livre, en particulier, que nous aborderons l'œuvre romanesque de Rousseau dont, à plusieurs reprises, on devinera pourtant la place en creux; pour ce qui concerne notre vision de son rôle à l'intérieur de la « théorie de l'homme », du moins pouvons-nous renvoyer à notre Introduction à l'*Émile* (Paris, GF-Flammarion, 2009, p. 29-33).

Lire Rousseau en philosophe

Selon V. Goldschmidt, la cohérence du système de Rousseau est « dans son unité substantielle », c'est-à-dire dans « la concordance fondamentale de cette pensée avec elle-même [1] ». On devine qu'une telle conception de la systématicité d'une pensée conduit à tenir pour secondaires ou simplement apparentes les évolutions qui en marquent les exposés successifs, au moins lorsqu'elles conduisent à des énoncés incompatibles avec des principes qui, dans leur pleine généralité, seraient disponibles dès le départ – en l'occurrence, dès le *Discours sur l'origine et les fondements de l'inégalité parmi les hommes*[2]. C'est par exemple la raison pour laquelle V. Goldschmidt tient pour foncièrement fautive « l'exégèse traditionnelle du principe de pitié » qui, rappelons-le, insiste sur le changement de statut qui survient du second *Discours* à l'*Émile* : disons tout de suite que, de notre côté, nous ne contesterons pas cette évolution qui, cependant, nous semblera dépendre d'une autre, plus fondamentale. D'une façon à la fois excessivement radicale et, dans la perspective d'une lecture structurale, très conséquente, Goldschmidt affirme même que ces principes ne sont « entièrement exposés » que dans le *Discours sur l'inégalité*.

Le même auteur trouve dans le maître-livre de Masters[3] une pleine « confirmation » de sa méthode de lecture ; il faut aller plus loin, en réalité, et reconnaître dans la reconstruction systématique proposée par Masters la justification la plus profonde de l'approche structurale, car son interprétation, au demeurant plus circonstanciée dans ses lignes directrices, a le mérite de se fonder sur des déclarations explicites et techniques de Rousseau : le fait que nous n'y lisions pas du tout la même prescription de lecture n'empêche nullement de considérer, avec et après Masters, qu'elles offrent le meilleur point de départ à une enquête d'ensemble sur le *corpus* systématique qui s'étend du *Discours* à l'*Émile* – la question demeurant en outre en suspens, de savoir comment lire les textes ultérieurs. Le passage décisif, dont nous avons étudié, dans un autre travail[4], l'assise et les échos dans les grands traités, se trouve dans les *Dialogues* de 1771 :

1. *Anthropologie et politique. Les principes du système de Rousseau*, Paris, Vrin, 1983, p. 12.

2. Comme toujours dans la perspective d'une lecture récurrente, le commencement réputé authentique de l'œuvre ne se trouve pas dans les premiers textes.

3. *La Philosophie politique de Rousseau*, trad. fr. G. Colonna d'Istria et J.-P. Guillot, Lyon, ENS Éditions, 2002.

4. Introduction à l'*Émile*, p. 10-18.

> J'avais senti dès ma première lecture que ces écrits marchaient dans un certain ordre qu'il fallait trouver pour suivre la chaîne de leur contenu. J'avais cru voir que cet ordre était rétrograde à celui de leur publication, et que l'auteur remontant de principe en principes n'avait atteint les premiers que dans ses derniers écrits. Il fallait donc pour marcher par synthèse commencer par ceux-ci, et c'est ce que je fis en m'attachant d'abord à l'*Émile* par lequel il a fini, les deux autres écrits qu'il a publiés depuis ne faisant plus partie de son système, et n'étant destiné qu'à la défense personnelle de sa patrie et de son honneur [1].

Ce texte impose au lecteur une décision méthodologique cruciale: lui appartient-il d'exposer le système selon cet ordre rétrograde ou, à l'inverse, de reconstituer les strates de sa constitution progressive – qui, faut-il ajouter, relève donc de l'ordre analytique? La première voie est celle de Goldschmidt: le danger, quant à l'histoire des textes, se trouve évidemment dans l'illusion de récurrence, consistant par exemple à projeter sur le second *Discours* les développements produits dans le traité d'éducation. Cette démarche est toujours suspecte en histoire de la philosophie; et elle est d'autant plus délicate, s'agissant de Rousseau, qu'elle va contre les précisions qu'il apporte en 1771 sur la constitution de sa philosophie: il est stipulé dans les *Dialogues* que Rousseau n'a atteint les «premiers» principes *que* dans l'*Émile* et il est très difficile, à ce titre, de conférer à ceux qui sont exposés dans le *Discours sur l'inégalité* le caractère séminal et exhaustif que soutenait Goldschmidt. Au fond et du point de vue des intentions proclamées – heureusement, elles n'épuisent jamais les acquis positifs d'un grand livre [2] – une interprétation structuraliste de la pensée de Rousseau est hantée par la même confusion méthodologique que dénonçait le second *Discours* chez les jurisconsultes et les écrivains politiques [3]. Au reste, Masters se saisit de la mention de la voie synthétique dans les *Dialogues* comme d'un indice pour articuler les différents ouvrages de Rousseau plutôt que comme de la preuve d'une systématicité dont le déploiement progressif ne changerait finalement rien à l'architectonique d'ensemble.

1. *Rousseau juge de Jean-Jacques*, Dialogue IIIe, OC I, p. 933.

2. Si nous tenons pour illusoire l'idée *générale* surplombant l'interprétation de V. Goldschmidt, soulignons en revanche qu'à nos yeux, chaque lecture des admirables analyses de détail produites dans *Anthropologie et politique* approfondit l'intelligence du geste rousseauiste en philosophie et de ses sources – les pages consacrées à Montesquieu, par exemple, nous semblent insurpassables.

3. *Discours sur l'origine et les fondements de l'inégalité parmi les hommes* [désormais noté *Discours sur l'inégalité*], OC III, p. 132.

Mais la lecture rétrograde soulève une autre difficulté, qui nous paraît de plus grande importance d'un point de vue théorique. Si l'on regarde les textes successifs sur le fond d'une architectonique en cours d'explicitation – alors on s'expose au danger de manquer leur horizon propre, c'est-à-dire, non simplement le sujet qu'ils se donnent, mais encore les limites dans lesquelles ils se tiennent et les possibilités qu'ils disposent. Or cette dimension est essentielle pour comprendre l'orientation originale d'une pensée. Certes, elle s'énonce de façon claire et frappante dans les déclarations rétrospectives; mais elle se dégage aussi par contraste avec d'autres possibilités théoriques qui, parfois, furent véritablement éprouvées puis laissées de côté, voire critiquées – notre interprétation de l'abandon du *Manuscrit de Genève* et du passage au *Contrat social* illustrera ce cas de figure. À suivre l'ordre effectif de ce que Rousseau désigne comme la « publication » de ses textes[1], on peut espérer répéter, dans de véritables expériences de pensée, un cheminement véritable, comportant aussi des bifurcations et des retours en arrière, auquel l'ordre rétrograde donne l'allure purifiée d'un itinéraire conduisant des principes au système[2].

Toutefois, avant de justifier le choix de cette voie plus sinueuse par des raisons philosophiques et non seulement philologiques, nous ne pouvons

1. Ce sont les étapes que Rousseau *choisit* de désigner qui guideront notre parcours; encore faut-il tenir compte des avancées positives de l'édition de ses textes, que nous mobiliserons dans certains cas sans nous prononcer sur leur concurrence de surface : d'un côté, les volumes publiés à la librairie Vrin par le groupe Rousseau animé par B. Bernardi; de l'autre, l'édition des *Œuvres* chez H. Champion dirigée par R. Trousson et F. S. Eigeldinger.

2. Le travail de B. Bernardi constitue la dernière tentative de grande ampleur pour suivre, dans ses moments précis et dans ses enjeux généraux, les voies de l'invention théorique de Rousseau. Mais notre cheminement se différencie de cette grande interprétation à différents titres qu'il importe d'énumérer ici, sans nous attacher aux divergences de détail. 1) *La Fabrique des concepts* balise la voie royale de la philosophie politique et, de façon très cohérente, plusieurs des lieux qui nous occupent n'y sont pas parcourus. 2) B. Bernardi traite le rapport de Rousseau à l'empirisme comme une question locale et, pour tout dire, dérivée, là où nous considérons que le problème de la méthode, chez Rousseau, est largement déterminé par ce contexte philosophique. 3) De là résulte sans doute le fait que l'enquête menée sur les ressorts de l'invention de concepts précis est explicitement détachée d'une interrogation sur l'ordre qui gouverne leur exposition (Introduction, p. 15) – l'idée classique d'une voie de l'invention consistant dans l'analyse n'est donc pas prise en considération, là où elle nous semble susceptible d'éclairer la signification proprement rousseauiste de l'idée de système. 4) Pour cette même raison, le cadre théorique retenu par B. Bernardi est celui qui s'accomplit en 1762 et les textes ultérieurs ne sont pas examinés pour eux-mêmes (les raisons de ce choix sont rappelées p. 558) – du moins dans *La Fabrique des concepts*. Or ils nous semblent en revanche illustrer une recherche inédite de Rousseau, que nous désignerons sous le titre de « dernière philosophie ». Ces différences n'expriment pas une distance *critique* : les itinéraires proposés ne se confondent pas mais, pour l'essentiel, ils nous paraissent s'accorder.

négliger que la possibilité du parcours synthétique est signalée par Rousseau lui-même. Il est manifeste que cette proposition demeure subalterne : elle n'est donnée dans les *Dialogues* que comme l'épreuve rétrospective d'une clarification sans reste des premiers principes à laquelle Rousseau serait *finalement* parvenu dans l'*Émile*. Quoi qu'il en soit, les commentaires majeurs que nous avons cités ont mis en rapport cette suggestion avec les nombreux passages dans lesquels Rousseau affirme qu'il n'a jamais abandonné les principes dégagés dans le second *Discours* – ce qui, toutefois, ne revient nullement à soutenir qu'ils furent parfaitement dégagés dans ce texte. L'usage de l'ordre synthétique exprimerait le choix d'une systématicité interne rigoureusement cohérente et indépendante des circonstances factuelles dont l'ordre de l'invention doit en revanche faire l'épreuve. Une compréhension littérale de ce que désigne, dans le traité de 1762, la dimension systématique de l'ouvrage suffit à écarter cette hypothèse de lecture : nous y reviendrons. Mais cela ne rend que plus urgente la question de savoir ce que Rousseau veut concrètement faire lorsqu'il procède selon la synthèse – c'est-à-dire lorsqu'il ordonne un exposé théorique à la position préalable des principes, au lieu de retracer génétiquement leur établissement. Or il se trouve que la proposition de lecture formulée dans les *Dialogues* fait écho à plusieurs échantillons dans le reste de l'œuvre, dont le type se trouve sans doute dans la *Lettre à Christophe de Beaumont*[1]. Ce texte de controverse contient le seul passage qui, à notre connaissance, préfigure de façon nette, à propos du concept de la bonté naturelle de l'homme, ce que Rousseau, en 1771, dira d'une façon générale sur l'établissement *progressif* de ses principes et sur la lecture régressive qu'il est possible d'en produire. L'argumentation de la *Lettre* est développée à partir de la position de ce concept architectonique, dont les conditions de mise en lumière (c'est-à-dire l'invention que l'analyse devrait retracer) ne sont pas rappelées : il s'agit de repartir de ce « principe fondamental de toute morale », sur lequel Rousseau dit avoir « raisonné dans tous [ses] écrits » et qui fut enfin « *développé dans ce dernier* [l'*Émile*] avec toute la clarté dont [il était] capable[2] » – nous commenterons les attendus de cette déclaration dans la première partie de ce livre. Le même passage rappelle que les conséquences dérivant de ce principe

1. Pour d'autres exemples, voir notre introduction à l'*Émile*, p. 13-14 et notre étude : « "J'ai dû me borner à raisonner". La présentation des traités de 1762 [dans la 1re des *Lettres*] », *in* B. Bernardi *et al.* (éd.), *Religion, liberté, justice. Sur les* Lettres écrites de la montagne *de J.-J. Rousseau*, Paris, Vrin, 2005, en particulier p. 38-42.

2. *Lettre à Ch. de Beaumont*, OC IV, p. 935. Souligné par nous.

suffisent à expliquer de façon exhaustive les phénomènes humains sans qu'il soit besoin de recourir au dogme incompréhensible du péché originel. Plus qu'elle ne participe d'une exposition supérieure, la présentation retenue dans la *Lettre à Christophe de Beaumont* sert donc à mettre la théorie de Rousseau en balance avec les autres hypothèses. Ainsi, la présentation rétrograde illustre en réalité une position rigoureusement opposée à la systématicité auto-relative que le commentaire structuraliste s'est s'efforcé de reconstituer : telle que Rousseau la met en œuvre, elle relève au contraire des besoins de la polémique, c'est-à-dire d'une réaction aux critiques *externes*. On pourrait dire qu'elle met les principes en *ordre de marche* et permet, contre tel adversaire qui brandit leurs effets supputés, d'en éprouver les suites réelles dans la pratique ou dans la foi. Comment ne pas observer, à cet égard, que le texte même des *Dialogues* qui propose de reconstituer l'ordre synthétique du système de Rousseau intervient dans le contexte d'un examen honnête de ses conséquences ? Lorsqu'il formule cette proposition, le personnage du Français veut impartialement juger des hypothétiques dangers attachés à la théorie de l'homme, et non se mettre au clair sur sa structure rationnelle.

Sans doute la lecture des thèses de Rousseau selon l'ordre rétrograde a-t-elle permis de prêter à sa pensée le prestige (bien contesté au siècle des Lumières, pourtant !) de la synthèse, à une époque où une certaine histoire de la philosophie jaugeait les œuvres selon ce critère. Mais elle ne saurait donc en aucune façon nous éclairer sur l'organisation réelle du *corpus*. Est-ce à dire qu'une interprétation plus attentive à la recherche même de l'auteur devrait s'en tenir à la revue des moments successifs et hétérogènes d'une philosophie qui n'atteint que tardivement la pleine clarification de ses principes ?

Il existe à nos yeux une autre façon d'articuler *conceptuellement* les états de la pensée de Rousseau et, lorsqu'il y a lieu, de comprendre pour elles-mêmes, dans leur impérieuse nécessité, les ruptures qu'une lecture systématique secondarise toujours – et à grand tort. Nous allons revenir sur le statut de notre hypothèse de lecture ; mais soulignons d'emblée qu'elle ne suppose rien d'autre que d'articuler la lettre des textes avec un contexte théorique relativement précis, qui fut trop négligé : il y a là un effet du tour dramatique que Rousseau donne à son opposition aux philosophes de son temps, car elle peut dissimuler ce qu'il leur emprunte ou l'héritage qu'ils ont en commun. Considérons tout d'abord la séquence centrale du *corpus*, qui va des deux *Discours* à l'*Émile*. Le fameux passage des *Dialogues* dont nous sommes parti ne dégage pas seulement la possibilité d'une lecture synthétique, à laquelle se sont attachés tous les commentateurs : celle-ci, nous l'avons dit, intervient de manière strictement rétrospective, afin de confirmer que les recherches de Rousseau sont allées dans le sens d'une régression de principes en principes (des plus dérivés aux plus fondamentaux) et qu'elles ont atteint leur but dans le traité d'éducation – ainsi le parcours qui culmine en 1762 présente-t-il de façon incontestable le caractère propre de l'analyse et, quant à la méthode, la mention de la synthèse ne fait guère, par contraste, que le rendre spécialement lisible, même si l'examen des conséquences de la théorie de l'homme, dans ce texte des *Dialogues* si fréquemment allégué hors contexte, conduit à privilégier ponctuellement cette voie.

L'élucidation des principes fut donc conduite selon l'ordre de l'invention : mais ce constat rétrospectif enveloppe une thèse absolument essentielle sur la méthode que Rousseau a suivie dans ses recherches ou, à tout le moins, durant la séquence qui conduit du second *Discours* à l'exposé achevé de l'*Émile*. Loin de ne fournir qu'une description rétrospective pertinente des étapes successives qui conduisirent à la théorie de l'homme, l'analyse en constitua le principal instrument. Avant de revenir, dans la section suivante de cette introduction, sur les décisions signalant l'adhésion générale de Rousseau aux règles fondamentales de cette méthode, nous souhaitons relever trois lignes de force qu'elle nous semble mettre en place pour la lecture de son œuvre.

1) Il est urgent de réévaluer l'importance des questions méthodologiques[1] pour donner toute sa profondeur à l'inscription de Rousseau dans la philosophie de son temps, dont les hypothèses génétiques produites dans tous les domaines se fondent, au moins autant que sur la critique lockéenne des idées innées, sur une promotion de l'analyse essentiellement inspirée par Condillac – c'est-à-dire sur une certaine conception de l'ordre général qu'il convient d'observer dans l'exposition d'une théorie. Nous verrons certes que le rapport que l'auteur du second *Discours* et de l'*Émile* entretient avec ce paradigme empiriste, dans le temps même où il en

1. Les principaux commentateurs ont limité à des questions locales l'examen du rapport de Rousseau à l'empirisme de son temps – aux exceptions notables près d'Alain Grosrichard (voir la 1re note au point 2 de cette introduction) et de Martin Rueff, dont on consultera en particulier « L'ordre et le système, l'empirisme réfléchissant de J.-J. Rousseau », dans J. Boulad-Ayoub et P.-M. Vernes (éd.), *Rousseau anticipateur retardataire*, Paris, L'Harmattan, Laval, P.U.L., 2000, chap. XVII, p. 275-344. M. Rueff examine les *thèses* fondamentales qui conduisent Rousseau à s'opposer à une forme d'atomisme psychique condillacien ; nous tâchons plutôt de poser le problème de la *méthode* et, dans cette perspective, l'ancrage analytique se révèle déterminant à nos yeux (quoi qu'en ait pu penser Kant : voir plus loin).

exploite toutes les virtualités, ira du décalage à la critique interne ; mais son originalité véritable, aussi bien, ne devient tout à fait lisible qu'à travers un dialogue dont la relative technicité fut passablement négligée.

2) Il suffit de se rendre attentif à ce que Rousseau, dans ce contexte, désigne comme l'élément systématique de la théorie de l'homme, pour apercevoir que cette systématicité s'entend en un sens très différent de celui que projette une interprétation structurale – et, pour tout dire, qu'elle se définit de manière rigoureusement opposée : la préface de l'*Émile* illustre de façon patente le primat de l'ordre de l'invention (en l'occurrence, il s'agit de l'ordre d'apparition des facultés) sur l'ordonnancement *more geometrico* des systèmes abstraits, qui ne dit rien sur les conditions d'accès aux premiers principes. Il y a donc quelque chose de controuvé dans le fait de lire les revendications de cohérence disséminées au long de l'œuvre dans le sens d'un effacement de toute évolution dans l'appréhension des fondements du système. L'examen du discours méthodologique de Rousseau sur les sciences nous donnera l'occasion de revenir sur le sens d'un « esprit systématique » dont les autres empiristes français des Lumières (ainsi d'Alembert) s'efforcent également de définir les tâches.

3) Le fait que l'analyse désigne à la fois la conscience que Rousseau prend après-coup de l'itinéraire qui conduisit à l'*Émile* et, pour une large part (ou, pour mieux dire, jusqu'à un certain moment), la méthode mobilisée au long de ce parcours – ce fait donne toute leur portée aux remarques par lesquelles nous avons justifié le choix d'une étude génétique de son œuvre et qui, quant à leur inspiration générale, vaudraient des autres *corpus*. S'il est possible de réunir dans un même geste théorique les généalogies proposées depuis le second *Discours* et l'approfondissement de la recherche qui, en remontant de principe en principe, permet de les unifier, alors nous devons tenir que l'histoire de la philosophie de Rousseau est inséparable de cette philosophie même, c'est-à-dire de l'intelligence de ses fondements.

Encore ne s'agit-il pour l'instant que de proposer une autre lecture de l'itinéraire qui, selon les *Dialogues*, s'achève en 1762. Si l'on s'en tenait à cette période, on aurait tout à la fois lieu de penser que Rousseau n'abandonna jamais la méthode de l'analyse, même s'il en produisit une critique interne, et que sa recherche propre n'eut de sens que dans ce cadre. En réalité, il faudrait également proposer une hypothèse sur le *Contrat social*, difficilement réductible aux mêmes procédés dont on reconnaît le style dans le second *Discours* et dans l'*Émile*, et qui n'est pas mentionné dans les lignes précises qui, en 1771, examinent le *corpus* selon l'ordre ; il sera précisé que son sommaire est donné au livre V de l'*Émile*, mais son statut spécifique reste assez flou. Toutefois, la plus grande difficulté concerne bien sûr les ouvrages produits après cette séquence systématique et qui, dans les *Dialogues*, sont ravalés au rang d'écrits de circonstance – outre les doutes que doit inspirer cette présentation (elle est au demeurant récusée au début des *Lettres écrites de la montagne*[1]), les *Rêveries du promeneur solitaire*, qui viendront après ce bilan, lui sont de toute façon irréductibles. Peut-être est-ce en ce point qu'il se révèle le plus fécond de mettre l'accent sur la dimension progressive du parcours décrit par Rousseau, au lieu d'hypostasier l'ordre rétrograde et, du même coup, de plonger dans l'ombre, en plus des *Lettres écrites de la montagne* et de la *Lettre à Christophe de Beaumont*, les *Dialogues*, le capital *Dictionnaire de musique* et les *Rêveries*. Notre proposition de lecture conduit au contraire à soupçonner que les thèses nouvelles dégagées après 1764 s'affranchissent d'un paradigme méthodologique et systématique qui détermina pourtant le premier rapport de Rousseau à la philosophie.

Peut-être est-ce finalement le mérite le plus concret de ce choix, qui consiste à régler le pas de notre lecture sur l'histoire des recherches de Rousseau, que d'atteindre, autant qu'il est possible, la raison des évolutions et, parfois, des ruptures qui scandent le *corpus*. Elles seront prises en vue comme des faits textuels et conceptuels incontestables, dont l'histoire de la philosophie doit tenir compte tout autant que des architectoniques plus ou moins abstraites : au lieu de cacher les écarts au titre du système achevé (ou présumé tel), nous nous efforcerons de reconnaître, dans les limites que rencontre Rousseau en usant d'une méthode bien déterminée, le problème qui se pose à toute *invention* concrète et authentique, qui n'est pas une spéculation verbale, indéfinie et interminable ; nous essaierons de comprendre les déplacements imposés par ces obstacles théoriques comme les moyens de la poursuivre et non comme des relâchements « littéraires » eu égard à des exigences rationnelles que tous les auteurs auraient en partage. Rousseau, plus que bien d'autres, appelle une démarche de ce genre ; car en désignant la séquence systématique qui s'achève avec l'*Émile*, il nous impose aussi bien de ne pas en projeter simplement la méthode sur les textes ultérieurs – la recherche qu'ils servent, dans certains cas, s'armera de ressources plus subtiles et plus diverses qui signalent une toute nouvelle approche.

1. Lettre I, OC III, p. 685. Voir le commentaire de B. Bernardi, in *Religion, liberté, justice*, *op. cit.*, p. 10-15.

Les règles de la méthode

Bien plus que l'idée suivant laquelle toutes les idées viennent des sens, deux décisions déterminantes attestent la reprise, par Rousseau, des préceptes méthodologiques communs aux empiristes de son temps[1]; et leur importance tient autant à la place qu'elles occupent dans son œuvre qu'à leur rôle plus général dans la réécriture condillacienne de Locke, qui instruit tout le dix-huitième siècle français. Il nous faut les exposer avant d'aborder les problèmes que ces décisions soulèvent aux yeux de Rousseau lui-même.

1) Dans l'étude des connaissances humaines, Condillac généralise en une prescription de méthode les observations de Locke sur la priorité des idées particulières du point de vue de l'histoire de l'esprit[2] – ces éléments originaires (et non les idées générales dont l'innéisme affirmerait qu'elles sont d'emblée disponibles) fournissent les véritables *principes* de toutes les connaissances: « Dans la méthode que je propose, les idées les plus simples sont les premières idées particulières qui nous viennent par sensation et par réflexion. Ce sont les matériaux de nos connaissances, que nous combinerons selon les circonstances, pour en former des idées complexes, dont l'analyse nous découvrira les rapports[3] ». L'entreprise de Rousseau consiste au fond à étendre à une théorie générale de l'homme, considéré dans tous ses rapports, une méthode que Condillac destinait d'abord à l'élaboration d'une métaphysique bien fondée, c'est-à-dire à l'analyse des idées – cette source explique pour une part le rôle considérable que la

1. A. Grosrichard décrit avec netteté la place naturelle de Rousseau parmi les successeurs de Locke. Selon lui, l'originalité de l'*Émile* réside dans la réalisation concrète d'un ordre analytique qui, chez Condillac, conserve le caractère d'abstraction des pures prescriptions de méthode – ce n'est pas cette différence qui nous occupe pour l'instant, mais elle est peu discutable: « (…) l'empirisme est la philosophie du traité d'éducation, qui se donne comme complément et application de la théorie, et n'est en fait, rien d'autre qu'un dédoublement du discours empiriste sur la genèse. (…) | Mais une différence essentielle sépare Rousseau de Condillac, c'est que son élève n'est pas simplement un entendement. Il y a, chez Condillac, un *ordre* pour l'enseignement des sciences (l'ordre de leur genèse historique) mais cet ordre est logique, et non temporel » (« Gravité de Rousseau. L'Œuvre en équilibre », *Cahiers pour l'analyse*, vol. 8 : « L'impensé de Rousseau », 1967, p. 50). Au contraire, la « genèse est chez Rousseau commandée par une temporalité réelle, celle d'un individu vivant, qui naît, souffre, désire et peut à tout instant mourir, – bref fait d'un esprit et d'un corps » (*ibid*., p. 51).

2. *Essai philosophique concernant l'entendement humain* [désormais noté: *Essai concernant l'entendement humain*], liv. IV, chap. VII, § 11, trad. fr. Coste, Paris, Vrin, 1994, p. 497 ; intr., trad. fr. et notes J.-M. Vienne, Paris, Vrin, 2006.

3. *Essai sur l'origine des connaissances humaines*, IIe part., sect. II, chap. III, § 34, Paris, Vrin, 2002, p. 182.

théorie de la connaissance (et, singulièrement, l'explication du jugement) continue de jouer dans l'*Émile*.

On ne doit donc pas se contenter d'attribuer à Rousseau une pensée de l'origine et il faut bien constater, au reste, que lorsque cette lecture de son œuvre ne reçoit pas d'autre contenu, elle n'instruit pas réellement l'interprétation de sa méthode. Ce qui importe bien davantage et qui signale précisément le geste empiriste réside dans la caractérisation de cette origine comme *principe* ou, à tout le moins, dans l'idée que les premiers principes sont particulièrement lisibles dans les commencements. Nous suivrons cette thèse dans ses conséquences et ses évolutions, mais soulignons dès à présent, pour en apercevoir l'importance, qu'elle livre tout simplement la signification du rationalisme de Rousseau, c'est-à-dire de son ambition proprement théorique, dans son opposition à l'explication dogmatique du mal sur la terre: «L'homme fut créé bon; nous en convenons, je crois, tous les deux. Mais vous dites qu'il est méchant, parce qu'il a été méchant; et moi je montre, comment il a été méchant. Qui de nous, à votre avis, remonte le mieux au principe?[1] ». Expliquer le devenir humain selon son véritable principe, le porter à l'intelligibilité suppose ainsi d'atteindre méthodiquement l'origine des phénomènes – mais aussi de les en dériver sans solution de continuité.

2) À cette exigence répond le second trait de méthode essentiel à l'empirisme des Lumières – celui qui reçoit de Condillac le cadre général dans lequel s'inscrivent des décisions au demeurant assez diverses (pour ou contre un réductionnisme strict, *etc.*): il s'agit de la promotion de l'analyse, qui prescrit de conformer l'ordre d'exposition d'une théorie à l'histoire raisonnée de son objet. Nous avons montré ailleurs que cette décision caractérise en propre un empirisme «franco-berlinois» bien distinct, par exemple, de la méthode de Hume[2]. Faute d'avoir aperçu nettement cet ancrage, on a pu manquer le sens des déclarations de Rousseau sur l'ordre gouvernant la théorie de l'homme: or l'illustration incontestable d'une conception analytique de la méthode se trouve dans l'indexation explicite de la «partie systématique» de l'*Émile* sur la «marche de la nature[3] ».

1. *Lettre à Ch. de Beaumont*, p. 940.

2. *Empirisme et théorie de la connaissance. Réflexion et fondement des sciences au XVIIIe siècle*, Paris, Vrin, 2009, p. 66-67.

3. *Émile ou de l'éducation*, Préface, OC IV, p. 242. C'est ici le lieu de faire état du jugement *apparemment* opposé que formule Kant dans les *Remarques touchant les Observations sur le beau et le sublime* : « Rousseau. Il procède de manière synthétique et il part de l'homme naturel; je procède de manière analytique et je pars de l'homme

Pour articuler ces deux dimensions (le sens des principes et celui de l'ordre), il faut enfin considérer que le traité d'éducation, aux yeux de Rousseau, offre un couronnement systématique aux recherches engagées depuis le second *Discours*. Outre que ce livre est, jusqu'à un certain moment (jusqu'à la Profession de foi) composé selon l'analyse, nous avons lu dans les *Dialogues* qu'il expose l'aboutissement des recherches de Rousseau sur les principes dont dérivent toutes les dispositions humaines. La première partie du présent ouvrage se donnera pour tâche préliminaire d'expliciter aussi complètement que possible une telle déclaration. Nos premières remarques suffisent à suggérer que la relation à l'empirisme est un élément déterminant de l'entreprise de Rousseau : mais une telle détermination doit s'entendre en deux sens – en ce qu'elle prescrit au système un certain cahier des charges et en ce qu'elle entre en conflit avec une exigence fondamentale qui, par contraste, reçoit sa *forme* spécifique dans ce contexte méthodologique.

Précisons. Dès le moment que l'*Émile* expose la « théorie de l'homme » ; dès lors que celle-ci, jusqu'à un certain point qu'il faudra marquer avec netteté, emprunte à l'empirisme sa méthode – alors les longues pages consacrées à la transformation des affects en images, des images en idées, à la généralisation de ces idées acquièrent une fonction synoptique d'ordonnancement pour toute la philosophie de Rousseau. Affirmer en particulier que l'amour de soi est un principe ne signifie pas seulement qu'il ne tolère pas d'être sacrifié dans les relations morales, mais bien qu'elles peuvent en être dérivées ; et si l'on se rend attentif à l'ordre

civilisé » (trad. fr. B. Geonget, Paris, Vrin, 1994, p. 99 ; les références aux textes de Kant sont données dans les traductions disponibles en français, puis dans les *Kants gesammelte Schriften*, herausgegeben von der (...) Preussischen Akademie der Wissenschaften zu Berlin, notée Ak – ici : Ak XX, p. 14). La lecture des textes précritiques (en particulier la *Recherche sur l'évidence des principes de la théologie naturelle et de la morale*) ; celle, également, de la Théorie transcendantale de la méthode, dans la *Critique de la raison pure*, éclairent le sens de l'opposition désignée dans ces *Remarques*. Tandis que les sciences mathématiques peuvent procéder par construction de concepts afin de produire leur objet (c'est le sens de la synthèse), la philosophie est limitée à l'exposition de concepts *donnés* qu'il s'agit d'analyser : ainsi partira-t-on du concept de l'homme civilisé, tel qu'il est effectivement connu dans l'expérience. À lire ce texte, Rousseau aurait au contraire versé dans l'illusion consistant à *construire* un concept philosophique, en forgeant la notion de l'homme de la nature. Cette remarque n'est pas supposée nous instruire sur l'ordre d'exposition des systèmes (ce qui conduirait bien évidemment à reconnaître dans l'*Émile* le choix de l'analyse), mais elle a le grand intérêt de mettre en question le statut de son point de départ notionnel qui, chez Rousseau, présente un caractère de fabrication – c'est-à-dire, comme nous le verrons en abordant le problème de la légitimité de la méthode, un caractère de fiction.

analytique dans la maîtrise de l'ambition systématique, on comprend que ces dérivations doivent être méticuleusement articulées les unes aux autres ; que les médiations les plus fines doivent être restituées au cours des longues observations rassemblées dans le maître-livre de 1762.

Or que nous apprend la lecture de Rousseau selon l'ordre, s'agissant des moyens qui servent son projet philosophique ? Ce qui se découvrira en fin de compte réside en un décrochage vis-à-vis de la méthode reçue de Condillac ; en un épuisement qui justifie l'utilisation d'autres concepts et d'autres sources – fussent-elles celles que l'empirisme dénonce comme des figures de l'esprit de système : Descartes, Malebranche, par exemple. Mais Rousseau ne prononce pas de l'extérieur un constat d'insatisfaction : dans la période des grands traités, il découvre en quelque sorte *sur le tas* les limites de l'analyse génétique, à même le matériau composé d'idées, d'instruments et de procédures dans lequel l'empirisme convertit l'expérience pour la déchiffrer. Ce ne sont pas – ou pas seulement – les critiques générales, citées jusqu'à se voir vidées de leur contenu, qui nous apporteront les résultats les plus nets; pour mieux dire, elles ne recevront leur signification concrète qu'une fois identifiées et mises en ordre les démarcations précises qui, dans le déploiement effectif de la théorie de l'homme, signalent la conscience de certaines limites ; la reprise réflexive ou critique de telles analyses qui paraissaient valides en leur genre ; l'acceptation locale de solutions de continuité, inadmissibles du point de vue des règles de la méthode analytique, bien qu'elles soient inévitables pour fonder l'expérience originale que Rousseau a en vue [1].

L'importance d'une enquête sur le problème de la méthode chez Rousseau tient justement à ce que ces écarts surviennent comme par force : ils s'imposent car l'expérience humaine la plus importante, qui a lieu en morale, est en réalité celle qui dépasse l'empirisme. Encore convient-il de

1. Ces observations ont des conséquences dans notre évaluation des interprétations classiques. Sur la base d'une explication assez rudimentaire des démonstrations du vicaire, Derathé a prétendu dénoncer l'interprétation « radicalement fausse » (*Le Rationalisme de J.-J. Rousseau*, Paris, P.U.F., 1948, p. 6) de Masson, qui s'efforçait de pondérer le poids de l'appel à la raison dans le développement de la pensée de Rousseau. Il est patent que la plupart des grandes interprétations philosophiques se sont inscrites plus ou moins consciemment dans la suite de Derathé, en négligeant souvent l'immense travail philologique de Masson ; on ne peut donc ignorer ce débat, compte tenu de son poids sur l'histoire contemporaine des lectures de Rousseau. D'un point de vue théorique, la conséquence la plus nette de cette tendance fut de ne tenir aucun compte des multiples précautions par lesquelles Rousseau tient à distance ses propres raisonnements – or l'intuition fondamentale de Masson, irréductible à la proclamation sentimentaliste que lui impute Derathé, atteignait précisément cette vérité de la situation de Rousseau en philosophie.

reconnaître qu'il est bien question de s'écarter d'une méthode ou d'un cheminement suivi d'abord, et non de prononcer une opposition de principe. Celle-ci paraît certes caractériser l'affirmation de l'innéité de l'instinct moral, *i. e.* de la conscience, contre sa réduction empiriste aux sédimentations de l'expérience : l'idée d'une genèse du sentiment du bien et du mal l'affecterait d'une irrémédiable contingence, c'est-à-dire d'une relativité foncière. Mais s'il ne s'agissait que de cela, la critique rousseauiste de l'empirisme s'avérerait purement externe et, au fond, dédramatisée : or les choses ne se passent pas ainsi – à le soutenir, répétons qu'on s'interdirait (qu'on s'est interdit ?) de comprendre la structure de la théorie de l'homme. Reprenons le cas de la conscience en considérant sa fonction *in concreto* : la véritable dichotomie s'opère entre son *dictamen* irréductible, qui prononce sur la justice dans chaque cas, et les conditions d'une satisfaction de l'amour de soi – car l'homme juste s'expose au malheur dans les sociétés modernes. Cette contradiction effective réinstalle l'interrogation de Rousseau sur l'expérience morale à l'intérieur de l'empirisme, puisque le problème est celui de la convergence hypothétique entre la conscience comme « principe inné de justice et de vertu » et l'amour de soi au sens génétique, unique « principe de toutes [les passions] », c'est-à-dire de toutes les affections morales[1]. Autrement dit, la voix qui, dans l'instabilité moderne des conditions et des liens, guide le soi dans son rapport aux autres, ne s'accorde pas sans tension avec l'amour qu'il se porte et qui l'anime dans toutes les relations humaines – avec le sentiment même dont la théorie de l'homme n'a clarifié le statut de principe que dans la version achevée que livre Rousseau en 1762. La tension que nous visons ici a fait l'objet de multiples expressions chez les commentateurs ; nous voulons simplement souligner qu'elle ne se livre dans toute sa virulence, dans toute sa portée pour l'intelligence des principes mêmes de Rousseau, que du point de vue d'un enracinement méthodologique essentiel dans l'empirisme ordonné que lègue Condillac, puisque la principialité de l'amour de soi est établie selon cette démarche ; cela signifie aussi bien qu'elle ne se résoudra qu'en écartant cette méthode dans l'examen de l'expérience morale la plus difficile : celle du malheur du juste.

1. La conscience elle-même, au moins quant à ses causes occasionnelles, est redevable d'une telle explication : « C'est du système moral formé par ce double rapport à soi-même et à ses semblables que naît l'impulsion de la conscience » (*Émile*, liv. IV, p. 600). Voir, à la fin de la première partie du présent ouvrage, notre commentaire de ces lignes.

Ainsi se dessinent les deux axes qui ordonneront les analyses proposées dans ce livre, où le déploiement d'un *problème* – celui de la méthode selon Rousseau – doit nous permettre d'approfondir l'exposition d'un *concept* – l'amour de soi, considéré dans l'histoire de sa clarification théorique et de sa purification existentielle.

LA LÉGITIMITÉ DE LA MÉTHODE

Que Rousseau, dès 1755, conforme sa démarche aux jalons de l'analyse empiriste; qu'il réfléchisse de surcroît son cheminement, en 1771, en fonction des règles qui la régissent – cela ne doit pas nous dissimuler qu'il lui imprime d'emblée une inflexion particulière, justifiant la convocation d'autres références et de traditions différentes: la démarcation, à cet égard, a *toujours* lieu et elle répond à des problèmes de méthode fort précis.

Il faut avant tout faire état d'une difficulté interprétative attestée mais qui, selon nous, relève d'une mécompréhension tenace. Dans un fragment qu'il n'a jamais publié – et dont l'inscription dans un projet cohérent et bien plus vaste a récemment été établie[1] –, Rousseau conclut la critique (habituelle) du tableau que Hobbes et tant d'autres ont proposé de l'homme et impute leur conclusion au choix d'une méthode déficiente : « Ainsi, cette méthode analytique n'offre-t-elle qu'abyme et mystères, où le plus sage comprend le moins[2] ». Mais il faut bien comprendre de quoi il s'agit dans ce texte – certainement pas de la méthode qui découvre la genèse des dispositions humaines et l'expose selon l'ordre où elle s'est produite. Ce versant *progressif* de l'analyse se trouve au contraire clairement revendiqué, selon nous, dans les lignes qui précèdent: «(...) pour le [= l'homme] bien connaître, il faut savoir démêler la gradation naturelle de ses sentiments[3] ». Et c'est bien sous cet aspect qu'à l'évidence, Condillac mérite d'être salué par Rousseau comme un profond métaphysicien. C'est bien plutôt la dimension *régressive* de l'analyse (ce qui lui donne son sens le plus trivial) qui est manquée par Hobbes et les jurisconsultes – mais aussi par Condillac, s'agissant de l'origine des connaissances, puisqu'il projette la

1. Par B. Bernardi, *Principes du droit de la guerre*, Paris, Vrin, 2008, p. 49.

2. OC III, p. 612; le texte réinventé à partir des manuscrits par B. Bernardi et G. Silvestrini confirme pleinement l'interprétation proposée dans ces lignes : *Jean-Jacques Rousseau, Principes du droit de la guerre. Écrits sur la paix perpétuelle*, Paris, Vrin, 2008, p. 49.

3. OC III, p. 612.

réflexion sur la sensation. Comme l'établissait déjà le second *Discours*, les écrivains politiques tombent sous l'accusation fameuse de récurrence : « Je l'ai déjà dit et je ne puis trop le répéter l'erreur de Hobbes et des philosophes est de confondre l'homme naturel avec les hommes qu'ils ont sous les yeux[1] ». La mention critique de l'analyse dans le texte fort bref des *Principes du droit de la guerre*, outre qu'elle constitue un *hapax*, doit donc être précisément située : elle ne concerne pas, selon nous, le sens technique que l'*Essai sur l'origine des connaissances humaines* donne à l'exposition génétique des connaissances mais vise plutôt un danger relatif à la décomposition des états de faits, que Condillac lui-même dénonçait d'ailleurs en d'autres domaines[2]. La récurrence, à cet égard, est une difficulté typique et parfaitement identifiée de l'analyse dans son volet régressif.

On ne sous-estimera cependant pas les embarras que nomme Rousseau. Certes, nous affirmons qu'il va contre tout bon sens de ne pas reconnaître avant tout, dans le second *Discours* et dans l'*Émile*, la mise en œuvre du versant progressif de l'analyse, c'est-à-dire les essais minutieux d'une genèse empiriste – ne serait-ce que pour en atteindre les véritables limites, voire la critique. Mais qu'en est-il du point de départ, manqué par les auteurs qui ont versé dans les embarras de la méthode analytique ? Notons qu'il s'agit, ici comme ailleurs, de Hobbes et des jurisconsultes, non de Condillac qui pourtant nomme et généralise cette méthode. Qu'en est-il de la régression vers une origine qu'il paraît impossible d'atteindre en décomposant les faits ? Le problème est en l'occurrence majeur, car le programme empiriste postule que l'origine livrera les vrais principes – et c'est bien entendu ce qui se vérifiera à propos de l'amour de soi. Il y va donc de la légitimité même de l'entreprise rousseauiste.

L'entrée originale de Rousseau en philosophie se fait par le chemin empiriste et condillacien ; d'emblée, elle est cependant comme retenue par la nécessité de contourner l'obstacle de la récurrence, consistant à projeter sur l'origine des formations qui sont en réalité dérivées. S'il faut d'abord écarter tous les faits, c'est qu'il doit être possible de les engendrer à partir de principes qui ne les contiennent pas au préalable. Le problème vient de ce qu'une analyse empiriste, précisément, doit elle-même partir de certains *faits* primitifs qui, au contraire des idées générales, ont véritablement rang de principes ; mais le tout est de comprendre que ce ne sont pas les

1. OC III, p. 611.

2. Voir notre *Empirisme et métaphysique. L'*Essai sur l'origine des connaissances humaines *de Condillac*, Paris, Vrin, 2003, p. 105 et p. 112-113.

mêmes faits et que, de surcroît, les données de départ sont désormais inapparaissantes. De là résulte la nécessité de les reconstituer et, pour tout dire, de les fabriquer ou de les *feindre* – d'élaborer une fiction telle qu'elle permette de rendre compte du développement de l'homme sans présumer ce qui n'est donné qu'à la fin. L'originalité de Rousseau, dans cette démarche, est à la fois de généraliser un recours à la fiction bien attesté avant lui (chez les empiristes comme chez les théoriciens de l'état de nature) et de mobiliser d'autres modèles théoriques afin de justifier ses hypothèses produites sur l'origine[1].

Lorsqu'il s'agit de se prononcer, non point sur la méthode proprement dite et sur les contenus conceptuels qu'elle atteint, mais sur sa *valeur*, Rousseau produit une référence essentielle aux théories de la terre :

> Il ne faut pas prendre les recherches, dans lesquelles on peut entrer sur ce sujet, pour des vérités historiques, mais seulement pour des raisonnements hypothétiques et conditionnels ; plus propres à éclaircir la nature des choses qu'à montrer la véritable origine, et semblables à ceux que font tous les jours nos physiciens sur la formation du monde[2].

Apparemment, la méthode revendiquée par Rousseau se légitime de l'*Histoire naturelle* de Buffon, dont on admettra les conjectures sur l'histoire du globe terrestre « lorsqu'on verra que nous ne les donnons en effet que pour de simples conjectures, auxquelles nous prétendons seulement assigner un plus grand degré de probabilité qu'à toutes celles qu'on a faites sur le même sujet.[3] » Cette référence s'impose d'autant plus que Rousseau dit ailleurs avoir reçu du naturaliste l'essentiel de son information scientifique. Mais deux démarcations arrachent le texte du *Discours* à cette seule influence : d'une part, l'opposition que mentionne Rousseau quelques lignes plus loin entre ses hypothèses et le récit révélé ; d'autre part, le fait que l'hypothèse soit présentée comme proprement fictive – chacun se souvient de la modalisation qui accompagne l'introduction de

1. Notre démarche, en ce point, s'inscrit donc dans la suite d'une profonde observation de B. Baczko, suivant laquelle « la conscience de faire précisément usage d'un modèle est extrêmement caractéristique de toute la méthodologie de Rousseau » (*Rousseau : solitude et communauté*, Paris-La Haye, Mouton, 1974, p. 78). Reste à *préciser* cette considération, car il faut savoir de quel modèle il s'agit, mais aussi à la *déplacer*, dans la mesure où le travail de modélisation n'est qu'une exigence dérivée par rapport à la méthode généalogique.

2. *Discours sur l'inégalité*, OC III, p. 133.

3. *Histoire naturelle, générale et particulière*, Second Discours : *Histoire et théorie de la Terre* [1749], « De la formation des planètes », in *Œuvres de Buffon*, « Bibliothèque de la Pléiade », Paris, Gallimard, 2007, p. 108.

l'état de nature, sur laquelle nous reviendrons. Or ces éléments inscrivent la genèse de l'homme dans la suite d'autres tentatives cosmogoniques.

Le rapport entre les hypothèses sur l'histoire du système solaire et sur celle de la terre ne sont pas le problème de Buffon, qui se contente d'une référence, au demeurant positive, à Leibniz[1]. Ce renvoi signifie surtout que la question qui sera réactivée par Rousseau se trouve neutralisée car il n'y a pas lieu de penser que l'auteur de l'histoire naturelle rejoignît les positions leibniziennes[2].

Rousseau déplace ses propres conjectures dans le registre de la fiction[3]; et il n'est pas question, comme chez Leibniz, d'une traduction de la révélation dans les termes de la science moderne : au contraire, c'est pour une large part le découplage de ces deux récits qui sollicite un autre régime d'exposition pour l'histoire hypothétique. Et par-delà les théories de la terre du XVIIIe siècle, c'est celui de la fable du monde cartésienne et surtout de sa mise en forme dans les *Principes de la philosophie*, qui est d'ailleurs à l'origine des tentatives modernes en « géographie naturelle » – c'est aussi, à la charnière des deux siècles, celui de la méthode défendue par Malebranche dans la dernière partie de la *Recherche de la vérité*. Chez Rousseau comme chez Descartes, le recours à la fiction déréalise un monde qui est lui-même mensonger (celui de l'École, suivant le *Traité de la lumière*; celui des philosophes politiques et des jurisconsultes dans le second *Discours*[4]), pour atteindre la vérité des phénomènes du monde matériel ou du monde humain. Bien plus : la concurrence théorique entre la fiction et le récit révélé, dont la *Lettre à Christophe de Beaumont* montrera qu'elle est essentielle pour l'intelligence de la « théorie de l'homme », se jouait déjà chez Descartes.

Qu'en résulte-t-il pour le type d'intelligibilité que revendique Rousseau? Comme chacun sait, en effet, l'explication mécaniste de la mise en place progressive de l'ordre du monde semble incompatible avec le récit de la genèse. Aussi Descartes recourt-il à une fiction qui, en quelque sorte, engendre sur un mode diachronique l'ensemble des relations systématiques composant le monde actuel et qui, ainsi, nous rend plus

1. *Histoire naturelle, générale et particulière*, Second Discours, p. 111.

2. Dans la *Protagaea*, § V, Leibniz allègue en effet un « accord qui semble exister entre [ses] opinions et les divines Écritures » (Toulouse, Presses du Mirail, 1993, p. 23).

3. Sous le titre *L'Âge des fictions*, notre prochaine étude sera consacrée au statut et au rôle des différentes sortes de fictions dans l'écriture philosophique.

4. Voir entre autres M. Fichant, « La "Fable du Monde" et la signification métaphysique de la science cartésienne », in *Science et métaphysique dans Descartes et Leibniz*, Paris, P.U.F., 1998.

aisément compréhensible un ordre que Dieu a créé tout d'un coup. Le Créateur a institué immédiatement le monde dans son ordre actuel, de même que les plantes sur la Terre ainsi qu'Adam et Ève non point comme des enfants, mais comme des hommes faits :

> néanmoins, comme on connaîtrait beaucoup mieux quelle a été la nature d'Adam et celle des arbres du Paradis, si on avait examiné comment les enfants se forment peu à peu au ventre des mères, et comment les plantes sortent de leurs semences, que si on avait seulement considéré quels ils ont été quand Dieu les a créés : tout de même, nous ferons mieux entendre quelle est généralement la nature de toutes les choses qui sont au monde, si nous pouvons imaginer quelques principes qui soient fort intelligibles et fort simples, desquels nous fassions voir clairement que les astres et la terre, et enfin tout le monde visible aurait pu être produit ainsi que de quelques semences (...) ; que si nous le décrivions seulement comme il est, ou bien comme nous croyons qu'il a été créé [1].

Dès le *Discours sur l'origine de l'inégalité*, Rousseau s'autorise une reprise frappante de cette argumentation, mais dans une perspective polémique :

> La religion nous ordonne de croire que Dieu lui-même ayant tiré les hommes de l'état de nature, ils sont inégaux parce qu'Il a voulu qu'ils le fussent ; mais elle ne nous défend pas de former des conjectures tirées de la seule nature de l'homme et des êtres qui l'environnent, sur ce qu'aurait pu devenir le genre humain, s'il fût resté abandonné à lui-même [2].

Chez Descartes comme chez Rousseau, l'hypothèse génétique est donc en charge de produire l'analyse de ce qui est en en exposant la composition progressive fictive. Certes, l'opposition entre fiction et révélation n'a pas le même sens chez l'un et l'autre auteur : tandis qu'elle est une sorte de déchiffrement chez Descartes, elle se fait critique dans Rousseau, en particulier dans l'exposé synthétique de la théorie de l'homme fourni par la *Lettre à Christophe de Beaumont* – étant cependant entendu que l'analyse doit nous rendre compréhensible, non seulement l'état de bonté originelle de l'homme, mais encore ce que nous avons sous les yeux, les phénomènes humains, c'est-à-dire le mal sur la terre. Disons en un mot que, sur le fond d'un gain analogue en intelligibilité, la fiction déchiffre chez Descartes, tandis qu'elle démasque chez Rousseau.

1. *Principes*, IIIe Partie, art. 45, AT IXb, p. 123-124.
2. *Discours sur l'inégalité*, p. 133.

Aussi la fable cartésienne et l'histoire conjecturale du second *Discours*, l'une préparant l'autre, n'ont-elles pas exactement la même valeur : l'état de nature de Rousseau doit peser plus qu'une simple variation dans la présentation de l'ordre pour combattre le dogme contre lequel l'hypothèse généalogique est élaborée. Notre travail n'est pas d'examiner ici les diverses qualités qui, selon le texte de 1755, appartiennent à l'homme de l'état de nature ainsi qu'à son environnement naturel et nous nous contenterons de deux remarques. D'une part, ces descriptions (en particulier celle de l'âge des cabanes) reprennent, sans bien sûr s'y réduire ni les répéter, les traits typiques du mythe de l'âge d'or, tels qu'on les trouve dès *Les Travaux et les jours* d'Hésiode. D'autre part et surtout, à la différence des utopies (celles-ci, à l'âge classique, reposent sur la comparaison de deux mondes qui sont strictement contemporains)[1], l'état de nature partage la situation emblématique de ce mythe à l'égard du temps – on citera sur ce point un passage de l'analyse définitive fournie par P.-F. Moreau, qu'il faudrait mettre en relation avec les considérations plus générales de Blumenberg[2] sur le mythe : « Non seulement l'âge d'or est dans le passé, mais il est irrémédiablement aboli : l'histoire ne se constitue que de sa disparition[3]. » Or telle est exactement la place et la fonction de l'état de nature – Rousseau en parle comme d'un « état qui n'existe plus, qui n'a peut-être point existé et qui n'existera sans doute jamais[4] » – ce postulat nécessaire étant fondé sur des « raisonnements » et résidant en de simples « conjectures ». L'état de nature n'appartient pas à l'histoire et, au sein de l'histoire hypothétique, c'est-à-dire de la fiction raisonnée du second *Discours*, il remplit une fonction mythologique[5]. Or l'utilité du mythe, précisément, est de signaler

1. Dans le beau livre qu'il a consacré à l'utopie chez Rousseau, A. Hatzenberger choisit de faire abstraction du statut proprement originaire conféré à l'état de nature – selon notre perspective, cette situation joue en revanche un rôle essentiel –, et il considère du même coup que Rousseau se contente de neutraliser provisoirement l'histoire afin de constituer un modèle : de cette façon, en effet, l'état de nature se trouverait installé dans la même distance qui convient à une utopie (*Rousseau et l'utopie. De l'État insulaire aux cosmotopies*, Paris, H. Champion, 2012, p. 304-305).

2. En l'occurrence, nous songeons surtout à ce que Blumenberg écrit de Descartes et qui vaut plutôt de l'utilisation qu'en fait Rousseau : *La Légitimité des temps modernes*, Paris, Gallimard, 1999, p. 235.

3. *Le Récit utopique. Droit naturel et roman de l'État*, Paris, P.U.F., 1982, p. 32.

4. *Discours sur l'inégalité*, Préface, p. 123.

5. Selon notre interprétation, c'est donc en fonction d'une exigence intégralement théorique que les descriptions conjecturales du *Discours sur l'inégalité* se mêlent à des éléments mythologiques. Ceux-ci sont habituellement référés (chez ceux des commentateurs qui, au moins, les prennent en compte) à quelque fabulation poétique qui, simplement, viendrait agrémenter un contenu philosophique – tel est le cas pour H. Gouhier : « (...) le

comme proprement historique tout ce qui le suit: l'état de nature est a-temporel et, par là même, historicisant[1]. Il contribue de la sorte à déterminer la valeur des hypothèses méthodologiquement articulées qui, dans l'analyse rousseauiste, doivent rendre compte de l'état présent des hommes. Cette fiction bien fondée ne vaut pas seulement en ce qu'elle permet de comprendre les ressorts du monde humain : son épaisseur spécifique tient à ce que l'intelligibilité qu'elle atteint est *forcément* d'ordre historique. Lorsque Rousseau demande d'écarter tous les faits, il refuse d'étudier les variations de la nature humaine à partir des seuls monuments qui nous restent : l'explication qu'on pourrait en tirer serait inévitablement récurrente (croyant parler de l'homme de la nature, ils parlent de l'homme civil) – elle consisterait à projeter le donné actuel sur l'origine. L'histoire des monuments actuellement donnés, en somme, écrase l'historicité véritable de l'humanité. La fiction de l'état de nature, au contraire, n'a pas une fonction simplement méthodologique, consistant à déplier dans un récit un donné anthropologique qui, en sa vérité, serait invariable : constituée à l'écart des faits, contrefactuelle en un sens fort, elle incorpore une dimension mythologique qui rend ineffaçable l'histoire qui la suit.

Ainsi la question de la légitimité de la théorie de l'homme se trouve-t-elle résolue au prix d'un pas de côté, d'un décalage cartésien par rapport à l'héritage lockéen réformé par Condillac. D'une façon plus générale, il nous appartiendra de comprendre comment, au long de la séquence systématique qu'il désigne rétrospectivement, Rousseau *manipule* la méthode analytique – au double sens où il l'emploie et où il la déforme : car ces gestes signifient positivement qu'il va l'épuiser. L'abandon de la *méthode* empiriste qui sera finalement prononcé n'aura de sens *que* sur le fond de cet usage et il convient justement, pour clore cette introduction, de donner quelque idée de la façon dont la dernière philosophie s'articule

modèle ne cesse pas d'être théorique lorsque l'imagination l'agrémente de paysages et de portraits, qui le doublent d'un récit mythique » (« Modèle, mythe, réalité dans la pensée de J.-J. Rousseau », *Annales de la société Jean-Jacques Rousseau*, t. XL, 1992, p. 12).

1. En partant de l'autobiographie, J. Starobinski élabore une interprétation strictement réciproque, où c'est le fait de l'histoire qui impose la construction du mythe : « (...) la dimension temporelle qui creuse l'instant présent n'est devenue perceptible que par le fait même qu'elle se dérobe et se refuse. La conscience se tourne vers un monde antérieur, dont elle aperçoit tout ensemble qu'il lui a appartenu et qu'il est à jamais perdu. (...) Il ne reste plus alors qu'à construire poétiquement le mythe de l'époque révolue » (*J.-J. Rousseau : la transparence et l'obstacle*, Paris, Gallimard, 1971, p. 22). V. Goldschmidt a dégagé d'une façon parfaitement nette le caractère mythique et *anté-historique* de l'état de nature : *Anthropologie et politique*, p. 234-235.

ainsi au *corpus* mieux connu (par les philosophes) qui va du second *Discours* à l'*Émile* et au *Contrat*.

L'empirisme est la philosophie que Rousseau revendique lorsqu'il s'agit de théorie; bien plus, nous verrons que l'auteur de l'*Émile* donne à cette méthode une portée et un approfondissement inédits. Cela signifie également qu'il la pousse à ses limites; pour mieux dire, il prend au sérieux les limites qu'elle dessine dans l'ordre du connaissable cependant qu'il éprouve le besoin de les dépasser pour des raisons existentielles très profondes : il en va ainsi du désir d'une restauration de la justice, que tout dément dans l'existence sociale. Le point sera dès lors de savoir si ce désir qui révèle l'âme à elle-même est illusoire, puisqu'il demeure seul irrécusable tandis que Rousseau doit prononcer le constat de vacance de la méthode qu'il a d'abord suivie. La réponse qu'il fournira dans sa dernière philosophie, dans les *Rêveries du promeneur solitaire*, reposera sur la clarification la plus entière des concepts fondamentaux de son anthropologie : il reviendra en effet à une pensée de l'amour de soi et à une pensée de l'ordre de garantir la possibilité du bonheur, dans une expérience dont les Promenades fourniront l'échantillon. Mais il faut souligner que ces deux concepts constituaient également, dans l'œuvre systématique, les deux termes de la genèse : ainsi Émile, dans le registre affectif, parcourait-il le chemin conduisant de l'affection primitive qu'éprouve tout être sensible jusqu'à l'idée véritable de l'ordre, en morale comme en politique. Autrement dit, si nous soutenons que l'exténuation de la méthode empiriste conduit Rousseau à élaborer une dernière philosophie – une philosophie d'après la théorie de l'homme –, il nous faut ajouter que cette tentative suppose le travail théorique qui a conféré à certaines notions et, en particulier, à l'amour de soi, leur caractère de principe.

Remerciements

Le long cheminement qui m'a conduit jusqu'à ce livre fut jalonné par un certain nombre de rencontres importantes et je ne puis exposer ici ce que je dois à chacun. Qu'il me soit simplement permis de mentionner le Groupe Rousseau (UMR 5037), où j'ai pu mettre en ordre les premiers commentaires que j'ai consacrés aux *Rêveries du promeneur solitaire*. Je souhaite également exprimer ma profonde gratitude à Bruno Bernardi, à Pierre-François Moreau.

CHAPITRE PREMIER

PROGRÈS ET LIMITES DE L'ANALYSE

Sur quel terrain devons-nous nous engager, une fois opéré le déplacement d'attention qui nous conduit de la question assez ambiguë d'un système de Rousseau au problème, à la fois plus concret et plus documenté, de la méthode mise en œuvre dans la principale période d'élaboration de la théorie de l'homme? L'hypothèse suivant laquelle l'analyse empiriste gouverne l'établissement des principes pourrait se vérifier dans plusieurs domaines (ainsi l'étude des langues[1]); mais elle livre toute sa fécondité une fois clairement désignés ceux auxquels Rousseau fait allusion dans le texte rétrospectif de 1771 dont nous sommes parti. Or une comparaison textuelle que nous avons déjà introduite permet d'identifier aisément les premiers principes qui ont fait l'objet de cette clarification analytique – on rapprochera la déclaration des *Dialogues* (« l'auteur remontant de principe en principes n'avait atteint les premiers que dans ses derniers écrits[2] ») de la récapitulation que comprenait déjà la *Lettre à Christophe de Beaumont* : « Le principe fondamental de toute morale, sur lequel j'ai raisonné dans tous mes écrits et que j'ai développé dans ce dernier avec toute la clarté dont j'étais capable, est que l'homme est un être naturellement bon[3] ». La proximité des deux textes indique assez clairement que le progrès de l'analyse concerne les fondements de la thèse de la bonté naturelle, c'est-à-dire les principes désignés comme tels dès

1. Le sujet fait l'objet d'une abondante littérature; pour ce qui concerne les aspects gnoséologiques du problème, on consultera B. Bernardi, *La Fabrique des concepts*, *op. cit.*, p. 484-494.

2. Troisième Dialogue, p. 933.

3. *Lettre à Ch. de Beaumont*, p. 935.

l'histoire hypothétique du second *Discours* : l'amour de soi et la pitié. Celle-ci toutefois, perd son statut principiel proprement dit en 1762. De là résulte l'axe de notre enquête sur la mise à l'épreuve de la méthode empiriste chez Rousseau : selon nous, ce qu'il présente comme l'aboutissement de sa recherche concerne avant tout l'élucidation radicale de l'amour de soi, dont la primauté s'affirmera jusque dans la dernière philosophie, c'est-à-dire dans les *Rêveries du promeneur solitaire*. Nos premiers pas doivent donc être pour comprendre de quelle façon l'analyse génétique établit l'unicité principielle de cette affection pour la théorie de l'homme.

LE PRINCIPE, OU L'AMOUR DE SOI

L'une des principales transformations qui survient du second *Discours* à l'*Émile*, et qui fut amplement commentée, concerne, comme chacun sait, la pitié – sans doute n'est-elle par ailleurs plus tout à fait la même mais, surtout, elle n'a plus le même rang de disposition originaire dans le projet d'éducation. Nous considérerons dans un second temps le statut de la pitié et ses diverses transformations, mais nous souhaitons d'abord poser une question qui, à y bien regarder, nous semble immédiatement connexe : la réduction qui s'opère des affections primitives au seul amour de soi (il nous faudra revenir sur ses dénominations explicites) est-elle pensable sans que celui-ci change lui-même de statut ? L'amour de soi dont il est question dans le texte publié en 1762 est-il le même que celui que Rousseau distingue de l'amour-propre en 1755 ? Ou, pour adopter une formulation plus neutre, est-il envisagé sous le même biais ? Nous ne prétendons pas exposer ici les changements qui surviennent dans la morale de Rousseau et nous nous en tiendrons, au fond, à une question épistémologique – ou théorique, au sens de la théorie de l'homme – qui, du reste, est textuellement fondée. Car si l'on aurait quelque mal à trouver des déclarations signalant, sur un mode réflexif, un changement dans la conception rousseauiste de la pitié, le sens général de l'évolution qui conduit à l'*Émile* est en revanche clairement dégagé dans les *Dialogues*, où Rousseau déclare que cet ouvrage atteint seul les premiers principes des exposés qui l'ont précédé. L'annotation du traité de 1762 nous a permis de montrer qu'il s'agit alors de signaler que l'*Émile* fournit enfin une *analyse* complète de la condition de l'homme – ce qui s'entend en un sens technique, *i.e.* non seulement de la régression vers l'origine, mais surtout de la genèse, qui doit rendre compte du développement et des variations de sa nature. Et l'on pourrait en l'occurrence entendre que le progrès accompli dans le texte de 1762 tient à ce que s'y trouve enfin exposée une analyse progressive complète des passions humaines à partir du seul amour de soi. C'est ce que déclare le livre IV, en un texte qu'il faut mettre en regard d'un passage de la Préface du second *Discours*, sur lequel nous reviendrons, relatif aux deux principes des relations morales (l'amour de soi, donc, et la pitié) : « La source de nos passions, *l'origine et le principe* de toutes les autres, la seule qui naît avec l'homme et ne le quitte jamais tant qu'il vit est l'amour de soi ; passion primitive, innée, antérieure à toute autre et dont toutes les autres ne sont en un sens que des modifications [1] ». Il est essentiel de prendre acte du rang de principe conféré à l'amour de soi et de comprendre que, dans le contexte de la méthode analytique, cette thèse enveloppe l'idée d'une priorité chronologique – aussi le principe désigne-t-il également l'origine. À la fin de l'exposé consacré à la généralisation corrélative des affections et des idées, Rousseau ne manquera pas de rappeler que tout son parcours fut ordonné selon ce régime théorique : « (...) je songe que je n'ai point à faire ici des traités de métaphysique et de morale, ni des cours d'études d'aucune espèce ; il me suffit de marquer l'ordre et le progrès de nos sentiments et de nos connaissances [2] ». Si, comme nous le pensons, la clarification des principes expressément attribuée à l'*Émile* désigne l'achèvement d'une analyse demeurée incomplète dans le second *Discours*, alors il faut admettre qu'une modification survient dans la conception de la « passion primitive ». Nous examinerons donc, d'une part, le statut principiel de l'amour de soi et, d'autre part, ses relations avec l'amour-propre.

1) Avant de considérer les changements relatifs à l'amour de soi qui surviennent selon nous du second *Discours* à l'*Émile*, il faut souligner l'affirmation constante de son caractère principiel. Cela signifie deux choses, dans le contexte généalogique de la théorie de l'homme : d'une part, qu'il est une origine déterminée en deçà de laquelle on ne peut remonter et, d'autre part, que les autres affections de l'homme en dérivent d'une façon ou d'une autre. Nous allons longuement insister sur ce second aspect mais il vaut la peine de s'interroger au préalable sur le premier point, trop spontanément tenu pour évident.

Qu'est-ce qui justifie, chez Rousseau, l'enracinement de l'amour de soi dans l'existence, au point que celle-ci paraît impensable sans ce principe ? Y a-t-il un au-delà ou un en deçà de ce principe – en y comptant même sa version rudimentaire, c'est-à-dire l'auto-conservation ? Il est vrai qu'assez tardivement, au livre IV de l'*Émile*, Rousseau stipule que l'amour de soi

1. *Émile*, liv. IV, p. 491.
2. *Ibid.*, p. 523.

lui-même peut se voir travesti ; et il ne s'agit alors pas simplement des passions ruineuses qui en dérivent, mais bien de cette affection primitive. Il reste qu'en ce cas, on a précisément affaire à un travestissement *dérivé*, et non à une forme d'existence abandonnée par l'amour de soi. Rousseau ne semble pas remettre en cause la solidarité de l'existence à l'affection qui la rend aimable – ce qui rend notre interrogation urgente en même temps qu'un peu décalée[1]. Plusieurs pistes méritent cependant d'être suivies.

« Exister pour nous c'est sentir[2] ». Si, en bonne méthode, on confère à cette thèse une dimension généalogique, on est amené à consulter le début du traité d'éducation et, en particulier, la théorie des sensations affectives. D'une façon très nette, Rousseau établit que les affects primitifs précèdent les représentations et, partant, la conscience du monde extérieur[3]. Il n'y a pas même de soi – et certainement pas un moi personnel, qui sera introduit au livre II – mais il existe déjà des sensations plaisantes, préférables aux autres. Chez le tout petit enfant, l'existence se tient dans un sentir plein, purement actuel, mais qui ne s'exprime que dans le déplaisir (c'est l'un des enseignements essentiels de la théorie des pleurs) : le souci de conservation, en somme, ne se rapporte pas à un soi et reste silencieux quand sont procurées les choses aimables qui satisfont les besoins.

L'être sensitif, dans ses progrès physiques, reste absolument déterminant quand apparaît le soi qui s'aime : avant la saisie intellectuelle de l'identité personnelle par la mémoire, en effet, c'est le progrès des forces, dépassant un peu celles qui s'épuisent dans l'expression et dans la satisfaction des besoins, qui est la vraie cause de l'apparition du moi. Désormais, le souci de conservation est bien l'amour d'un soi pour lui-même[4], encore que Rousseau, pour les raisons que nous verrons ensuite, ne lui donne pas ce titre ; mais l'expression est ici trompeuse car il ne s'agit nullement d'une opération réflexive survenant après coup.

1. Dans l'essai d'interprétation philosophique de Rousseau qu'il a conduit en se tenant volontairement à distance des méthodes de l'histoire de la philosophie, P. Audi a déjà tenté de rendre raison de cette solidarité par laquelle la sensibilité (fût-elle simplement passive) ne s'exerce jamais sans quelque souffrance ou jouissance de soi-même : *Rousseau, éthique et passion*, Paris, P.U.F., 1997.

2. *Lettres morales*, Lettre V, OC IV, p. 1109 ; *Émile*, liv. IV, « La Profession de foi du vicaire savoyard » [désormais notée Profession de foi], p. 600.

3. Avant de s'attacher aux sentiments moraux qui fondent la sociabilité, Rousseau résume ce point au livre IV de l'*Émile* : « (…) notre sensibilité est incontestablement antérieure à notre intelligence et nous avons eu des sentiments avant des idées » (p. 600).

4. B. Carnevali a justement repéré et mis en ordre les étapes de ce processus (*Romantismo e riconoscimento. Figure della coscienza in Rousseau*, Bologna, Il Mulino-Ricerca, 2004, p. 16 ; trad. fr. par Ph. Audegean, Paris, Droz, « Bibliothèque des Lumières », 2011).

L'écart qui permet au moi de se constituer et, partant, de désirer une jouissance qui passe le plaisir immédiat – cet écart est creusé par ce qu'il possède en surplus, par ce qui arrache la sensibilité physique à une adhésion stricte aux besoins. Il n'y a donc aucun moi avant qu'il ne possède la capacité matérielle de s'aimer : c'est même l'un des fruits de cette explication physique de l'apparition de l'identité personnelle, qu'elle l'indexe strictement sur les modifications affectives de l'être sensible. Du même mouvement, il possède la force d'étendre le strict jeu de la conservation à la suite des modifications qui l'affectent et de se reconnaître en elles : c'est donc autant qu'il s'aime qu'il est un soi désirant la jouissance dans le temps, c'est-à-dire le bonheur.

Ces précisions permettent d'éclairer l'affirmation contenue dans l'*Émile*, suivant laquelle l'amour de soi est l'unique passion « qui naît avec l'homme et ne le quitte jamais ». Mais Rousseau ne produit cet énoncé qu'au livre IV, au moment de la seconde naissance et l'on doit donc se demander ce qu'il en est *avant* l'expansion de la sensibilité active de l'individu. Le second *Discours* n'était pas affecté de ce décalage, puisque l'auto-conservation, désignée sous son nom d'*amour de soi*, était uniment attribuée à l'homme du premier état de nature. Une observation lexicographique doit être ici produite. Bien qu'il constitue une affection *primitive*, l'amour de soi ne fut mentionné dans l'*Émile* qu'une seule fois avant le livre IV, pour désigner la version sous laquelle il s'est manifesté jusqu'à présent et qui lui donnait également son contenu dans la première partie du *Discours sur l'inégalité* : il s'agissait du désir de se conserver. Or Rousseau interdit que l'on projette sur cette unique occurrence les leçons de sa théorie achevée – une fois réduit au souci de l'auto-conservation (c'est-à-dire à une forme d'inquiétude qu'éprouve déjà le petit enfant), l'amour de soi se confond avec l'amour propre au sens ordinaire :

> La seule passion naturelle à l'homme est l'amour de soi-même ou l'amour-propre pris dans un sens étendu. Cet amour-propre en soi ou relativement à nous est bon et utile, et comme il n'a point de rapport nécessaire à autrui, il est à cet égard naturellement indifférent ; il ne devient bon ou mauvais que par l'application qu'on en fait et les relations qu'on lui donne [1].

Il va de soi que les besoins de l'enfant exprimaient le souci de se conserver : mais il n'était pas alors pertinent de parler d'amour de soi. En revanche, à partir du livre IV de l'*Émile*, les emplois du terme d'*amour de soi* se multiplient et sont investis de la pleine signification conceptuelle de

1. *Émile*, liv. II, p. 322.

ce syntagme. Il est permis de tirer de cela deux conséquences nettes : la conservation de soi qui, dans son innocence primitive, définissait purement et simplement l'amour de soi dans le second *Discours*, en constitue la préfiguration vague dans l'*Émile* ; corrélativement, l'opposition entre l'amour de soi et l'amour-propre n'acquiert sa signification virulente qu'après la seconde naissance, une fois que l'homme est engagé dans la vie passionnelle – et nous verrons qu'il faudra encore la relativiser. Nous ne suggérons nullement que l'amour de soi mobilisé à partir de l'adolescence constituerait une affection dérivée, ne serait-ce que parce qu'il est étroitement lié à une véritable *naissance* (celle de l'individu pour le sexe). Mais il nous semble tout de même pertinent de le comprendre comme le recentrement passionnel du souci primitif de conservation. Tandis que le souci de la conservation est lié à la pure sensibilité physique ou passive, l'amour de soi inscrit une activité dans l'affection primitive de l'être sensible et il la qualifie du même coup comme principe pour une genèse à venir.

Cet indice textuel impose de considérer plus précisément les changements qui, pour ce qui concerne les principes de la genèse, surviennent du *Discours* à l'*Émile* et de dire dès à présent quelques mots de la fonction de la pitié dans l'analyse. Chacun sait que, dans le texte de 1755, la pitié ne s'oppose pas vraiment à l'amour de soi qui, de toute façon, n'est jamais nuisible en lui-même ; mais il est indéniable qu'elle le modère, ne fût-ce qu'en en différant l'objet – c'est ainsi que l'homme de l'état de nature peut laisser leur subsistance « à un faible enfant, ou à un vieillard infirme », alors qu'il aurait pu s'en emparer sans méchanceté pour satisfaire ses propres besoins : « (…) la pitié est un sentiment naturel, qui modérant dans chaque individu l'activité de l'amour de soi-même, concourt à la conservation mutuelle de toute l'espèce[1] ». Il ne nous semble pas – mais ce point n'est pas décisif – que l'*Émile* comprenne la mention d'une telle nuance. Surtout, malgré cette présentation, il est peu contestable qu'il n'était pas besoin de prêter à l'homme de l'état de nature cette disposition supplémentaire pour assurer sa bonté originelle, qui ne signifie évidemment pas sa moralité. Du reste, dans la *Lettre à Christophe de Beaumont*, la pitié disparaîtra du bref tableau de l'homme du premier état de nature. S'agissant du *Discours*, on s'autorisera une question naïve : à quoi servait la pitié ? pourquoi fallait-il la poser dès l'état de nature ? Il nous semble qu'outre les arguments externes (liés à la réception des moralistes), qui ont évidemment leur importance, c'est surtout pour rendre intelligible

1. Second *Discours*, Ire part., p. 156.

la suite de la genèse, le développement ultérieur des affections morales après l'état de nature (les mêmes qui seront étudiées dans l'*Émile*), que Rousseau avait besoin d'introduire la pitié: «(…) qu'est-ce que la générosité, la clémence, l'humanité, sinon la pitié appliquée aux faibles, aux coupables, ou à l'espèce humaine en général?[1] ». Autrement dit, pour que l'origine comprenne, sous certaines circonstances, la possibilité du devenir moral; pour qu'elle ait, dans l'analyse, la valeur d'un authentique principe, il était requis d'y inclure cette seconde affection. Reprenons d'ailleurs les déclarations explicites de la Préface du second *Discours*, qui affirme sur ce point deux choses essentielles. D'une part, il y a bien *deux* principes: «(…) méditant sur les premières et plus simples opérations de l'âme humaine, j'y crois apercevoir deux principes antérieurs à la raison, dont l'un nous intéresse ardemment à notre bien-être et à la conservation de nous-mêmes, et l'autre nous inspire une répugnance naturelle à voir périr ou souffrir tout être sensible et principalement nos semblables[2] ». D'autre part, ces principes le sont bien pour une analyse génétique (au sens, donc, où l'amour de soi sera principe au livre IV de l'*Émile*). Autrement dit, c'est l'articulation de ces deux principes qui permet d'expliquer la mise en place des relations morales – ajoutons qu'ils sont alors nécessaires, mais aussi suffisants (inutile d'y ajouter la sociabilité): «C'est du concours et de la combinaison que notre esprit est en état de faire de ces deux principes, sans qu'il soit nécessaire d'y faire entrer celui de la sociabilité, que me paraissent découler toutes les règles du droit naturel.» Il est vrai que, dans l'*Émile*, la dérivation du sentiment de l'humanité à partir de la pitié est maintenue; mais elle n'a plus son *premier* principe dans la seule commisération, qui est elle-même un premier détour imaginaire, et elle remonte plus haut, jusqu'à l'amour de soi. Comme nous l'avons suggéré en introduction, cette correction illustre rigoureusement l'affirmation des *Dialogues*, suivant laquelle l'*Émile* seul atteint les premiers principes, ne reconnaissant ainsi plus qu'une seule source au fondement des affections de l'homme. Mais elle suppose que des aménagements soient introduits, *n.s.* dans la conception de la pitié, qui reposera désormais sur une identification imaginaire et sur une comparaison, *s.e.* dans celle de l'amour de soi, dont le rapport aux passions est désormais élucidé. Au fond, pour parvenir à l'analyse complète livrée dans l'*Émile*, il fallait que l'amour de soi fût compris dans sa dimension productive – il fallait, nous venons de le voir, qu'il fût à quelque égard distingué de la stricte conservation de soi.

1. *Ibid.*, p. 155.
2. *Ibid.*, Préface, p. 125-126.

Il vaut la peine de méditer toutes les conséquences entraînées par le statut principiel irréductible de l'amour de soi – c'est-à-dire, selon l'analyse, par sa double fonction d'origine et de cause. La modification qui survient, par rapport au second *Discours*, réside entre autres choses dans la sorte de césure qu'il faut désormais introduire au sein même de cette passion primitive et qui sera d'ailleurs explicitement désignée par Rousseau dans la *Lettre à Christophe de Beaumont*: dès le moment qu'on reconnaît la dualité des sens et de l'âme, « l'amour de soi n'est [pas] une passion simple[1] » : d'un côté, il est relatif à la sensibilité physique et il faut évidemment entendre qu'il s'identifie alors (au moins dans sa version normale) au souci de la conservation de soi. D'un autre côté, il peut être « développé et rendu actif » pour engendrer les affections morales; et, répétons-le, c'est presque uniquement à ce titre qu'il est nommé dans l'*Émile*. Ainsi le champ défini par l'attachement de la vie à elle-même s'ordonne-t-il selon un noyau affectif à deux pôles qui, avant le nouveau commencement décrit au livre IV, n'étaient pas discernables. Mais cette évolution de la pensée de Rousseau implique de réviser ou, pour mieux dire, d'affiner la présentation des relations entre l'amour de soi et l'amour-propre – étant bien entendu que, dans leur forme pure, ces deux passions ne s'opposent pas moins dans l'*Émile* que dans le *Discours*.

2) L'analyse de la genèse des affections morales présentée dans la première partie du livre IV est habituellement comprise comme l'histoire d'une généralisation de l'amour de soi, qui se transforme en pitié puis en amour de l'humanité. Cette présentation foncièrement juste quant à son orientation présente cependant deux défauts. D'une part, elle passe le plus souvent sous silence l'identification explicite et sérieuse posée au bout du compte entre l'amour de soi et « l'amour de l'auteur de son être[2] », énoncée par Rousseau lui-même (non par le vicaire!) et qui a précisément pour fin de balancer la généralité excessive ou l'abstraction de l'amour de l'ordre : nous verrons bien plus tard à quelles conditions l'ordre, en ce qu'il est voulu par Dieu, peut devenir l'objet de l'espérance du soi. D'autre part, et surtout, ce résumé conduit à sous-estimer nettement les termes précis employés par Rousseau pour désigner *la passion qui se trouve généralisée dans la vertu*. Pour éclairer ce point, nous étudierons l'apparition de l'amour-propre et l'une de ses transformations les plus élaborées.

1. *Lettre à Ch. de Beaumont*, p. 936.
2. *Émile*, liv. IV, p. 636.

Nous ne reviendrons pas ici sur les sources de la dichotomie entre l'amour de soi et l'amour-propre, qui sont désormais bien connues – s'il fallait donner à cette opposition une origine dans la modernité, on devrait surtout retenir les contributions de Malebranche[1] et Abbadie[2]. Mais nous souhaitons surtout justifier ici l'importance que nous avons accordée à Vauvenargues dans notre annotation de l'*Émile*[3]. La raison est que cet auteur, dans son *Introduction à la connaissance de l'esprit humain*, annonce en quelque sorte le point de vue de Rousseau en réalisant la synthèse de deux courants majeurs : il hérite des moralistes classiques (dont on sait le rôle dans le second *Discours*) en même temps qu'il situe l'amour de soi et l'amour-propre au principe d'une histoire des affections morales inspirée de Locke. Or ce point de vue génétique est très étroitement lié à la compréhension rousseauiste de l'amour-propre, du moins dans l'exposé canonique de la théorie de l'homme.

Quels sont les mécanismes mis en évidence par Rousseau ? Notons tout d'abord que le progrès des affections morales, au livre IV de l'*Émile*, ne repose pas seulement sur une expansion de la sensibilité; il est foncièrement lié au progrès des idées. En un sens, c'est même une opération intellectuelle qui commande l'éveil des sentiments : « (...) la vérité des sentiments tient beaucoup à la justesse des idées[4] ». Cette sorte de chiasme est assez remarquable – on s'attendrait plutôt à ce que la justesse des sentiments, ou leur droiture, tienne à la vérité des idées – et il dénote de toute façon une étroite intrication, tenant au fait que le développement de la moralité repose sur des comparaisons : il est question, non point de simples représentations, mais d'idées, qui désignent des rapports entre ces images du monde. Mais dès le moment que l'on prend au sérieux cette connexion, il faut admettre que la dérivation de l'amour-propre à partir de l'amour de soi relève d'un processus proprement *nécessaire* lié aux comparaisons motivées par l'affirmation permanente de l'intérêt – c'est la tendance spontanée de l'individu, comme l'atteste un passage capital qu'il faut lire de près : « (...) le premier regard qu'il jette sur ses semblables le porte à se comparer avec eux; et le premier sentiment qu'excite cette comparaison, est de désirer la première place. Voilà le point où l'amour de soi se change

1. *Traité de l'amour de Dieu*, 1697.

2. *L'Art de se connaître soi-même*, 1692.

3. Malgré la proximité des textes de Vauvenargues et de Rousseau, il nous est apparu que la place particulière dévolue au moraliste dans notre annotation de l'*Émile* n'a pas été comprise – faute, sans doute, d'une fréquentation minimale de cet auteur, dont le style vaut par ailleurs d'être admiré.

4. *Émile*, liv. IV, p. 512.

en amour-propre, et où commencent à naître toutes les passions qui tiennent à celle-là[1] ». On ne s'étonnera certes pas de constater que la naissance des passions accompagne celle de l'amour-propre; mais le texte dit beaucoup plus – Rousseau stipule que cette transformation, qui éveille l'amour-propre, est le fond sur lequel se détachent *toutes* les autres passions, qu'elles soient « de bienveillance et de commisération, ou d'envie et de convoitise[2] ». Quelles leçons devons-nous en tirer ? 1) Dès le moment que se trouve activée la dimension de principe de l'amour de soi, c'est-à-dire son versant génératif – dès le moment qu'il est nommé dans le texte, à la vérité –, alors nous avons également affaire à l'amour-propre. 2) On peut bien poser, dans l'abstrait, que le progrès des affections morales consiste en une généralisation de l'amour de soi; mais il faut considérer, dans le concret, que cette histoire, inévitablement, sera aussi une histoire des modifications de l'amour-propre[3]. Le problème, au fond, n'est pas vraiment de l'éviter mais de ne pas en rester à lui ou à ses variations toujours particularisantes[4]; et la question de savoir si les passions positives ou négatives domineront le caractère du jeune homme ne relève en aucune façon de la possibilité de supprimer cette première comparaison (d'amour-propre) mais, d'une façon plus fondamentale, du choix des termes entre lesquels elle interviendra: « (...) il faut savoir à quelle place il se sentira parmi les hommes[5] ». Disons en un mot que c'est aussi l'amour-propre qu'il faut élargir pour que l'amour de soi réalise sa destination.

Il n'est pas douteux que les vertus morales (la situation serait infiniment plus délicate s'agissant des vertus politiques) dérivent de l'amour de soi. Mais ce processus n'est pas compris de façon complète tant qu'on ne conçoit pas qu'il s'accompagne d'une certaine économie de l'amour-propre – pour cette raison fondamentale que la transformation de l'amour de soi donnant lieu à toutes les passions ouvre aussitôt la possibilité de l'amour-propre. Et l'apparente instabilité du vocabulaire,

1. *Émile*, liv. IV, p. 523.

2. *Ibid.*

3. La convergence des séries de passions tirées de l'amour de soi et de l'amour-propre est justement soulignée par Masters : *La Philosophie politique de Rousseau*, p. 115.

4. Sur l'inéluctabilité de l'amour-propre dans le contexte auquel Émile est destiné, on suivra les éclaircissements fournis par G. Radica, *L'Histoire de la raison. Anthropologie, morale et politique chez Rousseau*, Paris, H. Champion, 2008, p. 521. Voir également F. Guénard, qui montre la subtilité de l'articulation entre le mal et l'amour-propre (*Rousseau et le travail de la convenance*, Paris, H. Champion, 2004, p. 124).

5. *Émile*, liv. IV, p. 523.

particulièrement frappante dans l'extrait du livre II que nous avons cité, se répète au cours du livre IV, de sorte qu'il faut manipuler avec une certaine prudence la dichotomie des deux passions. Dans un passage d'autant plus décisif qu'il vaut récapitulation de l'itinéraire suivi jusqu'alors, Rousseau parle ainsi d'une généralisation de l'amour-propre lui-même – reprenons ces lignes :

> Étendons l'amour-propre sur les autres êtres, nous le transformerons en vertu, et il n'y a point de cœur d'homme dans lequel cette vertu n'ait sa racine. Moins l'objet de nos soins tient immédiatement à nous-même, moins l'illusion de l'intérêt particulier est à craindre ; plus on généralise cet intérêt, plus il devient équitable, et l'amour du genre humain n'est autre chose en nous que l'amour de la justice [1].

Laissons provisoirement de côté ces dérivations tardives conquises par la sensibilité active (l'amour de l'humanité, celui de la justice et enfin celui, fort problématique, que l'on porte à l'ordre). Dès à présent, on doit plutôt mesurer l'importance d'une telle mention de l'amour-propre au cœur de ces généralisations, qui les renvoie à des figures de l'intérêt. Elle signifie évidemment que la dimension de préférence qui, dans l'amour-propre catastrophique (celui qui, en quelque sorte, s'abîme en lui-même), prend le dessus, doit toujours être présente dans les passions moralisantes dérivées de l'amour de soi. Il s'agit de généraliser cette préférence, de l'étendre à autrui, plutôt que de l'extirper. Mais il faut ajouter que, dans les déclinaisons tardives de la passion primitive, l'intérêt personnel devra demeurer lisible : c'est aussi cela que permet de souligner le lexique de l'amour-propre.

Il faut noter qu'est ici visée la transformation en vertu d'une diversité d'affections ; or, si l'on garde en tête la dimension politique de la vertu, il est moins étonnant que Rousseau parle de l'amour-propre c'est-à-dire, selon son sens spécifique, de la préférence : la vertu du citoyen, en effet, ne tient pas seulement au fait qu'il étend l'amour de soi à la patrie, mais aussi à ce qu'il la préfère à l'humanité générique visée par l'universalisation de l'amour de soi – en un sens, la généralisation vertueuse des sentiments du citoyen se fait plutôt selon l'amour-propre que selon l'amour de soi.

Ces remarques assez dérivées n'épuisent cependant pas la signification de l'énoncé relatif aux généralisations de l'amour-propre – et certainement pas sa portée méthodologique. Car il y va aussi, selon nous, de la mise en œuvre d'un double régime d'intelligibilité. Quant à leur principe, il est bien

1. *Ibid.*, p. 547.

clair que les passions bienveillantes, comme les autres, dérivent de l'amour de soi et il appartient à l'analyse génétique d'expliciter et d'articuler les uns aux autres les moments de ce progrès. Mais dans leur expression, les unes et les autres sont contemporaines, se combattent et parfois se mêlent. La décision de les présenter *toutes* comme des modifications de l'amour-propre, c'est-à-dire comme les modifications d'une première modification, nous installe sans retour possible dans l'histoire de cette conflictualité indépassable. Elle met entre parenthèses la pureté du principe bienveillant, mais afin de souligner que la bonté naturelle ne se tait pas dans une vie passionnelle que l'amour-propre ne cesse de hanter : il n'est pas absent des passions bienveillantes mais il ne les étouffe pas nécessairement. L'inévitable apparition de l'amour-propre ne le constitue pas en principe, puisqu'il est lui-même traversé par l'élan de l'amour de soi, foncièrement bon ; mais elle impose de lui rapporter les généralisations successives qui construisent la moralité. Il n'est donc pas la vraie cause des passions, mais il les signe par la dimension de préférence qui les accompagne toujours : il introduit dans l'analyse des affections morales un paramètre dont on ne peut faire abstraction.

Deux régimes d'intelligibilité, donc – si l'on envisage ces lignes dans leur radicalité, sans euphémiser la mention de l'amour-propre, on a affaire à une analyse des passions dont le principe est passé sous silence : l'origine unique est mise entre parenthèses au profit de l'histoire de deux séries distinctes mais intriquées de passions bonnes ou mauvaises. Dès lors, l'application de la préférence personnelle, irréductible dans cette présentation (qui dit au reste une vérité essentielle sur l'amour de soi), à des circonstances précises devient absolument cruciale et déterminante. Ainsi l'examen de ces *applications* de la puissance intellectuelle et du désir qui les engendre passe-t-elle au premier plan, sans qu'il soit besoin de rappeler chaque expérience au principe originaire dont elle dérive ultimement. S'annonce une autre façon d'envisager la distribution des passions et, pour tout dire, une figure de ce que nous avons appelé l'empirisme de la constitution[1], qui sera déterminante en politique – nous verrons que le choix de cette orientation sera très lisible dans le passage du *Manuscrit de Genève* au *Contrat social*. Quoi qu'il en soit, le déplacement est frappant, dans le passage du livre IV de l'*Émile* qui nous intéresse, de la genèse (tout dérive de l'amour de soi) à l'application (tout dépend des idées et des notions donnant leur sens aux comparaisons que le sujet produit de toute nécessité).

1. Voir, pour une présentation complète, *Empirisme et théorie de la connaissance*, *op. cit.*

Les modifications que nous croyons repérer du *Discours* à l'*Émile* relèvent donc moins d'un changement de perspective que du perfectionnement de l'analyse, comme Rousseau lui-même l'indique à nos yeux. Dans le cas de la genèse des affections morales, il est finalement possible de remonter à l'amour de soi comme au seul principe – au lieu qu'en philosophie de la connaissance, par exemple, on maintiendra contre Condillac la dualité des principes (la sensation et la réflexion). Mais il n'en va pas seulement d'un perfectionnement méthodologique, voire formel, de l'exposition. En effet, le statut pleinement élucidé de principe reconnu à l'amour de soi, c'est-à-dire le fait qu'on puisse en dériver, selon les circonstances, *toutes* les configurations de la vie morale, est ce qui impose de ne pas opposer dans l'abstrait cette passion primitive à l'amour-propre, mais bien de faire de la modification de celui-ci l'un des principaux enjeux de l'éducation morale.

DÉRIVATION ET INVERSION DU PRINCIPE : LA PITIÉ

Au premier rang des modifications positives de l'amour de soi, en face de l'amour-propre, pourrions-nous dire, se découvre la pitié. Il ne nous semble pas utile de revenir longuement sur la question factuelle de l'évolution de son statut dans l'œuvre de Rousseau, qui est aujourd'hui réglée[1]; soulignons simplement que l'examen des problèmes de méthode permet de dégager une implication théorique essentielle de la grande coupure qu'après d'autres, nous identifions entre le second *Discours* (1755), d'une part, et l'ensemble constitué par l'*Essai sur*

1. Il n'est pas nécessaire de résumer ici un débat ancien (les propositions de Masson [1903] étant, comme à l'habitude, les plus raisonnables), réactivé il y a encore quelques décennies par la parution de la *Grammatologie* de Derrida – réactivé, mais aussi caricaturé, car J. Derrida prête à J. Starobinski (sur la base d'une note assez prudente au second *Discours*: OC III, p. 1330, note 2 à la p. 154 de cette édition) une thèse intenable suivant laquelle l'*Essai* fut pensé et, sur des points cruciaux, rédigé avant le *Discours sur l'inégalité*. Renonçant à l'hypothèse qu'il défendit d'abord, suivant laquelle la conception définitive de Rousseau sur la pitié consisterait à la définir comme un élan purement spontané, Starobinski récapitulera plus tard tous les arguments qui inscrivent la théorie de la pitié de l'*Essai sur l'origine des langues* dans la constellation des thèses accompagnant l'*Émile* (OC V, introduction à l'*Essai*, p. CCII-CCIII). Enfin, il est très difficile de se rendre aux efforts de Derrida en faveur d'une conciliation maximale du *Discours*, de l'*Essai* et de l'*Émile* – ainsi l'analyse des rapports entre la pitié et l'appréhension imaginaire du temps se conclut-elle en ces termes: « Il n'y a donc pas d'évolution sur ce point dans la pensée de Rousseau » (*La Grammatologie*, Paris, Minuit, 1967, p. 272). L'évolution, répétons-le, n'est pas l'indice d'une faiblesse mais la marque d'une recherche philosophique concrète.

l'origine des langues (au moins dans la version que Rousseau songea à publier en 1761) et l'*Émile* (1762), d'autre part. Tous ces textes donnent une expression très pure à un changement bien connu qui fait passer la pitié du rang d'affection primitive, à côté de l'amour de soi, à celui de dérivation imaginaire de l'amour de soi; mais l'enquête sur le rapport de Rousseau à l'analyse empiriste met en évidence la dimension systématique de cette question, tenant tout simplement au fait que, dans le premier cas, la pitié a bien rang de *principe*, au lieu que dans l'*Émile*, par exemple, et quelle que soit la fonction éminente qu'elle remplit, le seul amour de soi mérite encore ce titre dans l'ordre de la genèse des affections morales. Toutefois, le point essentiel, commun à tous les textes de Rousseau et dont nous souhaitons partir pour comprendre ce qu'il faut précisément entendre par l'idée d'une « modification du principe », concerne le fait plus simple que la pitié est le passage obligé de l'accès à la moralité – et ceci, qu'elle ait à subir quelque modification pour accomplir cette vocation (dans le *Discours*) ou qu'elle se situe toujours déjà dans la sphère de la vie morale (dans l'*Émile*).

La question est donc moins de savoir si la pitié est déjà *elle-même*, selon sa vérité, antérieurement à toute réflexion, que de comprendre comment elle remplit la fonction essentielle que lui assigne Rousseau, qui est d'assumer l'apparition de la moralité dans le sentiment. Cette étude nous paraît essentielle car elle est seule susceptible de dissiper l'ambiguïté pesant toujours sur la pitié du fait de sa proximité avec l'amour de soi, dont elle dérive selon l'*Émile*, et qui conduit à soupçonner cette figure du sentiment moral d'une ineffaçable impureté – autrui n'y étant jamais compris qu'à l'aune de moi-même[1]. S'il est bien évident que, chez Rousseau, la vertu ne saurait aller jusqu'au complet désintéressement (étant entendu qu'il existe des figures très élaborées de l'intérêt personnel), nous croyons que les conditions dans lesquelles se moralise la pitié, telles qu'elles sont exposées par Rousseau, nous instruisent bel et bien sur la façon dont autrui apparaît *pour lui-même* dans le déroulement de l'expérience, tandis que sa douleur n'est pas la mienne. On tâchera d'abord de dégager cette exigence fondamentale (et singulièrement sous-estimée) qui caractérise la conception rousseauiste du sentiment moral, avant de montrer qu'elle oriente son explication la plus complète de la pitié. Pour saisir le premier point dans sa virulence, il faudra noter que la moralité ne se joue pas forcément dans le sentiment, mais qu'elle se constitue *comme telle* lorsqu'elle s'y cristallise; le second point motivera quant à lui une

1. Selon l'expression d'E. Housset, *L'Intelligence de la pitié. Phénoménologie de la communauté*, Paris, Le Cerf, 2003, p. 47.

hypothèse nouvelle sur le fonctionnement de l'imagination. Cette hypothèse nous paraît susceptible d'éclairer les chemins qu'empruntera Rousseau depuis l'*Émile* jusqu'à sa dernière philosophie.

Il y a quelque chose de superficiellement trompeur dans le fait que les affections morales, selon le livre IV de l'*Émile*, sont présentées comme des suites de l'amour de soi, auquel est désormais conféré le titre de principe : cela suggère que, dans l'expérience morale, cette passion primitive et inattaquable ne se trouverait qu'élargie, différée, *etc.* Cette présentation n'est pas fausse, à strictement parler, mais elle dissimule sous l'apparente continuité de la genèse ce qui, chez Rousseau, constitue un véritable renversement : la vie morale, après la seconde naissance, inverse littéralement un dispositif qui, en réalité, constituait déjà une sorte de moralité ordinaire – celle de l'intérêt, suivant la présentation du livre III, ou celle de la « raison pratique » pour employer le lexique des *Dialogues*[1].

Car l'accès aux relations morales (au sens large) s'entend de deux manières différentes suivant les moments de l'existence. 1) Dès qu'il peut exercer son jugement (ce qui ne signifie pas raisonner au plein sens du terme), l'enfant est capable – Rousseau le répète à plusieurs reprises – d'évaluer *la moralité des actions d'autrui par rapport à lui*. Il ne s'agit pas seulement d'éprouver une sorte de pressentiment vague englué dans l'amour de soi, mais bien d'effectuer certaines inférences, de mesurer la place des hommes dans un ordre que focalise l'intérêt propre. Il est bien vrai que toutes les affections de l'enfant se rapportent alors à la conservation de soi, disposition primitive innée de l'être sensible, et qu'elles n'engagent pas l'existence d'autrui comme tel, qu'il n'identifie pas vraiment comme un être sensible – disons en somme que l'enfant n'a pas de relation *humaine* aux hommes, mais une relation enfantine aux adultes, qui a sa spécificité irréductible. Mais cela n'empêche que, dans ce domaine étroitement circonscrit, l'enfant peut s'éveiller à la moralité des actions humaines, comme l'indiquera sans ambiguïté la récapitulation produite à la fin du livre II : « Vous lui trouvez un petit nombre de notions morales qui se rapportent à son état actuel, aucune sur l'état relatif des hommes[2] ». Ainsi en va-t-il des idées de certains êtres moraux, tels que la propriété. Cette indication est absolument capitale. Elle signifie concrètement qu'il peut y avoir un rapport à la justice avant l'apparition du sentiment moral : « Nos premiers devoirs sont envers nous. (…) Ainsi le premier sentiment de la justice ne nous vient pas de celle que nous devons, mais de celle qui

1. *Rousseau juge de Jean-Jacques*, Second Dialogue, OC I, p. 818.
2. *Émile*, liv. II, p. 421.

nous est due[1] ». Ainsi en va-t-il, d'ailleurs, dans l'ordre politique, où, suivant la leçon du *Manuscrit de Genève*, les hommes se font une notion de la justice à partir de la promulgation des lois positives relatives à l'intérêt de leur État, et non en fonction de l'idée trop sublime d'une humanité abstraite. En un certain sens, on dira même que le sentiment du juste, à la différence des sentiments moraux vraiment dignes de ce titre, est inné au sens plein du terme, c'est-à-dire non point seulement virtuel, mais actualisé dès la petite enfance – est-il besoin de revenir sur l'expérience des cris de fureur d'un enfant frappé sans raison par sa nourrice ? « Quand j'aurais douté que le sentiment du juste et de l'injuste fût inné dans le cœur de l'homme, cet exemple seul m'aurait convaincu[2] ». C'est bien sûr en un tout autre sens qu'il faudra comprendre le passage de la Profession de foi où le vicaire définira la conscience elle-même comme « un principe inné de justice et de vertu[3] ».

2) Le passage au stade moral proprement dit – celui où il y aura d'ailleurs un sens à parler de la vertu, ou des devoirs de l'homme – ne se conçoit pas seulement comme un élargissement du premier niveau, suivant l'ordre de la genèse, mais comme un véritable renversement de polarité. La moralité au sens fort concerne en effet, non plus le jugement des actions d'autrui par rapport à moi, mais bien l'estime de *mes actions par rapport à autrui*. Dans le cas essentiel de la pitié, la genèse que Rousseau expose au livre IV de l'*Émile* ne procède pas seulement par les opérations ordinaires d'abstraction et de généralisation typiques du progrès des idées qui, pourtant, est également engagé : nous allons le voir aussitôt et cela sonne comme un rappel du fait qu'une véritable analyse empiriste demeure ici conduite. S'agissant de l'époque morale de l'existence, nous avons affaire à des *sentiments* qui sont désormais relatifs à la moralité des actions accomplies « en première personne » relativement aux autres et, plus tard, à celle des actions des hommes entre eux. Du sujet qui éprouve de telles affections, on peut véritablement dire qu'il possède un être moral :

> Tant que sa sensibilité reste bornée à son individu il n'y a rien de moral dans ses actions ; ce n'est que quand elle commence à s'étendre hors de lui qu'il prend d'abord les sentiments et ensuite les notions du bien et du mal qui le constituent véritablement homme et partie intégrante de son espèce[4].

1. *Émile*, liv. II, p. 329.
2. *Ibid.*, liv. I, p. 286.
3. Profession de foi, p. 598.
4. *Émile*, liv. IV, p. 501.

À dire le vrai, l'articulation des sentiments et des notions sera plus complexe : toute la première partie du livre IV de l'*Émile* illustre en effet le principe suivant lequel « la vérité des sentiments tient beaucoup à la justesse des idées[1] ». Le sentiment moral, pour éviter de dégénérer dans les passions liées à la préférence ou de s'amollir, devra s'attacher à des idées justes sur la condition humaine, sur les états qui sont préférables et sur les misères communes. Mais ces idées n'intéressent la sensibilité qu'autant que celle-ci s'y dispose, autant qu'un sentiment moral s'est éveillé. De même que les idées des choses sont tirées des sensations, de même celles des relations morales ont leur substrat dans la sensibilité active. Car l'accès affectif à la sphère des relations morales est la seule façon de commencer à entretenir un rapport humain aux autres hommes : « (...) quand il commence à sentir son être moral, il doit s'étudier par ses rapports avec les hommes[2] ». Autrement dit, avoir des sentiments moraux signifie accéder à l'humanité – et, selon le premier sens de ce terme générique, à la pitié.

Le renversement que nous décrivons est comme exhibé dans le cas de la conscience, sur laquelle nous nous contenterons ici de trois observations. 1) Il ne nous semble pas prendre un grand risque en indiquant que, lorsque Rousseau la mentionne (y compris dans les écrits autobiographiques et dans les *Rêveries*), il s'agit toujours de caractériser une situation où se trouve évaluée la moralité de mes actions par rapport à autrui, et non l'injustice des hommes à mon égard. À ce titre, la conscience constitue incontestablement le sentiment moral par excellence. 2) Il lui est précisément essentiel de résider dans un sentiment, et non dans un jugement, ne serait-ce que pour présenter le caractère irrécusable que nous ne pouvons jamais reconnaître aux associations d'idées tirées de l'expérience. Le renversement que nous avons en vue n'est pas une reconstruction intellectuelle, mais il s'éprouve en une pensée indécomposable dans son apparaître. 3) Or, pour évaluer spontanément la moralité de mes actions, c'est-à-dire pour saisir les conséquences de mes actes dans un ordre qui ne se déploie plus selon les seules coordonnées définies par mon intérêt, il est requis que les affections des autres hommes se représentent en moi-même : cette condition, qui définit en propre la sensibilité active, repose sur l'exercice de l'imagination identifiante. Il est à ce titre frappant qu'au livre IV, *l'unique explication* positive donnée par Rousseau à l'apparition de la conscience repose, non point directement sur ses rapports avec la raison qu'elle oriente et qui la sollicite en découvrant à l'homme de

1. *Ibid.*, p. 512.
2. *Ibid.*, p. 493.

nouveaux enjeux (c'est sur ce point que se concentrent habituellement les commentateurs), mais sur ce fonctionnement imaginaire par lequel j'entretiens une relation proprement humaine à ses semblables : « C'est du système moral formé par ce double rapport à soi-même et à ses semblables que naît l'impulsion de la conscience[1] ». Notons au passage que c'est dans le même contexte que Rousseau paraît réaffirmer la sociabilité naturelle – ou, pour mieux dire, par destination – de l'homme.

Une chose est donc de comprendre les passions, c'est-à-dire les affections morales, comme des suites de l'amour de soi, une autre de les réduire à de simples déclinaisons d'une auto-conservation qui s'étalerait progressivement sur le monde. Il faut bel et bien qu'autrui m'apparaisse comme un autre homme et, pour tout dire, comme une autre sensibilité, pour que je puisse me situer dans la sphère de la moralité, *même si* cette exigence ne saurait l'emporter sur la revendication primitive de l'amour de soi, qui est l'affirmation de la vie même – mais les situations de fait où s'opposent ces deux dimensions de la vie affective ne justifient pas d'éliminer l'une ou l'autre de l'expérience morale, sauf à projeter sur Rousseau des oppositions qui ne le concernent pas.

Qu'en est-il du rôle de la pitié dans ce dispositif? En quoi est-elle susceptible d'engager le renversement que nous avons reconnu au principe de la vie morale et qui, répétons-le, ne signifie pas l'annulation du niveau de l'intérêt personnel ? Pour le dire autrement, à quelles conditions la pitié devient-elle un sentiment moral ? Le problème général est évidemment de savoir si le décalage qui me préserve dans la pitié (car je ne souffre pas en personne), ne conduit pas à relativiser le passage à la moralité.

Nous nous situerons au point où la pitié ouvre la sphère des relations morales, en négligeant à peu près les leçons qu'on pourrait tirer de son fonctionnement à l'état de nature, tel qu'il est décrit dans le second *Discours*. Chacun sait que, dans l'*Essai sur l'origine des langues* puis dans l'*Émile*, un processus d'identification est au principe de la commisération, et qu'il repose sur l'imagination. Soit dit en passant, cela conduit Rousseau à présenter la pitié en des termes qui conviendraient à toutes les autres facultés virtuelles : « La pitié, bien que naturelle au cœur de l'homme resterait éternellement inactive sans l'imagination qui la met en jeu[2] ». Allons plus loin. La pitié redouble le schéma classique d'actualisation des dispositions supérieures de l'esprit humain : l'imagination, au sens étroit

1. Profession de foi, p. 600.
2. *Essai sur l'origine des langues*, chap. IX, OC V, p. 395.

où elle nous conduit à déborder le moment présent, est requise pour mettre en branle toutes les facultés (comme il est longuement établi au début du livre II de l'*Émile*); et en tant que faculté identifiante, elle est spécialement mobilisée dans le cas de la pitié. De là résultent deux exigences théoriques : 1) Même si la présentation donnée dans l'*Essai* demeure trop brutale, on doit en effet considérer que la reconnaissance d'autrui est requise afin que la pitié se cristallise en un sentiment original : « (...) comment souffrirais-je en voyant souffrir un autre si je ne sais pas même qu'il souffre, si j'ignore ce qu'il y a de commun entre lui et moi ? [1] ». 2) Outre les données factuelles sur lesquelles nous n'insisterons pas ici [2], la question de la constitution de la pitié en sentiment moral suppose donc que soit élucidé quelque fonctionnement original de l'imagination dans son cas. Le renversement que nous tâchons de comprendre et qui livre l'une des significations essentielles de la seconde naissance signifie alors que cette faculté doit désormais être comprise à nouveaux frais et, en quelque sorte, *sui generis*, sans se voir réduite aux contenus mentaux dont elle hérite – or nous croyons que Rousseau n'atteint ce résultat théorique majeur que dans le traité d'éducation.

Notre thèse est ainsi que l'imagination accède *aux objets qui la concernent en propre* lorsque s'éveille la pitié. Avant de l'établir, soulignons combien ce programme instruit une compréhension du rapport de Rousseau à l'empirisme. D'une manière générale, selon la « métaphysique » qu'il emprunte à Condillac, les différentes configurations mentales, qui désignent indissociablement un matériau et des opérations qui s'y appliquent (car on ne considère jamais la formalité de l'opération indépendamment de son matériau) – ces diverses configurations sont articulées les unes aux autres par un processus génétique dans lequel chaque étape est en droit réductible à des modifications de l'étape précédente : si cette réduction est impossible (ainsi dans le cas de la réflexion, comme nous le verrons), c'est qu'un nouveau principe est introduit. Dans

1. *Ibid.*

2. Il est clair, au livre IV, qu'Émile n'appréciera vraiment l'état des hommes qu'autant qu'on le lui rendra, non seulement compréhensible, mais bien sensible – autant, pour tout dire, qu'on le lui donnera à *voir* : il est ainsi question de « spectacles », d'« aspect » (p. 517), ou encore de « tableaux » (p. 518). Pour reporter l'objet de la passion, *i.e.* pour différer la fixation amoureuse et pour intéresser la sensibilité active au malheur des hommes, il faut toujours en frapper l'imagination. Le même passage comporte donc des indications pratiques sur les caractères de cette phénoménalisation de la condition humaine – elle devra être touchante davantage qu'excitante et elle restera mesurée, pour que le jeune homme ne s'y habitue pas : car « ce qu'on voit trop on ne l'imagine plus, et ce n'est que l'imagination qui nous fait sentir les maux d'autrui » (p. 517).

le cas présent, la constitution des contenus de l'imagination doit être expliquée à partir des contenus de la mémoire, et ceux de la mémoire à partir des contenus de la perception : nous reviendrons sur les ressorts de cette constitution. D'un point de vue méthodologique, il est très remarquable que l'analyse de la pitié impose de considérer l'imagination dans sa compétence propre, qui permet l'apparition d'une autre sensibilité, en mettant entre parenthèses cette ambition réductionniste – c'est ce que nous avons en vue lorsque nous disons que l'imagination est considérée *sui generis*. Le problème n'est plus seulement de montrer de quelles modifications l'imagination affecte les contenus dont elle hérite, mais ce qui lui assigne un domaine propre *et irréductible* aux précédentes étapes du devenir de l'esprit humain. Et ce problème s'impose d'une façon absolument générale à l'empirisme : en théorie de la connaissance, il s'agirait par exemple de savoir si une analyse réductionniste des idées peut échapper à l'objection de principe d'un Husserl opposant la simple généralisation par abstraction à une véritable conscience de généralité[1]. La situation est ici très proche, car Rousseau atteint, à propos de la pitié, les actes *spécifiques* de l'imagination et le domaine qui les sollicite.

Le souci d'identifier ces objets qui ne se donnent qu'à l'imagination, même s'il relève d'une enquête fondamentale sur la méthode de Rousseau, ne nous éloigne pas d'une meilleure compréhension de la pitié, en ce qu'elle est précisément une passion. On rejoint au contraire le vrai problème de toute théorie concrète des passions, depuis Descartes et chez Rousseau également, qui est de fournir un critère pertinent afin de les différencier les unes des autres ; or le plus souvent, l'assignation de leurs divers objets fournit l'*index* permettant d'ordonner un tel dénombrement[2]. Sous ce point de vue, conquis dans l'état achevé de la théorie de l'homme, l'originalité de la conception rousseauiste de la pitié devient manifeste.

Comme souvent, la contextualisation des thèses de l'*Émile* met en relief, par contraste, leur véritable nouveauté, qu'une étude structurale n'a guère pu dégager, à notre connaissance. Le rôle de l'imagination dans la pitié était déjà vu par Malebranche, en des pages auxquelles on a parfois

1. Nous avons examiné ce problème dans notre *Empirisme et théorie de la connaissance*, en montrant que d'Alembert, cependant qu'il défend des thèses générales strictement réductionnistes, s'oppose à une dissolution de l'intelligence mathématique dans son histoire empirique (p. 123-131).

2. Chez Descartes, le choix de ce critère sanctionne l'absence d'une explication physiologique détaillée déductible des principes : voir F. de Buzon, Mathesis *et phénomène. La science cartésienne et son objet*, Paris, H. Champion, à paraître.

réduit plus ou moins explicitement les descriptions rousseauistes[1]. Toutefois, dès que l'on prête attention, non simplement au mécanisme formel qui gouverne la pitié, mais aux contenus de l'imagination, la différence entre les deux auteurs saute aux yeux. Dans la *Recherche de la vérité*, et suivant un dispositif qui, au fond, trouve son modèle dans le premier chapitre du *Traité de l'homme* de Descartes, l'éveil de la pitié par l'imagination repose avant tout sur l'incorporation des mêmes signes physiologiques qui, chez autrui, phénoménalisent une passion de l'âme. Ainsi suis-je affecté d'un double mouvement consistant tout d'abord à me protéger contre une affection physique que j'imite de façon imaginative et qui est sur le point de me nuire – par où l'on comprend pourquoi le modèle du chatouillement jouait un si grand rôle dans la réécriture cartésienne du plaisir pris à la représentation des tragédies, où il remplace la pitié –; ensuite, à souhaiter épargner à autrui, autant qu'il est possible, la cause de cette souffrance, pour autant qu'elle m'affecte indirectement. En somme, je veux que cela cesse pour lui dans la mesure où le spectacle m'en afflige : Malebranche énonce ainsi le « principe, que [chez les personnes qui ont « l'imagination vive »],

> les esprits se répandent avec force dans les parties de notre corps que nous voyons blessées dans les autres ; et cela, afin que les tenant plus bandées, ils les rendent plus sensibles à notre âme, et qu'elle soit sur ses gardes pour éviter les maux que nous voyons arriver aux autres. | Cette compassion dans les corps produit la compassion dans les esprits. Elle nous excite à soulager les autres, parce qu'en cela nous nous soulageons nous-mêmes[2].

L'imagination ne permet pas même ici d'étendre l'amour de soi sur autrui, mais elle lui impose un détour – elle encombre heureusement le souci de mon bien-être des douleurs qui affligent les autres hommes. Et la reconnaissance du semblable est d'abord celle d'un corps émettant les mêmes signes que j'observe dans le mien lorsque je souffre.

Dans sa présentation habituelle, et lorsqu'on en reste à une description assez superficielle, la pitié rousseauiste paraît reposer sur un montage imaginaire relativement analogue. Nous n'insisterons pas ici sur les raisons, longuement exposées au livre IV de l'*Émile*, pour lesquelles l'imagination me transporte plus facilement dans ceux qui souffrent que dans ceux qui jouissent – disons, pour faire vite, que le spectacle du bonheur d'autrui semble me priver d'un plaisir dont je ne profite pas en

1. Voir E. Housset, *L'Intelligence de la pitié*, *op. cit.*, p. 47-48.

2. *Recherche de la vérité*, liv. II, Ire part., chap. VII, art. II, *in* Œuvres complètes, sous la dir. d'A. Robinet, Paris, CNRS-Vrin, 1958 et suivantes, t. I, p. 237.

propre, au lieu que les malheureux paraissent prendre sur eux des peines qui, de ce fait, me sont épargnées : « Il semble que l'un nous exempte des maux qu'il souffre et que l'autre nous ôte les biens dont il jouit[1] ». Le lien de la pitié à l'amour de soi devient ainsi spécialement lisible : il tient à ce que la commisération contient (mais sans s'y résumer) le sentiment réconfortant de l'exemption d'une peine. Ces rapports sont certes essentiels, mais on ne peut nier qu'ils relèvent d'une conception rudimentaire et fort peu originale de la pitié, résultant du concours élémentaire de l'amour de soi et de l'imagination : à cet égard, on la définira comme le « premier sentiment relatif qui touche le cœur humain selon l'ordre de la nature[2] ». Sous ce seul aspect, elle serait toujours vécue à la mesure de l'*ego*, et il est de fait que le jeune homme ne reconnaît d'abord dans la souffrance d'autrui qu'une affection analogue à celle qu'il a lui-même éprouvée. Au chapitre des rapprochements avec Malebranche, on pourrait d'ailleurs montrer que cette expérience est l'une des sources de la sociabilité. La réunion des individus, déjà envisagée au moment de l'apprentissage du travail artisanal, demeurait utilitaire au livre III de l'*Émile*, puisqu'elle n'était liée qu'au concours mutuel de chacun à la satisfaction des besoins (autrui m'est utile); désormais, l'élève reconnaît qu'il en va de lui-même dans son semblable (il se transporte en autrui), en sorte que l'union devient affective et plus profonde : « Si nos besoins communs nous unissent par intérêt, nos misères communes nous unissent par affection[3] ». Quel est dès lors le problème ? Ces misères communes sont comprises comme des possibilités malheureuses de ma propre existence qui me sont provisoirement évitées, comme chez Malebranche, et non en tant qu'elles concernent autrui. Une solution élégante, mais peu satisfaisante car trop abstraite, consisterait à dire que ce décalage, par où je suis à l'abri d'une souffrance effective, est précisément ce qui me permettrait de reconnaître la douleur comme étant celle d'autrui – c'est, comme on le sait, le sens de la lecture de Derrida : « L'identification par intériorisation ne serait pas morale », car « elle ne reconnaîtrait pas la souffrance comme souffrance de l'autre. La moralité, le respect de l'autre, suppose donc une certaine non-identification[4]. » Cette hypothèse (il s'agit bien d'une interprétation et non d'une description de la pitié) n'est toutefois valable qu'à un certain niveau de raffinement de la pitié où, peut-être, elle doit se convertir en respect; mais elle laisse

1. *Émile*, liv. IV, p. 504.
2. *Ibid.*, p. 505.
3. *Ibid.*, p. 503.
4. *De la grammatologie*, p. 270.

ininterrogé son fondement même, dans son sens proprement rousseauiste, savoir la reconnaissance en autrui d'une semblable humanité et non simplement de cette figure quasi-machinique qui me décharge d'une douleur. Or le dispositif strictement réductionniste par où la pitié n'est qu'une suite de l'amour de soi n'est pas le dernier mot de Rousseau dans l'*Émile*.

Les enjeux de la question que nous posons à présent sont d'importance et elle appelle une formulation simple : la pitié est-elle une réduction de la souffrance d'autrui à ma mesure ou à la sphère du moi ? Telle serait la critique de fond appliquée à la pitié – le problème n'étant pas qu'elle soit fausse ou non (probablement pas, d'ailleurs, car je dois toujours être intéressé à la moralité) mais qu'elle ne rend pas compte du fonctionnement même de la commisération. Venons-en donc à la thèse centrale qui, selon nous, constitue l'apport spécifique de l'*Émile* et qui, répétons-le, sera essentielle pour comprendre l'évolution de la pensée de Rousseau dans les textes ultérieurs. Elle se dégage d'elle-même si l'on se demande ce qu'imite l'imagination dans la pitié : certainement pas les traces corporelles en forme de quasi-*titillatio* dont parlait Malebranche, mais bien le sentiment qui est éprouvé par autrui – et c'est en ce sens précis que la reconnaissance du semblable est nécessaire pour éprouver de la commisération. Partons, pour établir ce point, de la troisième maxime donnée au livre IV de l'*Émile* pour guider la commisération naissante : « La pitié qu'on a du mal d'autrui ne se mesure pas sur la quantité de ce mal, mais sur le sentiment qu'on prête à ceux qui le souffrent[1] ». Tirant les leçons de l'*Essai sur l'origine des langues*, Rousseau signale clairement dans ce passage que la pitié *suppose* la reconnaissance de l'autre homme comme sensible de la même façon que moi, en même temps qu'elle *révèle* cette communauté. Ce paradoxe caractérise en réalité toutes les facultés relevant de la perfectibilité : elles expriment un changement autant qu'elles le rendent effectif. Reste à savoir comment la chose s'effectue dans le cas de la pitié moralisée-moralisante. La réponse à cette question requiert, d'une part de saisir la conception rousseauiste dans sa démarcation vis-à-vis des théories des passions du XVIIe siècle et, d'autre part, de suivre l'analyse systématique proposée dans le traité d'éducation.

L'importance de la théorie définitive de Rousseau sur la pitié se comprend mieux par comparaison avec les doctrines classiques : celles-ci, à l'exception notable de l'éthique spinoziste, présentent la pitié comme une

1. *Émile*, liv. IV, Troisième Maxime [pour « nourrir la sensibilité » du jeune homme], p. 508.

disposition supplémentaire de l'individu, qui adoucit les rapports qu'il entretient avec les autres hommes. Chez Rousseau, en revanche, elle signe et révèle l'humanité même, dans et pour l'individu, en sorte que les gestes pitoyables seront produits sous un horizon d'humanité que la commisération met en place – c'est ce paysage qui sollicite la véritable pitié et qui, en même temps, la règle. La pitié dispose une structure pour le sentiment, au sein de laquelle il se trouve requis ou, au contraire, suspendu (c'est le cas lorsque les méchants paraissent pitoyables); elle n'est donc pas, dans sa vérité, une sympathie particulière mais une harmonie sous-entendue de l'homme à l'humanité, qui donne leur sens aux consonances interpersonnelles. Or tout ce progrès repose sur un éveil de l'imagination qu'il faut suivre dans son détail, avant d'en produire l'interprétation.

Le texte de l'*Émile* est admirablement construit et nous montre à quels niveaux successifs s'applique concrètement l'imagination pour modifier la douleur.

1) Soit d'abord le niveau strictement individuel. Rousseau rappelle que la mémoire a transformé (depuis le livre II) la simple douleur physique, en lui donnant la permanence d'un état: la souffrance était ainsi qualifiée comme malheur. L'imagination augmente encore la peine, puisqu'elle « étend sur l'avenir (...) le sentiment physique de nos maux [1] ».

2) Ensuite, l'imagination étend le sentiment malheureux causé par la souffrance sur les autres êtres sensibles, selon un dispositif caractérisant la communication humaine depuis le second *Discours* mais que Rousseau applique maintenant à la pitié elle-même. Comment s'opérait la reconnaissance du semblable, chez l'homme de la nature? Par une sorte d'inférence passant du comportement aux pensées qu'il exprime:

> Les conformités que le temps put lui faire apercevoir, entre eux, sa femelle et lui-même, le firent juger de celles qu'il n'apercevait pas, et voyant qu'ils se conduisaient tous, comme il l'aurait fait en de pareilles circonstances, il conclut que leur manière de penser et de sentir était véritablement conforme à la sienne [2].

Au fond, il est permis de reconnaître dans cette articulation entre les modifications physiques et les sentiments – entre les *affectiones* et les *affectus* – les ressorts de la pitié malebranchienne. L'imagination y prend pour objet des variétés sensibles et les constitue en signes des affections morales.

1. *Émile*, liv. IV, p. 508.
2. Second *Discours*, IIe part., p. 166.

3) Il faut enfin considérer la pitié moralisée, où je me projette en autrui par l'imagination et où, surtout – c'est là le point absolument original de la doctrine exposée en 1762 –, je me représente le redoublement que l'imagination inflige à sa douleur. Or c'est ainsi que je saisis sa souffrance comme celle d'un être sensible comme moi et que je mesure, selon les termes de Rousseau, la pitié au sentiment que je lui prête : en ce que l'imagination me permet de reconnaître en lui une même capacité à augmenter sa peine en l'imaginant. Il y a là, du point de vue de l'analyse des facultés, une conquête remarquable sur laquelle nous allons bientôt revenir : *l'imagination en tant que telle, dans son domaine propre d'application, n'a rapport qu'à l'imaginaire*. Le fait que j'imagine les effets de l'imagination en autrui explique au reste que j'éprouve davantage de pitié pour les autres hommes (en qui j'ai reconnu les signes de la passion et, partant, de l'imagination) que pour les animaux [1]. Au fond, l'imagination de l'individu se reconnaît dans celle des autres hommes et c'est par ce biais que s'éprouve l'existence des semblables : la pitié, dès lors, devient un sentiment moral à proprement parler.

La vie morale ne suppose jamais, selon Rousseau et pour des raisons proprement métaphysiques, l'anéantissement de soi. À dire le vrai, elle est déjà en place, au titre des circonstances ou de la facticité, lors même que je ne considère pas autrui pour lui-même, mais seulement par rapport à moi – il en va toujours ainsi pour l'enfant et, sans doute, pour tout le monde la plupart du temps. Mais dès le moment qu'elle s'atteste dans un sentiment spécifique, elle suppose une reconnaissance d'autrui productible à partir du moi, mais non réductible à celui-ci – tel est, avant la conscience (qui finalement est intéressée à mon propre sort, ou à mon salut), le mouvement de la pitié. En tant qu'en elle, l'imagination atteint son objet propre, qui est l'imaginaire d'un autre, elle se fait reconnaissance d'une souffrance qui non seulement *m'*est épargnée, mais qui surtout *le* déborde.

Il nous paraît utile, pour conclure ce point, d'insister sur le fonctionnement imaginatif absolument original que Rousseau est finalement parvenu à mettre en évidence, qui s'éprouve d'abord dans l'expérience de la pitié et suivant lequel l'imagination de l'individu entretient un rapport avec une autre imagination. Comme l'indiquent d'autres passages de l'*Émile* et, davantage encore, les écrits sur la musique, c'est ainsi que s'organise également l'expérience esthétique, où le génie communique à l'imagination identifiante de l'auditeur, c'est-à-dire à son

1. *Émile*, liv. IV, p. 509.

cœur, les mouvements qui agitent sa propre imagination – tel est le véritable sens de l'imitation :

> Que toute la nature soit endormie, celui qui la contemple ne dort pas, et l'art du musicien consiste à substituer à l'image insensible de l'objet celle des mouvements que sa présence excite dans le cœur du contemplateur. (…) Il ne représentera pas directement ces choses, mais il excitera dans l'âme les mêmes mouvements qu'on éprouve en les voyant[1].

Résumons à grands traits : la pitié est convocation d'une imagination par une autre ; l'imitation dans les arts est l'adresse d'une imagination à une autre. Ce régime rousseauiste de l'imagination est le seul, au fond, qui échappe à l'analyse sartrienne suivant laquelle « l'objet irréel ne conserve rien de cette impénétrabilité [de l'objet réel], il n'est jamais plus que ce que nous savons de lui[2] ». Dans le cas bien particulier où la conscience imaginative se donne pour objet l'imaginaire même de l'autre homme, c'est au contraire à un excédent structurel qu'elle nous ouvre – à un type de généralisation du sentiment qui littéralement m'emporte, plutôt que je n'ai à la conquérir. Et si Sartre a définitivement montré qu'il n'existe pas de monde imaginaire répondant à celui de la perception, faute de la structure d'horizon qui caractérise celle-ci, on peut ajouter, à la lumière des analyses les plus fines que Rousseau produit au livre IV de l'*Émile*, que le seul monde imaginaire possible est le monde humain lui-même, tel que mis en place dans la pitié : je prête au sentiment d'autrui l'horizon d'un débordement permanent. Ajoutons cependant une remarque essentielle. Rousseau ne produit pas une philosophie transcendantale, mais une théorie de l'homme, de telle sorte que sa vision des facultés de l'esprit reste enracinée dans une anthropologie : dans toute sa puissance, l'imagination naît à l'adolescence, mais il faut aussi comprendre qu'elle ne demeure pas aussi vive jusque dans la vieillesse. Cette dernière remarque n'est absolument pas incongrue – c'est précisément cette situation, nous le verrons, que décriront les *Rêveries du promeneur solitaire* : « Mon imagination déjà moins vive ne s'enflamme plus comme autrefois à la contemplation de l'objet qui l'anime (…), l'esprit de vie s'éteint en moi par degré[3] ». Il nous faudra interroger cette situation : que découvre le repli sur soi d'une intelligence que l'imagination n'anime plus, non par sécheresse, mais à cause de l'approche de la mort ? Il y a là comme un ressac dont nous aurons

1. *Dictionnaire de musique*, art. « Imitation », OC V, p. 861.
2. Sartre, *L'Imaginaire*, Paris, Gallimard, 1986, p. 279.
3. Deuxième Promenade, OC I, p. 1002.

à nous demander ce qu'il livre à l'attention du rêveur dont les sentiments imaginaires et, par là, globalisants, le détournaient, pour l'intéresser à ses semblables et au monde tout entier. On ne saurait se dissimuler que, dans cette ultime situation, la figure de l'autre homme s'efface progressivement et qu'à quelque égard, on se trouve ramené, après le moment de sa projection dans la pitié, à la nudité du principe, à la pure affirmation de l'amour de soi.

LES LIMITES DE L'ANALYSE

L'exposé donné dans l'*Émile*, outre qu'il relève en général d'une analyse empiriste, développe incontestablement les premiers principes que les *Dialogues* revendiqueront pour le traité d'éducation : c'est la principialité de l'amour de soi qui se trouve enfin établie; c'est la genèse et l'épanouissement de la pitié pour les autres, en ce qu'ils apparaissent comme tels, que le livre IV rend pleinement intelligibles. Pouvons-nous cependant nous en tenir à cette partie systématique pour comprendre la cohérence de la théorie rousseauiste des opérations de l'âme, mais aussi les difficultés qu'elle affronte ? Il apparaît en réalité qu'une fois comprise à son plus haut étiage, en ce que le sujet sensible atteint l'imaginaire d'un autre homme, l'imagination fait inévitablement l'objet d'un nouveau traitement, irréductible à la stricte généalogie des facultés dont Rousseau, dépassant Condillac, a fourni les réalisations les plus élaborées. Nous avons déjà signalé qu'il fut question de l'imagination dès le livre II, en un passage qu'il faut prendre au sérieux : « Sitôt que ses facultés virtuelles se mettent en action l'imagination, la plus active de toutes, s'éveille et les devance[1] ». Trois observations permettent selon nous de mesurer la portée de cette déclaration (c'est-à-dire, aussi, d'en trouver les limites), qui fut souvent négligée par les lecteurs de l'*Émile* – comme s'il ne pouvait pas être question de l'imagination avant le livre IV. 1) Plus que jamais depuis la Préface de l'ouvrage, Rousseau inscrit ici son propos dans le cadre théorique d'une analyse qui subordonne la compréhension de la condition humaine à l'intelligence de son devenir naturel, en énonçant à la fois l'axe de ce progrès (la perfectibilité) et l'ordre qui gouverne l'articulation des facultés les unes aux autres. 2) L'imagination remplit une fonction essentielle dans ce processus : arrachant l'homme au règne de la nécessité actuelle, elle libère un temps et un espace possibles pour les autres facultés,

1. *Émile*, liv. II, p. 304.

en même temps qu'elle éveille le pressentiment de leurs objets. 3) Ce n'est pas d'une hantise inassignable ou d'une inquiétude vague qu'il est question dans ces lignes : Rousseau nous dit bien de l'imagination (et il y a lieu de penser que cela se vérifie dès l'éveil des premières facultés) qu'elle est « la plus vive de toutes ». Pourtant, comme nous l'avons vu à propos de la pitié ; comme cela se confirmera s'agissant de l'expérience esthétique dans la dernière partie du livre IV – c'est à un tout autre niveau qu'elle découvrira à l'âme un territoire inédit : celui de la sensibilité que les hommes ont en commun. L'imagination aura alors affaire à l'imaginaire comme à ce qui la concerne en propre, comme à ce qu'aucune autre faculté (pas même la « raison pratique », occupée par le calcul de l'intérêt) ne peut atteindre *in concreto*. Selon nous, cela signifie proprement qu'il convient de distinguer deux approches, s'agissant pourtant d'une même faculté : celle qui examine sa *genèse* (et son rôle dans la genèse des autres facultés) et celle qui la considère dans son *application* à un domaine spécifique, présupposant sans doute les domaines inférieurs de l'expérience humaine mais leur demeurant cependant irréductible. Moyennant cette précision, nous croyons permis de dire que, sous ce second point de vue, Rousseau envisage le rapport *sui generis* de l'imagination à son domaine d'application. On s'étonnera moins de cette situation en songeant aux nombreux passages dans lesquels il congédie toute tentative pour dériver l'agrément musical du simple plaisir des sens.

Le point qui nous importe réside en ceci que cette dichotomie se rencontre également, dans l'*Émile*, à propos de l'autre faculté dont le bon usage est intrinsèquement lié à la destination morale de l'homme : il s'agit bien sûr de la raison. C'est la leçon méthodologique qu'il faut retirer des commentaires que produit Rousseau sur l'éducation du jugement administrée à l'élève dès le livre II. Tandis que l'auteur rappelle sans cesse, contre Locke, qu'il ne faut pas raisonner avec les enfants, il se trouve en effet que de longues expériences sont offertes au tout jeune élève pour former le jugement, c'est-à-dire pour raisonner – car Rousseau refuse de distinguer entre ces deux aspects de l'usage de l'entendement que séparent les traités de logique. Juger, fût-ce des choses sensibles, c'est déjà raisonner, en ce que la formalité de l'opération demeure la même : il s'agit toujours de comparer des rapports, qu'ils soient institués entre les choses sensibles et notre corps (au livre II), entre les choses intellectuelles et notre être (au livre IV et dans la Profession de foi du vicaire savoyard) ou entre les jugements eux-mêmes (ce que désigne le raisonnement). C'est précisément parce qu'on ne doit pas s'en tenir au formel de la chose que Rousseau peut estimer que la tension entre le précepte de l'éducation négative et les exercices proposés au petit enfant n'est due qu'à l'usage des mots et, en l'occurrence, à l'emploi d'un lexique fini lorsqu'il s'agit, dans un livre, de suivre tout au long la marche de la nature :

> J'ai fait cent fois réflexion, en écrivant, qu'il est impossible, dans un long ouvrage, de donner toujours les mêmes sens aux mêmes mots. (…) Tantôt je dis que les enfants sont incapables de raisonnement [cela signifie, stipule Rousseau dans ce passage, qu'il ne faut pas parler des devoirs de l'homme aux enfants] ; et tantôt je les fais raisonner avec assez de finesse. Je ne crois pas en cela me contredire dans mes idées, mais je ne puis disconvenir que je ne me contredise souvent dans mes expressions[1].

La raison relève donc d'une façon typique du double traitement que nous avons repéré s'agissant de l'imagination : le système commande en premier lieu d'en exposer la genèse, en tant qu'elle se fait raison sensitive (elle s'applique aux images des objets pour en estimer les rapports), mais elle se voit également assigner, quand elle accomplit sa nature, un domaine d'application bien spécifique – ce sont essentiellement les devoirs de l'homme et du citoyen. Lorsque Rousseau prescrit de ne pas raisonner avec les enfants, il a en vue l'incapacité où ils se trouvent d'appréhender réellement ces notions sublimes qui font l'objet propre de la raison. En droit, ces deux perspectives s'harmonisent sans reste dans la théorie de l'homme; c'est pourtant dans le passage de l'une à l'autre que se jouera, comme nous le verrons, la critique de la méthode reçue de Condillac.

Le double traitement dont l'imagination et la raison sont redevables constitue une question essentielle dans l'empirisme de Rousseau, car il dépend précisément d'un progrès conjoint des sentiments et des idées de rendre possible l'accès à une moralité authentique. Autrement dit, le concours de ces deux facultés est requis afin qu'Émile inscrive l'idée de ses devoirs dans un ordre synoptique comprenant l'ensemble des relations morales (qui incluent l'idée du beau); afin qu'il y projette également la condition de son propre bonheur. Mais dans leur vocation la plus haute, l'imagination et la raison doivent être envisagées sous un nouveau point de vue : non plus selon leur origine mais en tant qu'elles s'appliquent à des contenus originaux. Aussi convient-il à présent de se demander si l'analyse génétique, qui est le système le plus conforme à la marche de la nature, peut engendrer ces nouveaux rapports auxquels l'âme est destinée. Il y va là des limites de l'empirisme, telles qu'elles sont thématisées par Rousseau.

1. *Ibid.*, p. 345.

1) La principale difficulté d'interprétation soulevée par le livre IV de l'*Émile* tient selon nous au bilan que l'on doit tirer de la formation d'Émile avant la Profession de foi du vicaire savoyard : quelles sont en particulier les connaissances effectivement possédées par le jeune homme au terme d'un itinéraire qui, *avant* d'entrer dans les questions religieuses, l'a déjà conduit de l'amour de soi à l'amour de l'humanité ? Il nous semble qu'en répondant à cette question, on comprend un peu mieux la spécificité de la prise de conscience adéquate des notions qui seront abordées par le vicaire et, partant, le type d'exposition très spécial qui va interrompre l'analyse rigoureusement conduite jusqu'alors par Rousseau.

Qu'en est-il des développements ultimes de la pitié, longuement étudiés dans la première partie du livre IV de l'*Émile* ? La généralisation du sentiment suppose qu'Émile se rende attentif aux rapports moraux (ainsi la justice) lui permettant de juger sainement les différences qu'il observe parmi les hommes. Autrement dit, l'épanouissement affectif est assorti de la formation de nouvelles idées qui sont susceptibles d'une présentation corrélée. Le dénombrement qu'en produit Rousseau renvoie en effet les divers aspects de l'existence morale (qui comprend l'expérience esthétique) de l'homme étudiés tout au long du livre IV aux figures d'un *ordre* désormais accessible : « Les vrais principes du juste, les vrais modèles du beau, tous les rapports moraux des êtres, toutes les idées de l'ordre se gravent dans son entendement; il voit ce qui peut faire le bien et ce qui l'empêche[1] ». Ainsi devrions-nous tirer désormais le bilan pleinement positif de l'analyse génétique qui ordonne la théorie de l'homme, pour étendre ses bénéfices aux notions mêmes qui dépassent l'intérêt sensible de chaque homme et qui, toutes, peuvent se tirer d'une expérience sédimentée – ce seront l'idée du beau, étudiée après l'exposé du vicaire et qui donnera lieu à une nouvelle conversion des sensations[2] (après leur transformation en idées proprement dites) et, surtout, celle de l'ordre, longuement développée dans la Profession de foi. Nous savons déjà que l'amour du genre humain n'est pas autre chose que l'amour de la justice et nous apprendrons alors que, de façon ultime, la justice elle-même est l'amour de l'ordre – par où nous retrouverons très exactement le Malebranche qui paraissait écarté dans la mention des « traités de métaphysique et de morale » : « (...) ce qui fait qu'un homme est juste, c'est qu'il aime l'ordre et

1. *Émile*, liv. IV, p. 548.

2. *Ibid.*, p. 672. Voir notre étude : « La matière de l'expression musicale selon Rousseau » *Critique*, n° 639-640, août-sept. 2000.

qu'il y conforme en toutes choses sa volonté[1] ». Et il n'est pas douteux que, d'une façon générale, l'ordre focalise pour Rousseau l'unité systématique de tous les rapports moraux expérimentés par l'homme[2].

De surcroît, ce sont bien « les *vrais* principes » du beau, du juste, de la morale et de l'ordre qu'Émile atteint à ce moment de son histoire – et non leurs simulacres ou, comme au livre II, leur préfiguration : ainsi la justice n'est-elle plus seulement celle que les autres me doivent, mais celle que je leur dois; bien plus, elle est celle que je dois à *tous* les hommes et qu'ils se doivent entre eux. La vérité de ces principes tient donc à ce que l'individu les saisit, à partir d'une réflexion issue de l'expérience et des sentiments qu'il en retire, dans une *certaine* généralité. Mais une précision est ici requise. Il n'a pas pitié de n'importe quel homme (ce qui relèverait pour le coup d'une universalité mal comprise) mais il éprouve de la compassion pour chacun en fonction de sa place dans l'ordre moral général des relations humaines. Cette mesure du sentiment présuppose ainsi, non seulement sa généralisation, mais aussi son organisation : la généralité des idées, lorsqu'elle est bien comprise, doit s'entendre comme une vision synoptique et hiérarchisée de l'ordre – il s'agit d'apercevoir un tout de l'humanité et la place de chacun en celui-ci.

Enfin, il faut bien comprendre que, quoi qu'il en soit de la justesse de ces idées, elles sont examinées du point de vue de la genèse des connaissances humaines, qu'il appartient à l'analyse d'exposer selon l'ordre de leur invention; autrement dit, les notions métaphysiques désormais mises en jeu (et, en particulier, celle de l'ordre) ne font pas l'objet d'un exposé de philosophie première, qu'Émile ne saurait évidemment comprendre. Nous restons soumis au régime théorique revendiqué par Rousseau pour l'ensemble de l'exposé consacré à la généralisation corrélative des affections et des notions morales (l'idée de justice était alors citée) : « (...) je songe que je n'ai point à faire ici des traités de métaphysique et de morale, ni des cours d'études d'aucune espèce; il me suffit de marquer l'ordre et le progrès de nos sentiments et de nos connaissances[3] ». Dans le cas qui nous occupe, l'analyse offre un premier accès – celui que tous les hommes empruntent, sous les conditions empiriques décrites dans l'*Émile* – à ces idées; elle découvre même leur

1. *Éclaircissements sur la recherche de la vérité*, Xe Éclaircissement, éd. cit., t. III, p. 909-910.

2. « J'ai toujours cru que le bon n'était que le beau mis en action, que l'un tenait intimement à l'autre et qu'ils avaient tous deux une source commune dans la nature bien ordonnée » (*Nouvelle Héloïse*, Ire Partie, Lettre XII, OC II, p. 59).

3. *Émile*, liv. IV, p. 523.

statut de principes pour juger et pour agir, même si elle n'a pas pour objet de remonter à leur véritable fondement. La voie suivie depuis l'aube des facultés paraît en atteindre les objets les plus éminents qui, tels les devoirs de l'homme et du citoyen, en définissent les domaines spécifiques – pour reprendre les termes que nous avons proposés, il semble bien que la genèse s'accomplisse dans l'application. Pouvons-nous néanmoins nous en tenir à ce premier accès, qui présente l'allure d'un éveil tout naturel?

Concrètement, l'esprit peut-il s'installer fermement à ce niveau, en ne mobilisant que les ressources, étudiées par l'analyse, par lesquelles il s'y est élevé? Rousseau ne va pas immédiatement critiquer cette voie de l'extérieur. Il relève d'abord ce qui, dans les acquis de la genèse, menace d'instabilité cette dernière étape. On doit ainsi prendre la mesure d'une déclaration très surprenante produite à propos du langage du jeune homme, lorsqu'il parle pour les indigents. Le bilan du progrès des idées est alors tiré de l'état du discours et, en l'occurrence, du fait qu'Émile n'utilise pas des maximes de vaste portée: «Il est peu sentencieux parce qu'*il n'a pas appris à généraliser ses idées*; il a peu d'images parce qu'il est rarement passionné[1] ». À ce moment de la marche de la nature, un bilan à ce point sévère a quelque chose d'extraordinaire : tout ce qui nous fut décrit tout au long de la première partie du livre IV, tout ce qui se trouve récapitulé au titre des principes désormais aperçus par le jeune homme relevait bien d'une généralisation – et voilà que Rousseau déclare que cette généralisation n'en est pas véritablement une. C'est que, selon nous, le fait de « généraliser ses idées » signifierait que l'on possède une conscience nette de cette généralité même, au lieu de ne l'apercevoir qu'à l'horizon des connaissances acquises et réfléchies. La lucidité de Rousseau sur les limites de la voie génétique, que nous commençons seulement d'approcher, est en réalité fascinante : certes, une *généralisation* a eu lieu, de telle sorte que l'on est tenté de penser que l'individu accède au domaine d'application de la raison dans sa version la plus élaborée. Mais cette généralisation n'est pas une saisie de la *généralité* comme telle, sans égard aux expériences particulières à partir desquelles elle fut conquise: l'individu n'a pas un rapport vécu et réfléchi aux idées les plus hautes *en tant* qu'elles sont universelles. Et faute d'être saisies de cette façon, les idées n'offrent pas une prise solide à l'esprit, bien que les principes généraux aient été désignés à l'horizon du progrès affectif et gnoséologique.

1. *Émile*, liv. IV, p. 546. Souligné par nous.

Peut-être est-il permis de mettre directement en balance ces deux déclarations séparées de quelques pages: d'un côté, Émile «connaît les vrais principes du juste»; de l'autre, «il n'a pas appris à généraliser ses idées». Car les termes méritent ici d'être pesés exactement: la connaissance des principes ne relève pas seulement des ressources ordinaires de l'analyse, puisqu'elle est validée par le cœur – qu'ils soient seulement désignés et ils seront reconnus. En revanche, les idées se définissent toujours par la perception rationnelle des rapports qu'elles enveloppent; pour n'être pas simplement verbale, leur généralité doit être saisie par une intelligence déliée, capable d'en apercevoir les différents termes. Au moment où, dans l'*Émile*, Rousseau est sur le point d'interrompre l'analyse des progrès de l'individu, on dira donc que les *principes* sont aperçus de façon certaine mais que les *idées* manquent, dans leur fonction synoptique et dans l'adhésion réfléchie dont elles relèvent.

Ce basculement est lisible dans la récapitulation des compétences acquises par la voie de la genèse – c'est-à-dire, dans l'*Émile*, juste avant la Profession de foi. Le jeune homme, en réalité, ne possède pas encore une intelligence claire des notions *sublimes* dont l'intérêt sensible qu'il porte aux autres hommes lui a découvert l'importance et la vérité. Rousseau rend longuement compte des obstacles à l'intelligence des vérités métaphysiques qui, dans la religion, intéressent l'existence humaine et qu'Émile devrait désormais acquérir, pour apercevoir l'unité de la justice et de l'ordre, ainsi que leur vrai fondement.

L'ensemble de ce développement, qui suspend le parcours analytique suivi jusqu'à présent, est au fond ordonné à un constat fondamental qui montre l'enracinement de Rousseau dans la pensée empiriste de son siècle – même s'il faudra précisément passer à un autre niveau pour fournir au jeune homme ceux des éléments de la métaphysique qui s'avèrent essentiels à la pratique: «(...) bornés par nos facultés aux choses sensibles, nous n'offrons presque aucune prise aux notions abstraites de la philosophie et aux idées purement intellectuelles[1]». Cette déclaration est essentielle: elle dénonce les idées générales conquises par l'analyse comme des idées simplement abstraites. Quoi qu'il en soit des progrès accomplis, les facultés mises en œuvre par la perfectibilité se réfèrent à l'expérience sensible et aux circonstances qui ont encadré la genèse comme à une origine et à un contexte qu'elles ne cessent de charrier: du point de vue de l'analyse, elles n'atteignent pas d'autre domaine

1. *Émile*, liv. IV, p. 551.

d'application. L'exemple typique sera l'idée de substance, qui est « au fond la plus grande des abstractions[1] ». Il vaut la peine d'en dire un mot dès à présent, car le double traitement que reçoit ce concept dans le traité de 1762 est révélateur du basculement méthodologique qui nous intéresse désormais. S'il ne s'agissait que de dénoncer l'usage des pures abstractions dans le raisonnement et, partant, de disqualifier le concept de substance, ces lignes ne poseraient aucun problème ni ne présenteraient la moindre originalité en contexte empiriste : mais le vicaire savoyard va raisonner de la substance et de ses attributs – nous y reviendrons. Ce qui est affirmé ici annonce donc une césure entre les progrès de l'esprit tel que la méthode analytique peut les déchiffrer et les raisonnements métaphysiques.

D'un registre à l'autre, de l'analyse génétique des notions au lexique métaphysique de la substance, il faut reconnaître une solution de continuité qui, au demeurant, a été soulignée depuis longtemps – citons par exemple Burgelin : « Dans une doctrine qui appuie la connaissance sur la sensation et qui est montée jusqu'à la raison sensitive par l'utile, le passage aux idées "purement intellectuelles" fait problème[2] ». On ne peut contester que Rousseau insiste ici sur une rupture que n'annonçaient, ni les développements du livre III consacrés à l'éducation du jugement, ni, d'une manière plus générale, les positions méthodologiques reprises de Condillac : c'est par un véritable saut que l'on passera donc des idées de rapports conquises au livre III, et même des principes de la justice et de l'ordre dégagés au livre IV, jusqu'aux idées purement intellectuelles qui seront communiquées dans la Profession de foi du vicaire savoyard. D'une manière trop générale, disons qu'il s'agira de découvrir en Dieu le fondement de l'ordre.

Il importe évidemment de comprendre la raison pour laquelle il faut en venir à de telles « idées purement intellectuelles », dont Rousseau souligne plutôt, d'une façon générale, que l'homme n'est pas spontanément destiné à les saisir et qu'il ne devrait littéralement pas en avoir besoin – si, du moins, sa situation n'était pas devenue ce qu'elle est : une dénaturation monstrueuse imputable au désordre social. Or Émile, au stade où il a aperçu les véritables idées de la justice et de l'ordre, doit faire l'expérience de la société telle qu'elle est, non plus seulement à travers les livres d'histoire, mais en personne ; il importera même qu'il découvre Paris, pour cultiver son goût. Cela revient très clairement à dire que, pour la première fois, l'homme de la nature va faire l'expérience d'un mal social qui, seul, met en défaut la croyance bien fondée dans l'ordre du monde. Ce n'est pas

1. *Émile*, liv. IV, p. 553.
2. OC IV, note 1 à la p. 551, p. 1495.

ici le lieu de revenir sur toutes les ressources qui permettent à un individu tempérant et capable de déchiffrer l'effet des lois derrière les écarts apparents, d'affronter sereinement les maux physiques, comme la maladie, qui seront plus rares pour le sage et qui ne sauraient détruire en lui l'idée d'un ordre où tout est pour le mieux. Mais il n'en va pas de même de l'expérience généralisée de l'inégalité qui, pour le vertueux, signe l'injustice en toutes choses, en ce sens qu'elle déstabilise ce qui nous importe le plus. Il y a là un mal irrécusable, non compensable dans le fonctionnement du monde des hommes et qui interdit le bonheur ici-bas – c'est le mal social : « (…) le méchant prospère, et le juste reste opprimé. (…) La conscience s'élève et murmure contre son auteur; elle lui crie en gémissant : tu m'as trompé ! [1] ». Nous étudierons amplement le traitement que reçoit ce problème dans la Profession de foi, mais l'enjeu peut en être cerné dès maintenant : le triomphe du méchant signe, pour le juste, la défaite de l'amour de soi dans cette vie (il est et il demeurera opprimé), cependant qu'il n'est pas envisageable de réduire au silence cette passion principielle. Justifier pour l'homme la pratique de la vertu contre les injustices qui le frappent, et qui ne seront pas corrigées ici-bas – c'est cela qui requiert de dépasser les limites de l'expérience et d'effectuer un détour métaphysique, en considérant le destin de l'âme au-delà des conditions de la vie.

Ces enjeux éclairent notablement l'organisation de la pensée de Rousseau jusque dans le temps de ce que nous appelons sa dernière philosophie. Dans la théorie de l'homme comme dans les *Rêveries*, il existe une véritable *balance entre la politique et la métaphysique*, pour cette raison très précise qu'en ce qui concerne les sociétés modernes, la première est caractérisée par une négation de l'ordre dont la restauration n'est pensable, dans un premier temps (*i.e.* dans la Profession de foi) que par les moyens de la seconde. Au fond, le passage à la métaphysique, si difficile pour un esprit à qui l'expérience sensible se rappelle sans cesse, ne devient compréhensible qu'une fois pris en vue le drame de la condition politique moderne. Dès la Profession de foi du vicaire savoyard, au-delà des preuves techniques de l'immatérialité de l'âme et de sa survie après la mort du corps, qui seront examinées en détail dans la seconde partie de ce volume, Rousseau reconduira cette thèse à une balance que réclament le cœur et la raison – anticipant ainsi une évolution qui aboutira aux *Rêveries du promeneur solitaire*, mais que le vicaire ne peut assumer compte tenu, nous le verrons bientôt, de son ancrage dans l'empirisme même dont il va

1. Profession de foi, p. 589.

signaler les limites. Il est cependant de fait que, dès la Profession de foi, la tension générale entre le mal et l'ordre, réduite au noyau apparemment irréductible d'une antinomie entre les injustices des hommes et la certitude que la conservation divine est de part en part justice, se donne en fin de compte comme la *preuve* ultime de l'existence de l'âme – le problème est si virulent, l'antinomie qui se découvre se révèle si radicale et si concrète qu'elle engendre la croyance du vicaire dans la position d'un point de vue (celui de l'âme après la mort du corps) qui la réinscrit dans l'ordre, ou dans le tableau voulu par Dieu : « Si l'âme est immatérielle elle peut survivre au corps, et si elle lui survit, la providence est justifiée. Quand je n'aurais d'autre preuve de l'immatérialité de l'âme que le triomphe du méchant et l'oppression du juste en ce monde, cela m'empêcherait seul d'en douter [1] ». Même si l'on prend au sérieux le fait que ce recours à la providence, loin de représenter une solution de *facilité*, est pour Rousseau à la hauteur de l'énormité du mal social, on est en droit de se demander ce qui fonde cet argument. Pourquoi n'est-il pas une simple illusion ?

Ici se révèle l'importance de la thèse de Rousseau sur l'amour de soi, dans la version radicale que nous avons exposée : c'est que la recherche du bonheur constitue une dimension fondamentale de notre nature. Comme nous l'avons vu, il n'est nullement question, dans le désir d'être heureux, d'une simple coloration affective qui se surajouterait au sentiment plus fondamental de l'existence pour l'assortir d'une sorte de qualification plaisante – cet affect, chez Rousseau, a quasiment le statut d'un *existential* : il ne relève pas uniquement du mode de vie mais, comme l'indique l'analyse génétique menée dans l'*Émile*, il participe de la constitution même de l'existence. Même si tout le siècle des Lumières affirme le droit à la recherche du bonheur, jusqu'à l'inscrire dans le texte de la Constitution des États-Unis, Rousseau seul le saisit à un niveau fondamental, qu'on dira ontologique et non simplement factuel. Qu'est-ce que cela implique pour ce que nous avons défini comme une balance du politique et de la métaphysique ? *Si* la voix de la nature, qui travaille l'existence consciente d'elle-même, n'est pas trompeuse, *alors* il faut que le désir du bonheur se puisse satisfaire : car il signale ainsi que quelque chose, en moi, est susceptible de jouir de l'ordre malgré la condition actuelle des hommes – ce sera l'âme, une fois détachée des rapports qui aliènent l'individu. Cette existence ne saurait être illusoire, sauf à nier le principe même d'une existence typiquement humaine (la nature de l'homme). Ainsi la justice se rétablit-elle, sans requérir l'éternité de l'âme (qui fait partie des dogmes

1. Profession de foi, p. 589.

indécidables) ou le châtiment des méchants (qui est inutile, et que la raison refuse) – la détermination de la survie de l'âme se trouve réduite à une jouissance, ce qui est strictement proportionné au nerf de la preuve :

> (…) quand nous serons uniquement occupés à comparer ce que nous avons fait avec ce que nous avons dû faire, c'est alors que la voix de la conscience reprendra sa force et son empire ; c'est alors que la volupté pure qui naît du contentement de soi-même et le regret amer de s'être avili distingueront par des sentiments inépuisables le sort que chacun se sera préparé [1].

La *Lettre à Voltaire*, qui ne dégage pas encore le statut irréductible du mal social, donne à cette conclusion une allure plus spéculative, mais parfaitement compatible avec l'exposé de l'*Émile* – pour justifier la providence eu égard à l'ordre moral qui intéresse un être sensible et conscient, dont le bien réside précisément dans la conscience de son existence, c'est-à-dire dans le bonheur, « il faut appliquer cette règle à la durée totale de chaque être sensible, et non à quelques instants de sa durée, tels que la vie humaine ; ce qui montre combien la question de la providence tient à celle de l'immortalité de l'âme [2] ». Le désir du bonheur joue un rôle essentiel dans la théodicée du vicaire, car s'il fallait le sacrifier, il serait impossible de garantir la vertu contre l'injustice ; et, en réalité, c'est pour le fonder dans l'ordre, pour garantir qu'il sera absolument satisfait qu'il faut prouver l'existence de Dieu et de l'âme dans la première partie de la Profession de foi.

Si elles livrent l'arrière-plan anthropologique du projet philosophique de Rousseau, ces remarques demeurent toutefois en attente d'une thématisation explicite dans les textes qui nous occupent pour l'instant. Il faudra attendre les *Rêveries* pour que les leçons du vicaire soient détachées des arguments parfois fragiles par lesquels elles s'énoncent : la dernière philosophie convertira en règle pour la connaissance ce qui s'éprouve d'abord dans un affect (le désir du bonheur), de même qu'elle libérera l'enjeu véritable de la théorie de la substance d'une grammaire empruntée – d'une grammaire, voulons-nous dire tout à la fois, qui exprime de façon très partielle les enjeux pris en vue par Rousseau et qui, au fond, n'est pas la sienne.

Quoi qu'il en soit, c'est bien depuis l'empirisme même, qui a permis d'expliquer la genèse du désir du bonheur et la prise de conscience de l'ordre qui conditionne sa satisfaction, que l'on est amené à considérer,

1. *Ibid.*, p. 591.
2. *Lettre à Voltaire*, OC IV, p. 1070.

pour balancer le mal social, les idées intellectuelles et, pour tout dire, métaphysiques, qui échappent par principe aux conditions de l'expérience. Mais c'est ici que nous rencontrons le paradoxe qui, tout à la fois, creuse l'entreprise de l'*Émile* et lui donne tout son relief.

Avant d'exposer les preuves de la Profession de foi, dont nous verrons comment elles répondent toutes à des questions qui furent déjà traitées dans l'*Émile* du point de vue d'une théorie empiriste de la connaissance, Rousseau s'emploie à exhiber cette césure en ôtant à la connaissance de Dieu l'allure de familiarité qu'elle peut prendre dans les doctrines de son temps. C'est alors tout l'élan de l'analyse génétique, qui portait les progrès de l'homme de la nature, qui s'épuise et se disloque au plus fort du drame humain.

1) Soit d'abord l'argument traditionnel[1] suivant lequel la contemplation de l'ordre du monde nous conduit nécessairement à l'idée d'un Dieu tout-puissant et tout sage. On pourrait s'attendre à ce qu'Émile, ayant acquis au livre III des connaissances des lois de la nature, s'interroge sur leur fondement, qui réside dans « l'Être incompréhensible qui embrasse tout[2] ». Or Rousseau conteste que l'homme effectue spontanément une telle inférence, qui présume trop vite que Dieu serait lisible dans les phénomènes : « L'ouvrage se montre, mais l'ouvrier se cache. Ce n'est pas une petite affaire de connaître enfin qu'il existe[3] ». Au fond, c'est tout le programme de la théologie physique issue de Boyle et, partant, d'une certaine tradition empiriste, qui se trouve donc suspendu à ce moment du livre IV – citons par exemple Derham : les ouvrages de la nature « fournissent (...) la démonstration la plus aisée et la plus intelligible de *l'existence* et des *attributs* de Dieu, surtout à ceux qui ne sont pas versés dans les subtilités du raisonnement, c'est-à-dire à la plus grande partie du genre humain[4] ». Selon Rousseau, ces preuves supposent en réalité toute une série de connaissances inaccessibles au commun : « L'ordre de l'univers, tout admirable qu'il est, ne frappe pas également tous les yeux. Le peuple y fait peu d'attention, manquant des connaissances qui rendent cet ordre sensible, et n'ayant point appris à réfléchir sur ce qu'il aperçoit[5] ». Cet argument, en réalité, porte un coup décisif à l'ambition apologétique de la physico-théologie : l'originalité de cette tradition, en effet, tient

1. Il remonte à Cicéron, *De Natura Deorum*, liv. II, chap. 35 *sq*.
2. *Émile*, liv. IV, p. 551.
3. *Ibid*.
4. *Théologie physique*, trad. de l'anglais, Rotterdam, Jean Daniel Beman, 1726, p. 1-4.
5. *Lettre à Ch. de Beaumont*, p. 951.

beaucoup moins à un usage immodéré des causes finales qu'à l'idée suivant laquelle la sagesse et la puissance de Dieu sont *immédiatement lisibles par tous* dans les phénomènes. De surcroît, puisque ces réserves interviennent, dans le projet d'éducation, après qu'Émile a déjà acquis les rudiments des sciences, on doit sans doute conclure que l'argument tiré des merveilles de la nature n'est pas même recevable du strict point de vue de la physique expérimentale exposée au livre III. La micro-analyse de certains passages de la Profession de foi nous donnera lieu de revenir sur ce point.

Peut-être faut-il aller plus loin et considérer que l'empirisme génétique lui-même, dans sa vocation la plus haute davantage que dans ses figures éclectiques, certes – que cet empirisme ne peut guère recevoir ou, à tout le moins, atteindre la spécificité des figures de l'ordre alléguées dans les théodicées, comme celle que mobilisait Rousseau dans la *Lettre à Voltaire*. Rappelons-nous en effet qu'appliquée à l'homme et à suivre les arguments décisifs et fort précis du second *Discours*, cette méthode recevait sa légitimité des hypothèses cosmogénétiques sur la formation naturelle de l'ordre du monde à partir de la seule application des lois du mouvement au chaos de la matière. Il est bien vrai que ce schéma, explicitement référé à Descartes, sera critiqué par le vicaire savoyard; mais justement pas du point de vue de l'analyse génétique qui règle les développements de l'*Émile* avant la Profession de foi. Au fond, le réductionnisme posé en principe, comme les prescriptions empiristes d'inspiration newtonienne sur la philosophie expérimentale, ne relèvent pas du même type d'intelligibilité que sollicite la prise en vue téléologique du monde comme totalité harmonieuse. La seconde partie de ce livre nous donnera lieu d'analyser cette antinomie.

2) Qu'en est-il de l'idée de Dieu? Ici, la mise à distance de l'analyse génétique héritée de Locke *via* Condillac devient, non seulement implicite – c'est le cas depuis qu'est soulignée l'incapacité d'Émile à généraliser ses idées – mais explicite et textuellement étayée. Selon la présentation donnée dans l'*Émile*, Locke préconisait de « commencer par l'étude des esprits[1] » pour remonter à l'idée de Dieu. À première vue, cette lecture est décalée, voire fautive, car les *Pensées sur l'éducation* font plutôt état d'un danger et d'une précaution exactement répétés par Rousseau: « Craignez (...), si vous lui parlez trop tôt des existences spirituelles, si vous vous efforcez mal à propos de lui faire comprendre l'incompréhensible nature de l'être infini, craignez de remplir son esprit d'idées fausses ou de le troubler par des

1. *Émile*, livre IV, p. 551.

notions inintelligibles[1] ». Quel sens faut-il donc donner à l'accusation portée contre Locke ? Elle résulte au fond d'une application rigoureuse de la méthode analytique, qui impose d'indexer le programme pédagogique sur l'analyse empiriste du développement des connaissances. Sous ce point de vue, Rousseau peut projeter sur la théorie lockéenne de l'éducation un schéma qui, en réalité, correspond davantage à la preuve de l'existence de Dieu fournie au livre IV de l'*Essai concernant l'entendement humain*. Selon Locke, en effet, la certitude « qu'il y a en dedans de moi quelqu'être spirituel » est plus assurée que la connaissance de l'être corporel[2] ; à partir de cette certitude se développe une preuve *a posteriori* : au titre d'être pensant, l'homme requiert pour exister un être cogitatif capable de toutes les perfections[3]. Rousseau est donc fondé à déclarer que Locke élabore l'idée d'un être qui existe nécessairement (« dont nous sommes l'œuvre et dont nous dépendons[4] ») sur la base de l'idée complexe des esprits ; et cette réécriture empiriste de la preuve *a posteriori* est à son tour congédiée, au motif d'une stricte assignation des limites de nos connaissances.

Dans le contexte analytique prévalant jusqu'à la Profession de foi, les seules idées véritablement possédées par l'esprit humain et qu'il est possible de recevoir au titre de principes du progrès des connaissances se réfèrent aux corps : « Puisque nos sens sont les premiers instruments de nos connaissances, les êtres corporels et sensibles sont les seuls dont nous ayons immédiatement l'idée[5] ». Ce sont donc les conditions mêmes de la genèse qui imposent de retarder le plus possible le moment de découvrir à l'enfant l'idée de Dieu, car il rencontrera les plus grandes difficultés pour le concevoir comme un être purement spirituel : le risque existe donc qu'il se le représente d'une façon idolâtre. C'est ce que doit établir l'explication, que nous ne suivons pas ici en détail, de l'interprétation spontanée du mouvement volontaire. Le vicaire prétendra trouver dans ce phénomène la marque d'une puissance irréductible au corps ; mais l'enfant ou le sauvage sont incapables d'une telle méditation. Toute réalité étant pour eux du type de celle qui se donne à leurs sens, ils ne se conçoivent que comme des corps capables de se commander, sans apercevoir que cette spontanéité implique la distinction réelle des substances ; de surcroît, ils appréhendent les autres corps en mouvement selon ce modèle inadéquat : c'est ainsi que « le

1. *Pensées sur l'éducation*, trad. fr. G. Compayré, Paris, Vrin, 1992, § 136, p. 186.
2. *Essai concernant l'entendement humain*, liv. II, chap. 23, § 15, p. 239.
3. *Ibid.*, chap. 10.
4. *Ibid.*, liv. IV, chap. 3, § 18.
5. *Émile*, liv. IV, liv. IV, p. 552.

sentiment de notre action sur les autres corps a dû d'abord nous faire croire que quand, ils agissaient sur nous, c'était d'une manière semblable à celle dont nous agissons sur eux. Ainsi l'homme a commencé par animer tous les êtres dont il sentait l'action[1] ». Les figures primitives de l'humanité ne peuvent ni former une idée adéquate de la nature d'un esprit, consistant à le concevoir comme un être immatériel; ni pousser jusqu'à l'infini les propriétés d'une telle nature, afin d'appréhender la vraie notion d'un Être qui embrasse tout – il y a là comme une abstraction d'abstraction qui, en réalité, est éminemment suspecte. Au reste, rien ne permettra au vicaire d'acquérir une notion claire de l'infini positif: « (...) tout ce qu'on appelle infini m'échappe[2] ». Mais nous verrons que, précisément, les deux dogmes relatifs à la puissance et à l'intelligence du créateur ne seront pas dégagés par l'examen de l'idée de Dieu. C'est que les idées purement intellectuelles conservent toujours, pour l'esprit humain qui se contraint à les examiner, un caractère d'étrangeté; il est particulièrement ruineux, à cet égard, de prétendre les découvrir à ceux qui, comme les enfants, n'ont pas même acquis la capacité de les envisager pour elles-mêmes. De là résulte la critique du catéchisme, dont nous laissons de côté les arguments polémiques pour ne retenir que la connexion fondamentale entre la croyance (que l'on exige indûment de l'enfant) et une raison maîtresse de ses moyens comme de ses critères. Rousseau précise ainsi, à propos des dogmes incompréhensibles (mais non contradictoires) comme l'immortalité de l'âme: « (...) pour admettre les mystères, il faut comprendre au moins qu'ils sont incompréhensibles, et les enfants ne sont pas même capables de cette conception-là[3] ». Tel est le noyau de la critique dirigée contre Locke: l'appréhension des idées intellectuelles suppose un usage supérieur de la raison dont les enfants sont incapables, mais que les *Pensées sur l'éducation* présument trop souvent. On ajoutera simplement que c'est dans Locke lui-même que Rousseau puise la répartition, exposée dès la *Lettre à d'Alembert*, de ces règles d'intelligibilité en fonction du *criterium* de la raison:

> Le monde intellectuel, sans en excepter la géométrie, est plein de vérités incompréhensibles, et pourtant incontestables; parce que la raison qui les démontre existantes ne peut les toucher, pour ainsi dire, à travers les bornes qui l'arrêtent, mais seulement les apercevoir. Tel est le dogme de l'existence de Dieu; tels sont les mystères admis dans les communions

1. *Ibid.*
2. Profession de foi, p. 590.
3. *Ibid.*, p. 554.

> protestantes. Les mystères qui heurtent la raison, pour se servir des termes de M. d'Alembert, sont toute autre chose. Leur contradiction même les fait rentrer dans ses bornes; elle a toutes les prises imaginables pour sentir qu'ils n'existent pas; car bien qu'on ne puisse voir une chose absurde, rien n'est si clair que l'absurdité [1].

La difficulté d'atteindre les idées purement intellectuelles ou, ce qui est étroitement lié, de généraliser tout à fait ses idées (et surtout celle de l'ordre), tient en somme à ce qu'il faut que la raison se détourne des sens dont elle a reçu toute son instruction pour *considérer en propre son domaine d'application, irréductible aux principes empiriques dont procèdent par ailleurs nos connaissances*.

Nous sommes dès lors en mesure de mieux comprendre la situation intellectuelle du jeune homme au seuil de l'éducation religieuse, qui justifie le passage (provisoire) à un nouveau mode d'exposition dans la Profession de foi du vicaire savoyard. D'un côté, l'appréhension des idées intellectuelles est rendue possible par la séquence des progrès de l'esprit humain, qui se trouve désormais en possession de la raison : « Mon sentiment est que l'esprit de l'homme, sans progrès, sans instruction, sans culture, et tel qu'il sort des mains de la nature, n'est pas en état de s'élever de lui-même aux sublimes notions de la divinité; mais que ces notions se présentent à nous à mesure que notre esprit se cultive [2] ». Sous ce point de vue, Émile semble bien parvenu au point de comprendre ces notions qui donnent leur signification métaphysique aux principes de justice et d'ordre instruisant déjà son expérience pratique. Mais d'un autre côté, ces notions ne sont pas seulement *plus* abstraites ou *plus* générales que les autres – elles sont bien dites *sublimes*, pour marquer qu'elles dépassent les conditions sensibles où toutes les autres idées trouvent une origine assignable. L'imagination qui élargit l'esprit et donne une matière aux idées morales est incapable de fournir un matériau aux notions supérieures qu'il est possible d'apercevoir au plus fort de l'élan qu'elle a elle-même inspiré – son exténuation, au fond, évoque l'expérience kantienne du sublime mathématique. Même si leur dérivation à partir de l'expérience est en droit productible, ces notions reposent sur un passage à la pure abstraction qui demande un très grand nombre de médiations et qui prend finalement l'allure d'un véritable saut : « La première idée abstraite est le premier de ces échelons, mais j'ai bien de la peine à voir comment on s'avise de le

1. *Lettre à d'Alembert*, OC V, p. 11 ; cette répartition est à l'œuvre, contre les théologiens, dans les *Lettres écrites de la montagne*, en particulier Lettre I, p. 694.

2. *Lettre à Ch. de Beaumont*, p. 952.

construire[1] ». Autrement dit, il n'est pas raisonnable d'exposer analytiquement l'itinéraire qui conduit Émile à l'idée du Créateur dont il a besoin dans la pratique – ni, du reste, de lui imposer ce parcours spéculatif. La Profession de foi interrompt l'analyse menée jusqu'aux sentiments les plus généraux pour communiquer à l'élève (et au lecteur), sous la forme d'un récit, des méditations que Gouhier dit à bon droit « métaphysiques » mais qui, pour cette raison même, ne relèvent pas de la méthode générale revendiquée par Rousseau. Les propos du vicaire remplacent l'analyse lorsque celle-ci risque de ralentir la marche de la nature, qui exige de référer désormais Émile au Créateur de l'ordre.

Rappelons pour finir que, dans le synopsis qu'en fournit la *Lettre à Christophe de Beaumont*, il est clair qu'il revient à la première partie de la Profession de foi d'exposer enfin ces vérités fondamentales sur la substantialité de l'âme et l'existence de Dieu – telle est donc la séquence que nous allons tâcher de commenter à nouveaux frais, en nous attachant aux questions de méthode :

> La Profession de foi du vicaire savoyard est composée de deux parties. La première, qui est la plus grande, la plus importante, la plus remplie de vérités frappantes et neuves, est destinée à combattre le moderne matérialisme, à établir l'existence de Dieu et la Religion naturelle avec toute la force dont l'auteur est capable[2].

On note au passage que cette défense de « la cause de Dieu », en même temps qu'elle dégage pour elles-mêmes les notions intellectuelles fondamentales qui intéressent l'homme, est présentée explicitement comme un texte de circonstances, bien plus que le reste du projet de 1762 : les thèses de Rousseau devront toujours se comprendre dans leur opposition au matérialisme – ce point sera de grande importance.

Ce n'est pas que l'analyse ne nous permette pas d'apercevoir les vrais principes de la justice et de l'ordre, c'est-à-dire d'y reconnaître l'horizon et la norme de la généralisation des affections morales. Mais il est très difficile de donner un corrélat imaginaire à des notions aussi générales, de telle sorte qu'elles susciteraient un attachement affectif. L'imagination active, identifiante et morale, qui n'a de rapport authentique qu'à l'imaginaire, se retrouve désormais sans objet. Aussi ne peut-elle retenir l'âme lorsque le juste est persécuté, de façon pour le coup bien sensible, comme il survient sans cesse dans le désordre de nos sociétés. Ce qu'apporte la connaissance

1. *Émile*, liv. IV, p. 551.
2. *Lettre à Ch. de Beaumont*, p. 996.

de Dieu, quasi-improductible selon l'empirisme, c'est la garantie que le moi est intégré dans l'ordre véritable – entendons, le moi comme être sensible, c'est-à-dire comme cet être qui désire le bonheur du même mouvement qu'il existe. En des lignes très importantes qui peut-être, seront les plus pérennes dans la suite de l'œuvre, la reprise de l'histoire du jeune homme, après la Profession de foi, sera parfaitement explicite sur les raisons qui commandèrent sans doute de lui livrer ce récit. Le vrai sens de la Profession de foi fut de stabiliser en Émile « l'intérêt à être bon », qui supposait davantage que l'idée abstraite de l'ordre conquise par généralisation de l'expérience. Le pari de l'auteur de l'Émile est que l'intérêt à être juste peut se maintenir malgré les vicissitudes de la condition humaine, une fois que la possibilité du bonheur est garantie, contre les méchants, dans la survie de l'âme après la mort du corps, selon un schéma dont on a vu comment il exprime la Providence : sous ces conditions, Émile jouira « enfin du bonheur durable que le repos d'une bonne conscience et la contemplation de cet Être suprême lui promettent dans l'autre vie, après avoir bien usé dans celle-ci[1] ». Mais la connaissance de cette vérité n'est pas productible dans les conditions ordinaires du progrès et de l'analyse des idées. Tout tient au statut de l'ordre, qui va jouer un rôle essentiel dans toute la suite de la pensée de Rousseau : tandis que cette notion dessinait l'horizon de la genèse des connaissances selon la genèse, elle doit devenir une structure stable pour conforter la moralité contre l'expérience du mal.

1. *Émile*, liv. IV, p. 636. Nous reviendrons sur ce passage difficile au terme de la deuxième partie de ce livre.

CHAPITRE II

UNE CRITIQUE INTERNE DE L'EMPIRISME

Ce que nous donne à lire Rousseau dans l'*Émile* ne réside pas seulement dans l'analyse exemplaire du développement de la nature dans l'individu : ce sont aussi, avons-nous suggéré, les limites de cette analyse empiriste, rendues patentes par la nécessité du passage aux notions sublimes qui maintiendront dans l'âme l'intérêt à être juste. Mais ce qui force ainsi la raison à s'appliquer aux objets qui dépassent les critères de son propre développement – cette urgence morale, donc, devra également l'orienter dans ces nouvelles applications. Le vicaire précisera ainsi que la connaissance de Dieu échappe à mon esprit, c'est-à-dire « à mes sens et à mon entendement » et, surtout, ne relève pas des compétences du seul raisonnement, dont l'intervention (ainsi dans l'exposé du vicaire) n'est recevable que lorsqu'elle est orientée par un sentiment : « (…) je ne raisonnerai jamais sur la nature de Dieu que je n'y sois forcé par le *sentiment* de ses rapports avec moi[1] » – c'est-à-dire de la justice dans laquelle il comprend le bonheur du juste après la mort du corps.

De surcroît, le passage d'un registre à l'autre, de la « marche de la nature » à un exposé métaphysique, ne signifie pas simplement la prise en vue de nouveaux objets – dans notre perspective, retenons surtout qu'il fait retour sur les analyses qui furent produites dans les limites de la méthode[2] : les résultats acquis dans le premier moment vont se trouver, soit approfondis, soit mis en crise, soit même révoqués dans la Profession de

1. Profession de foi, p. 581. Souligné par nous.

2. Tel est en outre le cheminement original que nous tenterons de proposer dans la Profession de foi : car ce mouvement réflexif parfaitement assignable n'est pas pris en compte dans les excellents commentaires de ce texte que nous connaissons.

foi, et les lignes de force de cette évolution dessineront, nous allons le voir, les contours de l'œuvre dans les textes ultérieurs. C'est d'ailleurs en ayant en tête cet horizon que nous retiendrons finalement deux thèmes principaux, car ils jouent un rôle décisif dans l'élaboration des dogmes du vicaire comme dans la purification qui caractérisera le mouvement final conduisant des *Dialogues* aux *Rêveries* : celui du statut du jugement de comparaison, qui révèle les propriétés puis l'existence du moi, et celui de l'ordre créé par Dieu dans le monde physique.

Encore faut-il s'imposer au préalable certaines précautions et parcourir d'autres régions du massif que nous tâchons d'explorer. Que Rousseau mette en évidence, et presque en scène, les limites de la voie analytique réductionniste promue par les philosophes de son temps; qu'il désigne ainsi les bornes d'un véritable paradigme explicité par Condillac et au sein duquel il écrivit le second *Discours* – cela nous impose en effet de reprendre sous un nouveau biais les questions de méthode avant d'examiner les thèses qui, dans les grands traités de 1762, sont établies positivement au-delà de ces frontières; au-delà mais, disons-le tout de suite, selon elles car, nous le verrons, les positions métaphysiques défendues dans la Profession de foi relèveront encore de la problématique de la connaissance. Pourquoi revenir ainsi sur la méthode ? C'est que les limites désignées avant l'intervention du vicaire sont celles de *l'expérience* : passer outre n'est pas une opération légère, fût-ce en alléguant d'autres expériences, comme le sentiment intérieur. Une chose est de rencontrer l'épuisement de l'analyse génétique, une autre de s'armer de nouveaux instruments afin de poursuivre l'enquête ou, pour mieux dire, de la réorienter. Comment comprendre ce changement de méthode et, avant tout, la suspension de la voie condillacienne? Cette rupture est certes lisible, d'une façon en quelque sorte synchronique, dans l'économie systématique de l'*Émile* et il nous faudra y revenir, à propos des objets éminents qui occuperont encore Rousseau dans sa dernière philosophie (l'âme et l'ordre). Toutefois, s'agissant d'une approche spécifiquement méthodologique, il est également possible et il se révèle encore plus éclairant d'adopter pour commencer une perspective diachronique, en examinant la refonte du projet théorique de Rousseau qui, partant d'une explication selon la genèse, est conduit à défendre et illustrer un autre mode d'exposition : celui qui règle la construction du *Contrat social*.

DE LA GENÈSE À LA CONSTITUTION : L'ÉVOLUTION DES *INSTITUTIONS POLITIQUES*

Concrètement, une évaluation fine des décisions méthodologiques de Rousseau peut s'appuyer sur leur élaboration progressive, du moins dans les cas où les évolutions repérables sont jalonnées par des textes portés jusqu'à un certain degré d'aboutissement. Telle est précisément la situation du *Manuscrit de Genève*, que nous n'aborderons pas du point de vue de son enchaînement interne mais dans la situation théorique spécifique qu'il définit, par comparaison avec le texte ultérieur du *Contrat social*. L'état très avancé des chapitres disponibles du *Manuscrit de Genève*[1] impose en effet de considérer que l'exposé rousseauiste, même s'il demeure inachevé, atteint une stabilité permettant de caractériser en propre ce livre, au lieu de n'y voir qu'une première version du *Contrat social*. Une fois dégagées les thèses spécifiques exposées dans cet ouvrage relativement autonome, mais qui fut abandonné pour un autre, la question se pose de savoir quelle valeur nous devons leur reconnaître – surtout lorsqu'elles demeurent sans suite dans le traité de 1762. Et cette question a quelque chose de fascinant : que pèse un texte abandonné, laissé à la relative indétermination de son horizon propre, dans le développement d'une philosophie qui paraît reprendre le même objet dans un autre livre, admirable de cohérence systématique ? Une piste féconde, qui ne vaut pas encore réponse, se trouve dans l'hypothèse que le passage d'un ouvrage à l'autre est rendu nécessaire par le même problème bifrons qui est thématisé au livre IV de l'*Émile* : celui, méthodologique, de l'analyse et celui, à la fois gnoséologique et moral, de la généralisation des idées. L'évolution de Rousseau nous paraîtra révélatrice de la suspension d'un empirisme de la genèse et du choix d'une autre voie, certes relative à l'expérience, mais qui considérera la profondeur historique des sociétés humaines.

Le parallèle que nous esquissons ici ne saurait toutefois s'arrêter aux énoncés qui engagent des concepts subalternes aux principes du droit politique, comme s'ils faisaient l'objet de déterminations foncièrement divergentes ; il est plus juste de dire qu'ils sont pris en vue sous un biais différent et une évolution de ce type se repère autant dans les ressources rhétoriques de l'écriture que dans l'ordre des raisons. Aussi les problèmes

1. Au moment où j'achève ce livre paraît un volume consacré au *Manuscrit de Genève* (Paris, Vrin, 2012), qui vaut éminemment par l'étude philologique d'ampleur réalisée par B. Bernardi. L'éditeur a l'élégance de rappeler que ce travail a tiré certaines de ses orientations des hypothèses de lecture que j'ai exposées à l'époque, sans les publier. Elles reçoivent dans le présent chapitre leur cadre interprétatif et leur développement.

les plus profonds se liront-ils dans l'usage d'une analogie très importante, qui porte la philosophie politique hors d'elle-même – jusqu'au problème « métaphysique » par excellence pour un empiriste des Lumières (lorsque cette rubrique est prise en un sens plus ou moins sceptique) : celui de l'union de l'âme et du corps.

Les comparaisons textuelles nous permettront tout d'abord de dégager les orientations théoriques et les choix méthodologiques divergents qui sont mis en œuvre dans les deux ouvrages ; de là, il nous sera possible de reconnaître dans ces changements les moyens mis en œuvre par Rousseau pour atteindre l'expérience politique effective, qui se livre de façon ultime dans le devenir des gouvernements ; les indications ainsi recueillies nous instruiront sur le rapport de Rousseau aux connaissances positives et à leur organisation théorique, jusque dans d'autres domaines.

1) Le premier changement, le plus manifeste aussi, réside dans le chapitre II du premier livre du *Manuscrit de Genève*, qui disparaît dans le *Contrat social*. Ce texte requiert à lui seul un commentaire détaillé auquel nous avons déjà tâché de contribuer[1] et il nous suffit, dans la présente étude, de dégager l'orientation méthodologique et les thèses spécifiques de ces pages.

Qu'en est-il, avant tout, des principes de méthode revendiqués par Rousseau ? Au fond, la comparaison de deux énoncés suffit à rendre lisible, dans son allure générale, le changement que nous avons en vue. Le *Manuscrit de Genève* est d'emblée marqué par une orientation généalogique : « Commençons par rechercher d'où naît la nécessité des institutions politiques[2] ». La recherche d'une naissance justifie que le chapitre II du livre I fournisse des remarques circonstanciées sur la genèse des affections morales, qui ne sont en aucune façon reprises dans le *Contrat social* : cela signifie techniquement que l'analyse n'en sera pas répétée. Cette occultation révèle son importance théorique à la lumière de la déclaration de méthode prononcée au début de l'ouvrage publié, qui contraste fortement avec l'ambition d'expliquer la naissance des institutions politiques : « Comment ce changement s'est-il fait ? Je l'ignore. Qu'est-ce qui peut le rendre légitime ? Je crois pouvoir résoudre cette question[3] ». Il y a là, du point de vue de la méthode, un véritable basculement qui ne fut pas signalé : l'enquête généalogique qui, dans le

1. « Du droit naturel au droit naturel raisonné », *Les Cahiers philosophiques de Strasbourg*, « Jean-Jacques Rousseau », tome 13, printemps 2002.

2. *Manuscrit de Genève*, OC III, p. 281.

3. *Contrat social*, liv. I, chap. I, OC III, p. 351.

chapitre le plus original du *Manuscrit de Genève*, inscrit cet ouvrage dans la suite du second *Discours* se trouve certes (et d'une façon au demeurant partielle) présumée dans le *Contrat social*, mais elle n'en constitue ni le préalable explicite indispensable ni, surtout, le sujet – celui-ci se trouvera dans l'énoncé d'une norme applicable au donné : il s'agit d'énoncer les conditions d'une transformation de ce qui s'est fait. Dans le premier texte, l'origine conserve sa fonction principielle pour l'analyse des institutions politiques ; en 1762, en revanche, elle a tout au plus le statut d'un postulat permettant de disposer une situation que la théorie doit élever à la légitimité.

L'inflexion méthodologique ainsi repérable confirme par la négative qu'il est essentiel à l'analyse génétique de restituer *le détail* des médiations qui inscrivent l'état présent dans la suite des modifications de l'origine : c'est ainsi que le changement de méthode voulu par Rousseau, s'il n'invalide évidemment pas les leçons de l'histoire hypothétique, les tient cependant à distance du projet théorique explicite du *Contrat social*, pour cette raison fondamentale qu'elles se voient réduites à une « balance » purement schématique où seuls comptent « des termes faciles à comparer[1] » (la liberté naturelle et la liberté civile, la possession et la propriété, l'impulsion et la liberté morale). L'analyse progressive ne définit plus une méthode dès le moment que les détails en sont effacés – cela, même si le corps politique est pensé sur le modèle d'un pacte fondateur.

De ces divergences méthodologiques procèdent des orientations théoriques distinctes. Dans le *Manuscrit de Genève*, Rousseau articule la recherche généalogique à l'énoncé d'un devenir hypothétique (nous conclurons plus tard sur son statut précis) qui constitue l'un des enjeux particuliers de ce texte. D'un point de vue interne, le droit naturel raisonné vient corriger l'absence d'une vision universellement partagée de l'ordre qui fonde la justice humaine, c'est-à-dire « le droit de l'humanité[2] » : « Ce qui est bien et conforme à l'ordre est tel par la nature des choses et indépendamment des conventions humaines[3] ». Ce chapitre, en somme, interroge et met en crise une généralisation que Diderot, à l'article « Droit naturel » de l'*Encyclopédie*, présumait trop rapidement, mais que Rousseau veut encore garder en vue. La promulgation de la loi, qui paraît régler le problème de la conservation de soi, permet de fonder les règles d'une justice raisonnée qui, en l'absence d'une universalisation effective

1. *Contrat social*, liv. I, chap. VIII, p. 364-365.
2. *Manuscrit de Genève*, liv. II, chap. IV, p. 326.
3. *Ibid*.

de la maxime évangélique («Fais à autrui comme tu veux qu'on te fasse[1]»), se conforme néanmoins à l'ordre des choses institué par le Créateur, en ce qu'elle généralise à un certain degré les principes du droit naturel. Or cette thèse conduit Rousseau à dessiner un horizon qui va bien au-delà du donné factuel que le *Contrat social* doit rendre légitime (et dont il permet avant tout de mesurer la légitimité en fonction des États). C'est d'un horizon simplement virtuel qu'il est en effet question dans le *Manuscrit de Genève* – la loi de la République prépare le droit de l'humanité, comme l'indique expressément un passage du manuscrit de Genève dans lequel l'appartenance du citoyen à sa patrie nous est présentée comme le moyen de concevoir la société générale du genre humain : « Nous concevons la société générale d'après nos sociétés particulières, l'établissement des petites Républiques nous fait songer à la grande, et nous ne commençons proprement à devenir hommes qu'après avoir été citoyens[2] ». Cette affirmation est certes compatible avec la critique rousseauiste des cosmopolites, auxquels Rousseau reproche de ne justifier leur amour pour la patrie que par le biais de leur amour pour l'humanité. Mais il est patent que l'établissement d'un droit des gens conforme à la justice humaine s'avère problématique dans les termes que le *Contrat social* met en place – il suffit sur ce point de s'en remettre aux explications de Rousseau lui-même, dans l'analyse de l'ouvrage produite en 1764: «Le patriotisme et l'humanité sont (…) deux vertus incompatibles dans leur énergie, et surtout chez un peuple entier[3] ». Sans doute un certain aspect du droit naturel raisonné est-il transféré, dans le *Contrat social*, à un autre domaine: le droit divin naturel dont parlait Grotius. Mais cela ne doit pas nous faire sous-estimer le changement fondamental survenant dans l'exposition de cette figure ultime et lointaine de la sociabilité – alors que, selon le chapitre supprimé du *Manuscrit de Genève*, elle dessine l'horizon des institutions politiques, elle ne constitue plus qu'un *addendum* marginal et fort discret dans le *Contrat social*.

Dans le cadre de notre enquête, il importe de souligner combien le *Manuscrit de Genève* relève de la même intention méthodologique fondamentale qui animait le *Discours sur l'inégalité*, plutôt qu'il ne met en œuvre les règles qui ordonneront la science du *Contrat social*. La considération (fût-elle problématique) de la sociabilité universelle confirme pleinement cette situation de l'ouvrage abandonné dans l'histoire du

1. *Discours sur l'inégalité*, Ire Partie, p. 126.
2. *Manuscrit de Genève*, liv. I, chap. II, p. 287.
3. *Lettres écrites de la montagne*, Lettre I, OC III, note**, p. 706.

corpus. En effet, la solidarité rigoureuse de l'hypothèse cosmopolitique et du rétablissement des règles du droit naturel généralise, au plan d'une citoyenneté en devenir, ce qui relevait de l'exception dans le *Discours sur l'inégalité* :

> (...) la commisération naturelle (...), perdant de société à société presque toute la force qu'elle avait d'homme à homme, ne réside plus que dans quelques grandes âmes cosmopolites, qui franchissent les barrières imaginaires qui séparent les peuples, et qui, à l'exemple de l'être souverain qui les a créés, embrassent tout le genre humain dans leur bienveillance [1].

Il n'est guère besoin de rappeler que de tels échos disparaissent dans le *Contrat social*, qui ne saisit précisément plus la citoyenneté comme un moment dans l'analyse génétique intégrale des relations morales.

L'effacement de l'horizon dessiné au chapitre II du livre I du *Manuscrit de Genève* et, corrélativement, la réorientation méthodologique qui, dans le *Contrat social*, commande l'exposé cohérent (mais toujours partiel) des institutions politiques, conspirent dans un même mouvement qui imprime des traces plus discrètes dans les passages communs aux deux ouvrages. Relisons à cet égard les premières lignes des chapitres consacrés à la loi, où les ajouts et les suppressions s'ordonnent rigoureusement au recentrement de la perspective sur l'État, sans égard aux dispositions originaires ou à la destination de l'homme :

> Ce qui est bien et conforme à l'ordre est tel par la nature des choses et indépendamment des conventions humaines. [|] Toute justice vient de Dieu, lui seul en est la source; mais si nous savions la recevoir de si haut nous n'aurions besoin ni de gouvernement ni de loi. Sans doute il est [*Manuscrit de Genève* : « pour l'homme », qui n'est plus considéré de façon générique dans le *Contrat social*, au moins au titre de sujet du pacte] une justice universelle émanée de la raison seule [*Manuscrit de Genève* : « et fondée sur le simple droit de l'humanité »]; mais cette justice pour être admise [*Contrat social* : « entre nous »] doit être réciproque [2].

Le recentrement sur les citoyens de l'État (« pour nous ») répond ainsi à l'effacement textuel de l'homme en général et du droit de l'humanité. Rousseau passe donc sous silence, dans le texte définitif du *Contrat social*, la réminiscence d'une identification acquise dans le second *Discours*, répétée et problématisée dans l'*Émile*, entre l'amour de l'humanité et une justice universelle fondée dans l'ordre. D'une façon encore plus

1. Second *Discours*, IIe partie, p. 178.
2. *Manuscrit de Genève*, liv. II, chap. IV, p. 326; *Contrat social*, liv. II, chap. VI, p. 378.

significative, il élimine la mention d'un «droit de l'humanité» qui, à terme, pourrait s'expérimenter au-delà d'une communauté déterminée. En 1762, il n'est plus question d'envisager, fût-ce au titre d'horizon *plus ultra*, la conclusion du pacte comme la mise en œuvre simplement préliminaire du droit de l'humanité, dont la mention est, quant à la méthode, liée à la double perspective généalogique et anticipatrice du chapitre supprimé du *Manuscrit de Genève*.

Il nous semble possible de tirer une conclusion de cette évolution, du moment que l'on articule l'inflexion méthodologique et la modification des thèses effectivement exposées : l'abandon d'un empirisme génétique au profit d'une interrogation sur la légitimité des choses politiques sanctionne la prise de conscience de la fragilité d'une généralisation sans reste des sentiments moraux – l'esprit, comme la vertu, manquent de prise à cette aune.

2) Quels sont les bénéfices concrets des changements que nous avons mis en lumière ? Une fois compris ce qui disparaît du *Manuscrit de Genève* et qui s'inscrivait dans la suite du *Discours sur l'inégalité*, il nous faut cerner ce qui, à l'inverse, se trouve développé dans le texte de 1762. Or les intentions explicites de Rousseau dans les deux ouvrages s'énoncent en des termes manifestement divergents. Le premier texte insiste sur la théorie de la souveraineté populaire et sur les lois politiques, en mettant expressément de côté ce qui relève de l'administration : « Il n'est donc point ici question de l'administration de ce corps mais de sa constitution. Je le fais vivre et non pas agir [1] ». Une lecture simpliste de la comparaison mécaniste qui suit consisterait à penser que l'administration ne désigne que le fonctionnement strictement particulier de chaque société politique. C'est à ce prix, en tout cas, que certains commentateurs (ainsi R. Derathé) ont pu feindre une stricte compatibilité entre la définition du domaine étroitement circonscrit dans le *Manuscrit de Genève* et les premières lignes du *Contrat social* qui, à l'évidence, portent pourtant la marque d'une inflexion nette : « Je veux chercher si dans l'ordre civil il peut y avoir quelque règle d'administration légitime et sûre [2] ». Toute décision interprétative suppose donc de s'entendre sur ce que désigne l'administration. Le sens du terme (et singulièrement son emploi dans les discussions théologico-politiques) atteste qu'elle est par excellence, et depuis Cicéron, ce qui fait l'objet d'une dévolution. Concrètement, l'administration comprend nécessairement la dimension de

1. *Manuscrit de Genève*, liv. I, chap. I, « Sujet de cet ouvrage », p. 281.
2. *Contrat social*, liv. I, p. 351.

l'exécutif et, plus précisément, de l'exécutif sans l'*imperium*[1]. Elle intervient lorsqu'on pense le gouvernement comme office au service d'autre chose que lui-même. Qu'en résulte-t-il pour l'estime de la concordance entre les deux ouvrages? On accordera certes que l'annonce du sujet, dans le *Contrat social*, porte *en partie* sur la souveraineté, car l'administration engage, plus que le gouvernement, son rapport avec la volonté générale qu'il doit servir[2]. Sous ce biais, les deux livres convergent évidemment dans l'étude d'un objet essentiel; mais leurs orientations explicites ne convergent pas pour autant. Ce qu'indique à tout le moins Rousseau, au début du *Manuscrit de Genève*, c'est qu'il ne sera pas question d'un certain aspect du gouvernement qui, pourtant, le définit dans sa spécificité, *i.e.* en tant qu'il est *exercice* de la dévolution dont il procède. De surcroît, cette exclusion implique celle de l'histoire des États dans sa dimension positive, puisqu'ils ne manquent jamais de dégénérer par l'évolution de leurs magistratures, en tant précisément qu'elles s'exercent. La comparaison de ces déclarations préliminaires permet ainsi de cerner, fût-ce de façon programmatique, le terrain conquis dans le texte de 1762 : le *Contrat social* assume et, peut-être, s'ordonne à un problème que Rousseau situa d'abord à la marge de ce dont il doit être question au plan de l'élucidation des principes – le gouvernement dans toutes les dimensions de sa nature, et non simplement en ce qu'il dépend d'une souveraineté qu'il ne possède pas en droit.

Cette hypothèse reçoit une première confirmation décisive de la composition même du *Manuscrit de Genève* : l'état factuel dans lequel il nous est connu coïncide en effet avec les limites de son développement systématique. Et celles-ci surviennent précisément lorsque se trouve abordée la question du gouvernement, sur laquelle Rousseau se contente de précisions méthodologiques en soulignant la difficulté du sujet et l'attention qu'il requiert de la part du lecteur – procédé unique dans l'ouvrage, mais dont la répétition dans le *Contrat social* atteste que nous sommes ici confrontés à un problème particulier. La seule thèse, qui clôt le texte, est

1. « Si Principum Ethnicorum est dominari, non est igitur Christianorum dominium. Quid est autem quod ait. Non sic erit inter uos, nisi, non eodem modo fieri conuenit inter Christianos, inter quos Principatus administratio est non imperium : et regnum beneficium est, non tyrannis » (Érasme, *Institutio Principis Christiani*, I, 64).

« Sic est iudicandum, maximas gero res et maximi animi ab iis qui res publicas regant, quod earum administratio latissime pateat ad plurimosque pateat [...] » (Cicéron, *De Officiis*, I, 26).

2. C'est le point de vue de B. Bernardi dans son édition du *Contrat social*, Paris, GF-Flammarion, 2001, note 6, p. 182.

négative : « (...) la puissance exécutive ne peut appartenir au peuple[1] ». Tout reste donc à écrire, c'est-à-dire à penser, s'agissant de l'articulation effective entre le souverain et les magistrats, qui détermine l'évolution des sociétés politiques.

D'un ouvrage à l'autre, la théorie du gouvernement demeure un point de virulence dans l'exposé des *Institutions politiques*, car elle incarne le double passage de la souveraineté à l'office dévolu et des principes à l'histoire; mais Rousseau adopte une nouvelle perspective qui permet d'inclure l'expérience politique dans le système. Aussi ce changement n'est-il nulle part plus lisible que dans l'usage des ressources rhétoriques et, en l'occurrence, des comparaisons qui servent l'exposition. Considérons en particulier les énoncés qui, dans les deux ouvrages, annoncent l'étude des diverses magistratures et qui situent le problème à son véritable étiage – celui de la métaphysique : « Comme dans la constitution de l'homme l'action de l'âme sur le corps est l'abîme de la philosophie, de même l'action de la volonté générale sur la force publique est l'abîme de la politique dans la constitution de l'État[2] » ; puis : « (...) sans entrer dans ces pénibles recherches qui font la science du législateur, achevons de fixer l'idée de l'état civil[3] ». On doit être très frappé de constater que ce qui nous est ainsi donné comme une aporie est repris au titre éminent de *raison* dans le *Contrat social* – entendons d'une part que l'analogie avec l'union de l'âme et du corps désigne au plus près une liaison étroite entre le souverain et le gouvernement en laquelle ils ne se confondent pas; d'autre part, et surtout, qu'il est désormais possible, sans les confondre, d'examiner le détail de leur correspondance, ou d'avancer dans le décodage des ressorts de leur union :

> Il faut (...) à la force publique un agent propre qui la réunisse et la mette en œuvre selon les directions de la volonté générale, qui serve à la communication de l'État et du souverain, qui fasse en quelque sorte dans la personne publique ce que fait dans l'homme l'union de l'âme et du corps. Voilà quelle est dans l'État la raison du gouvernement, confondu mal à propos avec le souverain, dont il n'est que le ministre[4].

La comparaison, loin de désigner un problème qui échoirait au seul législateur (comme dans le *Manuscrit de Genève*), devient productive et sert l'intelligence de la liaison entre le souverain et le gouvernement,

1. *Manuscrit de Genève*, liv. III, chap. I, p. 335.
2. *Ibid.*, liv. I, chap. IV, p. 296.
3. *Ibid.*, p. 297.
4. *Contrat social*, liv. III, chap. I, p. 396.

précisément parce que cette relation reçoit une raison, ou peut se déterminer selon différents rapports (nous reviendrons sur le principe de cette analyse).

Résumons. La méthode génétique du *Manuscrit de Genève*, qui est liée à une interrogation sur la généralisation ultime des sentiments moraux, rencontre un véritable abîme dans la question de *l'application* de la volonté générale à la force publique et, partant, dans les déterminations de celle-ci. Disons en somme que l'histoire hypothétique sur laquelle s'appuie encore cet ouvrage n'atteint pas l'historicité déterminée des États constitués. Le *Contrat social*, en revanche, met entre parenthèses le domaine relevant de la méthode analytique du second *Discours* et il s'accomplit dans l'examen des institutions positives. Celles-ci nous renseignent sur la nature des États plutôt que sur leur origine [1] et elles font émerger, dans les variations qui les affectent, une histoire effective où les principes du droit politique sont en quelque sorte éprouvés – en ce sens précis qu'ils permettent d'évaluer les états successifs des formes politiques.

De quelle histoire s'agira-t-il *in concreto*? Le commentaire détaillé de l'exemple romain, au livre IV du *Contrat Social*, n'appartient pas au programme de notre enquête. Soulignons cependant, à la lumière de l'interprétation qui vient d'être proposée, que ces chapitres sous-estimés, loin de représenter une digression dans le traité de 1762, appartiennent de plein droit à l'exposé *systématique* : s'il est vrai, comme nous l'estimons, que ces données historiques font pendant à la quasi-disparition des hypothèses sur les circonstances du passage de l'état de nature à l'état civil, alors il ne faut pas feindre quelque dichotomie tranchée entre le niveau des principes et celui des éléments factuels. Tout au contraire, ces principes ne révèlent leur puissance que dans les contraintes de l'empiricité. Cette articulation, selon nous, est tout spécialement lisible dans le chapitre consacré à la tyrannie, qui exhibe les deux axes dont la promotion caractérise le passage du *Manuscrit de Genève* au *Contrat social* – disons même qu'il met en abîme les enjeux méthodologiques spécifiques de l'ouvrage publié.

1) Sous les deux formes que distingue Rousseau dans l'histoire romaine (augmenter l'activité de l'exécutif ou suspendre les lois), le recours à la dictature pose dans toute sa virulence le problème des

1. Quoi qu'en ait dit Rousseau par ailleurs, l'enquête hypothétique sur l'origine des choses ne suffit plus pour nous renseigner sur leur nature, même si, en droit, les deux sont complémentaires : tout ce que nous croyons avoir montré tient en ceci, que cette complémentarité, à partir d'un certain moment, n'est plus réalisable en fait.

compétences du gouvernement. De surcroît, comme le souligne B. Bernardi dans son édition du *Contrat social*, le fait même que le pouvoir dictatorial ne se conçoive jamais dans la durée, puisqu'il répond à une crise dans l'État – ce fait le rapproche « de la souveraineté et de son immédiateté. Là est le suprême danger : plus que toute forme de gouvernement, [la dictature] peut usurper des droits du souverain[1] ». En nulle autre situation le recours *bien fondé* à une forme exceptionnelle de gouvernement ne peut, soit sauver l'État soit le vider de sa substance; or l'issue de ce recours dépend à double titre de conditions strictement empiriques : car ce sont les circonstances qui le justifient et c'est l'état des mœurs[2] qui, relatif à l'époque où l'on nomme le dictateur, prévient ou non la patrie contre le danger de son installation.

2) Dans notre perspective, l'examen de la dictature met précisément en lumière l'une des orientations essentielles de la version définitive du *Contrat social*, par laquelle son cheminement s'écarte de la voie génétique qui dominait ou, peut-être, encombrait encore le *Manuscrit de Genève* : tout doit désormais conspirer à étendre l'intelligence des principes aux conditions de leur application. Or l'admirable présentation donnée par Rousseau, s'agissant de la dictature, passe de façon naturelle du problème concret que doit résoudre cette forme de gouvernement à la quasi-formalité de ce problème – des difficultés rencontrées en temps de crise dans l'application des lois à la dichotomie entre deux temporalités :

> L'inflexibilité des lois, qui les empêche de se plier aux événements, peut en certains cas les rendre pernicieuses, et causer par elles la perte de l'État dans sa crise. L'ordre et la lenteur des formes demandent un espace de temps que les circonstances refusent quelquefois[3].

Encore est-ce trop peu dire, pour commenter ces lignes, que de parler du temps des lois et du temps de la crise, car leur parallélisme est précisément impossible. En réalité, le rapport harmonieux des lois aux conditions empiriques de leur application est ordonné par une temporalité que ces deux niveaux doivent avoir en commun – car la lenteur est bien celle des formes et elle requiert une certaine durée empirique. La thèse est ainsi énoncée autour d'un demi-chiasme (la *lenteur* des formes, l'espace de *temps*) qui exprime en une saisissante brièveté l'intrication, dans la vie de l'État, du formel et des circonstances données. Autorisons-nous une

1. B. Bernardi, note 265 à son édition, p. 238.
2. *Contrat social*, liv. IV, chap. VI, p. 456.
3. *Ibid.*, p. 455.

remarque supplémentaire. Rousseau constitue le temps historique en un véritable matériau que les lois requièrent pour s'appliquer: « l'espace de temps », c'est-à-dire non seulement l'intervalle durant lequel se développe la vie normale de l'État, mais ce temps en ce qu'il acquiert une consistance objective et presque matérielle.

3) Les commentaires que nous venons de proposer sur la période de perfectionnement des *Institutions politiques* autorisent selon nous deux conclusions fermes, qu'il faut prendre en compte pour enrichir notre compréhension de la méthode de Rousseau.

D'une part, ce qui, dans le *Manuscrit de Genève*, inscrit l'institution politique sous l'horizon de la « grande société » du genre humain se trouve neutralisé d'une façon très originale: si l'on veut bien comprendre l'inachèvement de ce texte non point comme ce qui en disqualifie les thèses spécifiques mais comme ce qui les modalise, l'ouvrage est renvoyé au rang de la simple possibilité abstraite, plutôt que révoqué. Autrement dit, si l'on reconnaît dans le *Manuscrit de Genève* un texte possible, on dira très rigoureusement que celles des thèses qu'il expose et qui ne sont pas reprises en 1762 ne sont pas abandonnées mais, du point de vue de la modalité, qu'elles sont révélées *problématiques*[1]. Ajoutons que, dans ce cas précis comme pour ce qui concerne la théorie de l'homme dans son ensemble, ce dont le statut modal doit être ainsi désigné réside dans la *généralité* comme telle et, en l'occurrence, dans la quantité maximale des affections morales.

D'autre part, dans l'abandon du *Manuscrit de Genève* et dans les choix assumés du *Contrat social*, il y va en quelque sorte d'un passage à l'existence d'un livre, mais aussi de son sujet, puisque nous quittons une détermination métaphysique (elle a affaire à l'abîme de la philosophie) des institutions politiques, du double point de vue du décodage de leur origine sous les faits ainsi que d'une assignation de leur horizon pour l'humanité, afin de suivre l'élaboration d'une norme immanente, qui fait sa place à l'histoire (celle des Romains est explicitement convoquée: nous allons y revenir) et à la question du destin concret des États, amplement lié à celui des gouvernements. Du strict point de vue de la méthode, il est possible de caractériser le changement survenant dans l'examen des principes du droit politique comme un passage de leur horizon *externe* (focalisé par l'origine des relations sociales et dessiné par le droit naturel raisonné) à l'horizon

1. Nous avons conscience de leur statut de simple possibilité: Kant, *Logique*, § 30, trad. fr. L. Guillermit, Paris, Vrin, 1982, p. 118-119 (Ak IX, p. 108).

interne de la théorie exposée dans le *Contrat social*: enracinée dans l'analyse de l'état social, la perspective se resserre à l'intérieur d'un domaine dont l'existence empirique des gouvernements dessine les bornes – plutôt qu'à sa *genèse*, c'est aux structures *constitutives* et à l'évolution de l'État que s'applique Rousseau.

C'est ainsi que, dans le plus magistral extrait donné par Rousseau de ses *Institutions politiques*, c'est-à-dire dans le *Contrat social*, la question de *l'application* devient centrale et, avec elle, celle de *l'histoire effective*, ou de l'histoire de l'effectivité des institutions. Sortons-nous pour autant du cadre méthodologique de l'empirisme ? Cela ne fait guère de doute si l'on ne considère que le modèle de l'analyse génétique élaboré par Condillac ; mais il nous semble permis de reconnaître, dans les deux dimensions qui orientent l'exposé canonique des principes du droit politique, les caractères très généraux d'un empirisme de la constitution dont nous avons montré ailleurs l'importance pour l'interprétation du problème de la connaissance au XVIIIe siècle : d'une part, la généalogie détaillée des premiers principes d'une théorie (l'histoire hypothétique des relations sociales) s'efface au profit de l'examen des relations d'applicabilité qui l'encadrent – celles qu'elle entretient avec d'autres théories (qu'il s'agisse de l'économie politique ou, selon B. Bernardi, de la chimie) et celles qui articulent les principes à l'expérience. D'autre part, ces relations sont référées à une histoire positive qui fournit une assise empirique à l'ensemble du système – et il faut ici prendre en considération, outre les chapitres explicitement consacrés aux institutions romaines, les déclarations plus tardives de Rousseau sur le gouvernement de Genève, qui sont données au titre d'une analyse du *Contrat social*: « J'ai donc pris votre constitution, que je trouvais belle, pour modèle des institutions politiques, et vous proposant en exemple à l'Europe, loin de chercher à vous détruire j'exposais les moyens de vous conserver[1] ». Ce passage sous-estimé par les commentateurs[2] inscrit doublement la théorie politique de 1762 dans un régime d'intelligibilité foncièrement historique : d'une part, la référence genevoise intervient pour fournir aux principes du droit politique un point d'application qui ne peut plus se tirer des exemples antiques[3] – notons

1. *Lettres écrites de la montagne*, Lettre VI, OC III, p. 809.

2. On consultera néanmoins le commentaire de G. Silvestrini, « Républicanisme, contrat et gouvernement de la loi », *Les Cahiers philosophiques de Strasbourg*, tome 13, 2002.

3. « Les anciens peuples ne sont plus un modèle pour les modernes; ils leur sont trop étrangers à tous égards. Vous surtout, Genevois, gardez votre place, et n'allez point aux objets élevés qu'on vous présente pour cacher l'abîme qu'on creuse au-devant de vous » (*Lettres écrites de la montagne*, Lettre IX, p. 881).

qu'ainsi, l'éloignement de l'histoire romaine du *Contrat social* lui confère un caractère d'abstraction qui l'investit d'une fonction proprement théorique. Pour se convaincre qu'elle ne sert pas de simple illustration, il suffit de noter qu'elle est convoquée pour traiter de façon technique le problème des « rapports qu'on peut donner à la pluralité pour prononcer[1] », c'est-à-dire la question décisive de l'expression de la volonté générale dans les suffrages. D'autre part et surtout, le *modèle* que Genève met à disposition n'a de sens que dans la perspective d'une enquête sur la *conservation* des institutions. Autrement dit, Rousseau ne suggère nullement que les principes eux-mêmes seraient tirés de l'exemple de Genève, qui se substituerait en quelque sorte à la notion de la nature même de l'État; c'est bien plutôt leur applicabilité (c'est-à-dire la question du gouvernement) qui est modélisée à travers cette référence, sous le double point de vue de la conservation provisoire des institutions et du rythme de leur dégénérescence. Genève rend lisible l'enchaînement et la durée des phénomènes dont tous les États concrets fournissent des échantillons fragmentaires. S'il revient à l'histoire romaine de déterminer théoriquement le problème du devenir des gouvernements, Genève permet aux modernes d'en acquérir une vue synoptique et concrète: la beauté de la constitution genevoise demeure manifeste, cependant que la défiguration des institutions est désormais déchiffrable. À nos yeux, il n'est guère possible de prendre au sérieux l'idée que Genève a rang de « modèle » pour le *Contrat social* qu'en mobilisant cette seconde figure de l'empirisme des Lumières, où les leçons de l'histoire sont constamment requises pour instruire le recentrement de l'enquête sous ce que nous désignons comme l'horizon interne d'une théorie.

Ce basculement permet également de cerner l'attitude de Rousseau lorsqu'il aborde les théories positives auxquelles il apporte des contributions plus ou moins nouvelles. Nous avons fait allusion à la chimie: davantage que par ses procédures d'analyse qui, selon nous, ne se rapprochent que par homonymie des raisonnements employés en philosophie, cette science nous importe en ce qu'elle illustre les dispositifs généraux soutenant le progrès d'une théorie. À bon droit, on s'est beaucoup soucié de reconnaître dans les *Institutions chimiques* l'expression d'un effort commun aux auteurs du milieu du XVIIIe siècle pour dégager les règles et les concepts spécifiques de cette science et, partant, pour se détacher du paradigme mécaniste. Mais il n'est pas toujours aperçu en toute clarté que

1. *Contrat social*, liv. IV, chap. II, p. 441.

cette autonomie, pour n'être pas simplement proclamée, postule l'instauration de nouvelles relations entre la chimie et les autres sciences : on ne prétendra certes plus la dériver de leurs premiers principes, mais on s'emploiera à mettre en place les conditions d'une application réciproque entre ces différentes théories, en adoptant le double point de vue de leur déploiement historique et des conclusions établies dans chaque domaine. Pour utiliser une distinction qui sera explicitée dans les textes pré-critiques (empiristes, à cet égard) de Kant[1], disons que s'il est infécond d'imiter la physique (expérimentale) en chimie, il reste que le progrès de ces sciences s'ordonnera à l'application de l'une à l'autre :

> Ces deux études ne doivent (...) point être séparées, elles doivent s'aider mutuellement dans les recherches qu'elles se proposent, et le meilleur moyen d'arriver à chacune des deux est de les faire marcher ensemble de pas égal, et à l'imitation de nos plus grands philosophes modernes de faire servir les découvertes du physicien à perfectionner les opérations du chimiste, et de pénétrer par les lumières de la chimie dans les mystères de la physique expérimentale[2].

Une telle vision de la connexion des sciences ne va pas de soi et nous avons suivi ailleurs le mouvement de son émergence; l'essentiel est de retenir qu'elle donne corps, au siècle des Lumières, à une position empiriste cohérente en philosophie des sciences. Il est certes douteux qu'une telle épistémologie des théories positives s'accorde avec l'ambition réductionniste de l'analyse, tout spécialement dans le versant progressif où il s'agirait de rendre raison de toutes les étapes de la constitution d'un objet hautement élaboré; mais l'évolution de Rousseau, dans le choix d'une méthode pour l'exposé des *Institutions politiques*, incarne à nos yeux la prise de conscience la plus fine de cette tension essentielle qui se constitue à l'intérieur de l'empirisme[3].

1. Voir par exemple l'*Essai pour introduire en philosophie le concept de grandeur négative*, Avant-Propos, Paris, Vrin, 1991, p. 13 (Ak II, p. 167).

2. *Institutions chimiques*, éd. par B. Bernardi et B. Bensaude-Vincent, Paris, Fayard, « Corpus des œuvres de philosophie en langue française », 1999, p. 10.

3. D'autres textes portent témoignage de cette réflexion, largement inspirée par d'Alembert, sur la connexion des sciences – ainsi, dans les *Confessions*, cette page dont nous exposerons les thèses dans le troisième point de ce chapitre, à propos de l'itinéraire (théorique et biographique) conduisant de la méthode expérimentale à la physique systématique : « Pour peu qu'on ait un vrai goût pour les sciences, la première chose qu'on sent en s'y livrant c'est leur liaison qui fait qu'elles s'attirent, s'aident, s'éclairent mutuellement, et que l'une ne peut se passer de l'autre » (OC I, p. 234).

LE PARTAGE DES EAUX : EXPLIQUER LE JUGEMENT

Le manque d'une attention scrupuleuse à la méthode que Rousseau mobilise et puis dépasse a produit un effet de nivellement chez de nombreux lecteurs : les déplacements très fins qui structurent l'*Émile*, au-delà de l'ordre systématique si peu dissimulé dans la Préface, ont échappé à ceux qui, de loin les plus nombreux, ne se sont attachés qu'aux leçons de métaphysique de la Profession de foi, comme si Rousseau en venait tout de suite à cette explication du jugement – c'est là négliger, une fois encore, son usage original de l'analyse.

Le point qui doit à présent nous intéresser concerne le passage de ce que Rousseau nomme les « sensations représentatives » aux idées proprement dites – point d'inflexion dans l'histoire de l'individu, puisqu'il marque l'apparition d'une authentique activité dans la relation du sujet au monde perçu; point de virulence philosophique, également, car Rousseau attribue la formation des idées au jugement effectué par la réflexion et, par là, il prend position dans un débat crucial sur les deux sources de connaissance distinguées dans l'*Essai concernant l'entendement humain* de Locke : songeons aux interventions majeures de Leibniz et de Condillac[1]. Le problème est alors celui de savoir si la puissance mentale qui manipule les impressions sensibles et reçoit le titre de réflexion est elle-même dérivable des modifications de la sensation ou si elle exprime une faculté *sui generis* qu'on ne saurait reconduire à la réceptivité primitive de l'esprit. On sait bien que l'auteur de l'*Émile*, contre Condillac, retient cette seconde hypothèse; mais outre que cette décision n'entraîne pas nécessairement telle ou telle prise de position sur la nature de l'esprit[2], nous le verrons, il convient d'abord de souligner que, chez Rousseau lui-même, elle n'est pas si étroitement liée à l'examen du jugement que le vicaire veut le donner à croire.

Une juste compréhension des enjeux méthodologiques du passage de la sensation au jugement – ou des images aux idées, ou des sensations aux

1. Notre interprétation de cette histoire se trouve dans la première partie d'*Empirisme et théorie de la connaissance*.

2. Ainsi les objections que Diderot adresse au versant noétique de la théorie du jugement d'Helvétius sont-elles fort proches, dans leur détail, des critiques formulées par le vicaire savoyard. Voir la *Réfutation suivie de l'ouvrage d'Helvétius intitulé l'Homme*, rédigée entre 1773 et 1775, et dont les premières pages paraissent dans la *Correspondance littéraire* de Grimm de 1783; *Œuvres complètes* par J. Assézat, Nendeln, Kraus Reprint, 1966, t. II, p. 335.

véritables perceptions[1] – nous semble en réalité requérir que soient successivement adoptés une vue plus générale et un regard bien plus précis sur les textes de Rousseau.

1) Suivant la perspective d'une estimation globale du projet empiriste, les pages du livre II de l'*Émile* consacrées à l'apparition et à la culture du jugement sont marquées par la conscience aiguë d'une difficulté qui se trouvera érigée, jusqu'au XXe siècle, en obstacle infranchissable sur la voie génétique de l'empirisme. Il est aujourd'hui courant de dire que la sensation originaire postulée par les empiristes pour construire toutes les connaissances n'est qu'une abstraction et qu'on ne la rencontre jamais comme telle. Nous n'avons affaire qu'à des expériences perceptives dont l'organisation est irréductible aux éléments que les empiristes cherchent en vain dans des sensations inapparaissantes, au point qu'il faudrait conclure, par exemple avec Sartre, que la sensation n'existe pas : « Reste à expliquer pourquoi la perception renferme *davantage* [que ce que nous voyons]. Le problème serait simplifié si l'on voulait bien renoncer, une fois pour toutes, à cet être de raison qu'est la sensation pure[2] ». Le fait, en l'occurrence, est introuvable. Ce constat a-t-il cependant échappé aux auteurs qui nous intéressent? On ne relève jamais le fait que, chez Condillac ou chez Rousseau, la genèse a des effets rétroactifs : chaque nouvelle étape modifie celles qui furent parcourues[3], jusqu'à les faire disparaître. Dès le moment que l'homme a de véritables idées, qui organisent les sensations (pourvues contre Malebranche d'un caractère représentatif) des choses selon des rapports, il n'a plus *que* des idées, et les sensations lui échappent définitivement – la déclaration la plus claire, en ce sens, se trouve au livre III de l'*Émile* : « (...) sitôt que l'esprit est parvenu jusqu'aux idées, tout jugement est un raisonnement. La conscience de toute sensation est une proposition, un jugement[4] ». Il est donc normal, selon les principes d'un empirisme conséquent, que la sensation, rassemblant les caractères de donation et de

1. Nulle hésitation dans le lexique de Rousseau, en l'occurrence : les perceptions sont toutes de véritables idées, puisqu'elles enveloppent nécessairement le jugement d'un rapport entre les sensations.

2. *L'Imaginaire*, IIIe Partie, p. 233.

3. Ainsi en va-t-il de la mémoire, qui rassemble pour l'entendement les matériaux auxquels il s'appliquera – au reste, la rectitude du jugement tient tout entière à l'ordre dans lequel ils auront été présentés par le gouverneur pour s'imprimer dans la mémoire (*Émile*, liv. I, p. 284). Mais la suite de l'analyse impose de comprendre que l'entendement contribue au perfectionnement de la mémoire qui l'a rendu possible : « Quoique la mémoire et le raisonnement soient deux facultés essentiellement distinctes; cependant l'une ne se développe véritablement qu'avec l'autre » (*Émile*, liv. II, p. 344).

4. *Émile*, liv. III, p. 486.

détermination élémentaires qui justifient d'arrêter à son niveau la décomposition philosophique de l'expérience, ne se donne pas en personne à l'esprit qui réfléchit l'histoire qu'il a parcourue. Elle est, en somme, principe d'intelligibilité de ce qui l'abolit. La question n'est pas de savoir si ce dispositif est ou non convaincant; l'essentiel est d'apercevoir le décalage sur lequel se construit la critique (par exemple) phénoménologique de la sensation, qui dénonce son caractère abstrait. C'est que, chez les auteurs qui nous occupent, la sensation n'est pas au sens strict un phénomène – on notera d'ailleurs que l'expérience même ne commence pas avec elle, chez Condillac : celle-ci suppose, modifiant la sensation, l'apparition de la conscience, de l'attention et de la réminiscence[1]. Quant à son statut conceptuel, la sensation des empiristes n'est *pas un phénomène*, mais un *fait*, et un fait qui doit être construit : c'est le sens même de la fiction, comme fabrication raisonnée du fait primitif qui rend intelligible l'état présent des choses. Ainsi que nous l'avons suggéré dès l'introduction de ce livre, cette élaboration livre le vrai sens des multiples descriptions que les empiristes ont, en tous domaines, consacrées à des origines qui n'ont « peut-être jamais existé », mais qui permettent de déchiffrer un ordre donné; peut-être cela élève-t-il d'ailleurs les théories du contrat social originel au rang de paradigmes pour les autres fictions, fussent-elles gnoséologiques.

Dans le cas qui nous intéresse, il est donc nécessaire que les simples images des choses n'apparaissent plus comme telles dès lors que le jugement s'y applique pour former les idées qui, pourtant, dérivent de ces représentations isolées. Ce n'est pas que Rousseau perde de vue le plan de l'expérience en subordonnant de cette façon la formation des idées à l'estime des rapports abstraits qu'entretiennent leurs objets : il tâche au contraire de s'y maintenir en affirmant que l'individu, dans ce nouvel état, n'a plus de *sensations* mais de véritables *perceptions*. La question ne se pose pas encore, de savoir si cette perception teintée de raisonnement et constituée par lui mérite encore son titre aux yeux de Rousseau lui-même. L'essentiel est plutôt de reconnaître, dans les pages très denses de l'*Émile* consacrées à cette évolution, la prise en vue très nette et le traitement conséquent du problème rencontré par un empirisme méthodique, qui se réclame de faits positifs et donnés (la sensation) dont il doit également expliquer l'évanouissement phénoménal.

1. Voir notre article : « Le sens de l'expérience dans l'empirisme des Lumières : le cas de Condillac », *Quaestio : annuario di storia della metafisica*, « L'Expérience », a cura di Costantino Esposito e Pasquale Porro, Bari-Turnhout, Brepols, 2005.

2) La décision de Rousseau est donc très consciente d'elle-même et des problèmes fondamentaux de la démarche génétique, lorsqu'il s'agit de se prononcer sur le progrès qui élève l'individu au-dessus du plan des images ou sensations représentatives. Encore devons-nous comprendre pourquoi elle s'énonce dans les termes d'un accès aux *idées*, qui ajoutent aux sensations la considération de leurs *rapports*. Et il faut, sur cette question, abandonner le point de vue global, qui se révélerait trompeur – non absolument faux, certes, car il inscrirait Rousseau dans la suite du paradigme mis en place par Descartes; mais il manquerait en réalité de profondeur historique, pour ne tenir aucun compte de la distance séparant Rousseau des diverses sources qu'il mobilise indéniablement. Or cette distance et les médiations qui la creusent sont la raison même de la réactivation, dans l'*Émile*, d'une conceptualité cartésienne. Rousseau s'adresse à ses contemporains et, en la circonstance, à Condillac lorsqu'il choisit de restaurer l'idée dans une spécificité que conteste l'auteur du *Traité des systèmes*. Les sources, en somme, n'irriguent pas sans détour les passages que nous étudions; et cette sinuosité qui fait l'histoire rend seule vraiment intelligible la théorie elle-même.

Tout part, selon nous, d'une critique assez dérivée que Condillac dirige contre une définition de l'idée fournie par la *Logique* de Port-Royal et qui, à l'évidence, est tenue pour emblématique de la conception cartésienne en général. Critique dérivée, soulignons-le, car la clarification du statut de l'idée que revendique Condillac et qui donne lieu à cette réfutation est le bénéfice purement notionnel d'une thèse seule fondamentale, qui affirme la réduction *de jure* de toutes les pensées à leur origine sensible : « (...) dans le système que toutes nos connaissances viennent des sens, rien n'est plus aisé que de se faire une notion exacte des idées[1] ». La solidité du principe explicatif privilégié tient à ce que, dans ce contexte, les idées sont toutes référées à un contenu positif originel – c'est également vrai des idées générales qui, pourvu qu'on les comprenne adéquatement, ne sont obtenues que par abstraction à partir d'un donné sensible : « (...) en partant de ce que l'on sent, on part de quelque chose de déterminé[2] ». Au contraire, en ce qu'elles dépassent en droit les circonstances particulières de la perception sensible et, à ce titre, en ce qu'elles présentent le caractère d'une généralité irréductible, les idées innées ne correspondent pour cette raison même à aucune expérience *déterminée* : « (...) dans le système des idées

1. *Traité des systèmes*, chap. VI, Paris, Fayard, 1991, p. 62.
2. *Ibid.*

innées, on ne peut commencer que par quelque chose de vague[1] ». Notons que cette argumentation permet de comprendre que, bien après Locke, les empiristes des Lumières éprouvent la nécessité de répéter et de développer une critique de l'innéisme – cette attitude ne relève pas tant de positions métaphysiques que d'exigences gnoséologiques : il s'agit d'écarter la thèse suivant laquelle l'esprit humain aurait les moyens d'un accès direct à la généralité comme telle, là où le progrès des connaissances la désigne comme le résultat d'un processus. Le caractère illusoire de l'ambition prêtée aux « cartésiens » serait, comme toujours chez Condillac, mis en évidence par les ambiguïtés de leur langue et, en l'occurrence, par l'obscurité de la définition de l'idée proposée dans la *Logique* de Port-Royal, citée en note : « Lors donc que nous parlons des idées, nous n'appelons point de ce nom les images qui sont peintes en la fantaisie, mais tout ce qui est dans notre esprit, lorsque nous pouvons dire avec vérité que nous concevons une chose, de quelque manière que nous la concevions[2] ». Il est clair que Rousseau valide un aspect essentiel de cette critique – ce qui, en elle, vise l'hypothèse d'un accès immédiat aux idées générales. Pourtant, il réhabilite contre Condillac la différence entre les simples images et les idées, telle qu'exprimée, par exemple, dans la *Logique* de Port-Royal. La situation s'avère donc assez complexe et doit être envisagée sous trois points de vue : 1) une fois rappelé le contenu rousseauiste de cette distinction, il faudra 2) en assigner la source et 3) comprendre pour quelle raison elle est opposée à Condillac, malgré toutes les proximités identifiables entre les noétiques de ces deux auteurs.

1) Le refus d'assimiler les idées ou les perceptions authentiques aux sensations représentatives qui, selon l'analyse rousseauiste, furent acquises avant la première mise en œuvre du jugement, présente deux aspects qu'il s'avérera très utile de distinguer. Cette dichotomie traverse les opérations de l'esprit, qui est actif ou passif, et le matériau auquel elles s'appliquent. D'un côté, il faut dégager (pour la première fois dans l'*Émile*, et bien avant la Profession de foi à laquelle il est fait référence : « Cela démontré ci-après[3] ») une différence nette entre la passivité du sentiment, qui produit des sensations représentatives ou des images, et l'activité de comparaison incombant au jugement, qui fait les idées et devra finalement être portée au compte d'une puissance active irréductible à la matière :

1. *Ibid.*
2. *Logique*, liv. I, chap. I, Paris, Gallimard, 1992, p. 35.
3. *Émile*, liv. II, p. 344.

> (...) les images ne sont que des peintures absolues des objets sensibles, et (...) les idées sont des notions des objets, déterminées par des rapports. Une image peut être seule dans l'esprit qui se la représente; mais toute idée en suppose d'autres. (...) Nos sensations sont purement passives, au lieu que toutes nos perceptions ou idées naissent d'un principe actif qui juge[1].

D'un autre côté, les idées se distinguent donc des images en ce qu'elles comportent des rapports qui les articulent les unes aux autres et qui font l'objet spécifique du jugement, au lieu que la perception et la première mémoire qui la suit ne saisissent au plus que des différences[2] – on citera sur ce point la formule efficace du manuscrit Favre: «(...) ce qui change la simple appréhension des objets en idées, c'est quand à l'image absolue de l'objet se joignent des rapports qui la déterminent[3] ».

2) Il est éclairant de rappeler les sources classiques de cette distinction, en laissant provisoirement de côté les textes des Lumières. Rappelons tout d'abord que la thèse d'une différence entre les images et les idées, en elle-même (indépendamment de la distinction substantielle dont le vicaire tentera d'administrer la preuve à partir de cette différence gnoséologique) est énoncée par Descartes:

> (...) je n'appelle pas du nom d'idée les seules images qui sont dépeintes en la fantaisie; au contraire, je ne les appelle point ici de ce nom, en tant qu'elles sont en la fantaisie corporelle, c'est-à-dire en tant qu'elles sont dépeintes en quelques parties du cerveau, mais seulement en tant qu'elles informent l'esprit même, qui s'applique à cette partie du cerveau[4].

Mais s'il est évidemment pertinent de mentionner Descartes (en raison du lexique) et Port-Royal (étant donné la médiation condillacienne et les références à la *Logique*), il s'avère plus éclairant de mettre en relation le dispositif précis mis en place par Rousseau avec les thèses malebranchiennes, dont les échos tardifs nous occuperont en détail dans la suite. À ce stade de l'enquête, nous ne songeons ni aux textes où l'oratorien s'emploie à distinguer entre sensation et idée, ni à ceux où il établit que les idées représentatives sont en Dieu et vues en lui, mais aux passages où Malebranche s'interroge sur celle(s) des opérations de l'esprit qui

1. *Émile*, liv. II, p. 344.

2. Voir la distinction entre *rapport* et *différence* dans les notes sur Helvétius: nous y reviendrons.

3. *Émile*, manuscrit Favre, p. 216.

4. *Secondes Réponses*, Abrégé géométrique des *Méditations*, *in* Œuvres publiées par C. Adam et P. Tannery, 11 vol., Paris, Vrin-CNRS, 1964-1974; édition notée AT avec indication du volume en chiffres romains: ici AT IX, p. 124.

s'applique(nt) aux idées. La connaissance n'a lieu qu'autant que l'esprit a rapport aux idées, et non aux simples sentiments qui pourtant peuvent l'instruire, par exemple sur sa spiritualité, sa liberté, etc. : « (...) il y a des différences essentielles entre connaître et sentir; entre les idées qui éclairent l'esprit, et les sentiments qui le touchent[1] ». Or ce qui se trouve précisément visé dans ces lignes concerne moins le dispositif représentatif, qui présuppose le statut archétypal des idées, que *la clarté* de la représentation, c'est-à-dire le fait qu'il soit possible d'y appréhender différents aspects dont on pourra juger les rapports. Pris « dans le sens le plus précis et le plus resserré », le terme d'idée est employé « pour tout ce qui représente la chose à l'esprit d'une manière si claire, qu'on peut découvrir d'une simple vue si telles ou telles modifications lui appartiennent[2] ». C'est sous ce point de vue que Malebranche définit l'évidence dont la connaissance est susceptible – c'est-à-dire précisément, en tant que la vision des idées s'accompagne, quand on les saisit dans leur spécificité, d'une opération de comparaison. Et c'est en ce sens que la connaissance est susceptible d'évidence : « Ne confondez jamais l'évidence, qui résulte de la comparaison des idées, avec la vivacité des sentiments qui vous touchent et qui vous ébranlent[3] ». Tel est, nous semble-t-il, le point essentiel que Rousseau a en vue : non simplement la différence cartésienne entre l'image et l'idée mais bien la dimension de comparaison, accessible au raisonnement, qui spécifie l'idée. Au-delà de ces distinctions fondamentales, la thèse suivant laquelle l'objet de l'évidence réside lui-même en un rapport se diffuse sans doute dans les conceptions les plus profondes de Rousseau.

3) Ces premiers repères étant fixés, il convient surtout de bien situer la position de Rousseau vis-à-vis de Condillac et des références utilisées dans le *Traité des systèmes*. Il n'est pas douteux que l'auteur de l'*Émile* reprend à son compte la critique empiriste d'une donation irréductible des idées générales, que les cartésiens défendraient en doit, sinon en fait. Certes, la proscription d'un saut de ce genre s'assortit chez Rousseau d'une certaine réhabilitation de l'innéité, à propos de l'instinct ou de la conscience; mais ces facultés, qu'il s'agit alors d'arracher aux variations de l'expérience en chacun, n'ont précisément pas pour vocation d'offrir un accès à quelque généralité que ce soit : tout au contraire, les états de conscience qui les expriment demeurent strictement relatifs à des contenus particuliers –

1. *Entretiens sur la métaphysique et sur la religion*, IIIe Entretien, § VII, éd. cit., t. XII, p. 68.

2. IIIe *Éclaircissement à la Recherche de la vérité*, t. III, p. 44.

3. *Entretiens sur la métaphysique*, IIIe Entretien, § VIII, p. 68.

respectivement à des circonstances ou à des cas, pourrions-nous dire. Pas davantage que Condillac, Rousseau n'admet donc que l'esprit humain soit capable d'accéder directement à la généralité comme telle. La question n'en est que plus brûlante, de savoir pourquoi il réintroduit une distinction nette entre les sensations représentatives et les idées, que l'abbé rejetait au motif du caractère quantitatif de l'idée innée; et l'enjeu est ici de comprendre les décisions les plus *fondamentales* de Rousseau en philosophie de la connaissance, même si elles ne s'entendent qu'en contexte – ou plutôt pour cette raison même. Ce n'est pas la critique formulée par Condillac qui est refusée, mais la thèse positive qui y conduit ainsi que son point d'application : en amont, le réductionnisme radical et, en aval, un aveuglement sur la spécificité de l'idée. Ce second volet de la démarcation rousseauiste ne pose plus guère de difficulté : la véritable spécificité de l'idée ne se trouve pas dans son aspect quantitatif (la généralité) mais dans le fait qu'elle porte sur des relations (des rapports). L'essentiel, désormais, consiste plutôt dans le refus de l'homogénéité, défendue par Condillac, des sensations et des idées.

La dichotomie entre les images et les idées recèle de lourdes implications pour l'interprétation de la genèse des dispositions de l'esprit humain chez Rousseau : Condillac tâche d'établir une continuité entre les sensations, les idées et les comparaisons, qui ne signifie pas que les unes se confondent avec les autres mais, plutôt, qu'elles sont toutes dérivables de la première; en revanche, l'*Émile* impute le passage des images aux idées à la mise en œuvre de ce que le livre II désigne déjà comme un principe actif irréductible à la combinaison des sensations et, pourrions-nous dire, analogue à la réflexion chez Locke.

Toutefois, telle que nous la livre ce premier exposé dans la théorie de l'homme, cette césure n'a pas été convenablement comprise. Selon l'analyse (et non, pour reprendre les termes mêmes de Rousseau, selon *l'explication*), en effet, elle se voit doublement estompée, d'une part par la thèse centrale qui commande ce passage et qui énonce l'influence rétroactive d'une certaine forme de raisonnement sur la mémoire qui lui donna son matériau et, d'autre part, par les modifications psycho-physiques que Rousseau associe, au livre II de l'*Émile*, au passage aux idées. Or tout doit en réalité nous conduire à faire provisoirement abstraction de la portée ontologique que Rousseau, dans la Profession de foi, tentera de donner à cette distinction des contenus de pensée. Ce point décisif a été totalement négligé et l'on semble s'être contenté de suivre le renvoi de Rousseau à l'explication du livre IV pour rendre compte d'un progrès que le livre II examine suivant une tout autre méthode[1]. Car ces pages délicates livrent les éléments d'une première explication de la transformation des images (ou sensations représentatives) en idées : mais l'hypothèse fournie demeure alors strictement cantonnée aux principes réductionnistes justifiant l'usage de l'analyse.

Rousseau répète en ce lieu le *topos* suivant lequel les progrès de la raison dépendent des sens; mais il ne se limite pas à l'examen des connexions entre idées, du *way of ideas* de Locke et il insère ces observations dans une théorie naturaliste de l'esprit qui ménage une place centrale aux conditions corporelles de la formation des pensées : l'adage se trouve dès lors investi d'un sens bien plus précis, savoir que l'éveil de la raison dépend du « développement de nos facultés et de nos organes[2] ». Au stade où s'élaborent les idées proprement dites, l'individu puise dans le progrès de ses forces le moyen de libérer l'espace d'une comparaison des choses entre elles et avec son être, au lieu qu'une faiblesse toujours imminente assignait continuellement le tout petit aux impressions du dehors. Penser (entendons désormais juger et raisonner), c'est s'écarter, c'est-à-dire se retirer d'une stricte adhésion aux circonstances qui, pour l'empirisme des Lumières, a son type dans l'expérience du besoin. Le propos de Rousseau, dans ces pages, fait donc droit à ce que nous pouvons désigner comme un matérialisme épistémologique (sinon ontologique), puisque c'est bien l'activité physique du corps qui autorise l'expression de la « puissance active » intellectuelle : « À mesure que l'être sensitif devient actif, il acquiert un discernement proportionnel à ses forces et ce n'est qu'avec la force surabondante à celle dont il a besoin pour se conserver que se développe en lui la faculté spéculative propre à employer cet excès de force à d'autres usages[3] ». La cohérence des thèses est très frappante, puisque Rousseau applique au cas précis de la raison le dispositif général valant pour toutes les facultés supplémentaires relevant de la perfectibilité. Mais

1. Le fait que Rousseau ait envisagé, dans une rédaction précédente, d'insérer le fameux développement que prononcera le vicaire savoyard dans les pages du livre II dont nous sommes parti ne suffit nullement pour présumer, à la suite de Masson (qui, dans son admirable édition de la Profession de foi [Fribourg, Librairie de l'Université et Paris, Hachette, 1914 : p. 70, note 1], fournit au demeurant toutes les précisions requises sur l'histoire de ces passages) une parfaite convergence des deux textes : au contraire, il est patent que la mise en ordre définitive de l'ouvrage conduit à distinguer les perspectives analytique et métaphysique.

2. *Émile*, liv. I, p. 247.

3. *Émile*, liv. II, p. 359.

il y a plus : désignée par avance par le syntagme de « faculté spéculative », la puissance active où la Profession de foi verra l'expression d'une âme immatérielle se trouve rigoureusement réduite au progrès des forces, c'est-à-dire à la sensibilité physique ou organique. On pourra toujours observer que ce niveau ne définit que la cause occasionnelle d'une opération dont l'efficace s'enracine dans une substance distincte du corps – mais cela ne nous semble pas changer grand-chose à la radicalité de la présentation de la raison sensitive, puisque l'analyse conduite au plan des causes secondes ou occasionnelles épuise dans toutes ses dimensions le phénomène psychique de formation des idées.

Faut-il tellement s'étonner de ce que la longue séquence consacrée à la « raison sensitive » tolère si naturellement l'approche quasi-matérialiste que nous venons de suggérer? Soulignons plutôt qu'au XVIIIe siècle et avant Rousseau, la différence entre la sensation et la perception (qui comprend des rapports) n'impose pas l'interprétation dualiste qui dominera après la parution de la Profession de foi du vicaire savoyard. Ainsi cette dichotomie se trouve-t-elle par exemple nettement établie par La Mettrie, en 1745 : « Les perceptions sont les rapports que l'âme découvre dans les sensations qui l'affectent[1] ». Mais ces rapports constituent en quelque sorte l'entourage immanent des sensations et ils relèvent également des *data* de l'expérience; pour rendre compte du caractère abstrait sur lequel insistera Rousseau (après d'autres dont nous allons consulter les arguments), La Mettrie distingue des degrés d'enveloppement dans la masse du contenu relationnel de la sensation : « Les sensations produisent des rapports qui sont purement sensibles, et d'autres qu'on ne découvre que par un examen sérieux[2] ». Il appartient donc à une disposition particulière de l'attention, dont seuls certains esprits sont capables au terme de longs exercices, d'atteindre les rapports les plus fins dans des « perceptions intellectuelles » – l'hypothèse d'un exercice dont les effets s'impriment progressivement dans une âme matérialisée remplace donc le postulat d'une activité *sui generis*, que défendra le vicaire savoyard. Il peut certes paraître que, d'une explication à l'autre, on passe du fait au droit; mais le moins que l'on puisse dire est que l'analyse du livre II, dans les bornes qui définissent son usage légitime, ne prescrit pas à l'avance cette interprétation métaphysique.

En fin de compte, pour mesurer la variété des approches rousseauistes du passage au jugement, nous devons inscrire la mention de la « faculté

1. *Traité de l'âme*, chap. XIII, § I, *in* Œuvres philosophiques, [Paris], Coda, 2004, p. 138.
2. *Ibid.*

spéculative » dans un réseau de déclarations plus étendu, qui nous conduira naturellement jusqu'aux textes qui composent sa dernière philosophie ; on y repérera au moins quatre thèmes ou syntagmes qui, sans préjuger de la position d'un sujet dans toutes les circonstances, renvoient systématiquement à un dispositif de mise en forme des impressions selon certains rapports. 1) Il y a d'abord cette « faculté spéculative » qui dérive très manifestement de la sensibilité physique et qui s'applique au domaine de la raison sensitive. 2) La Profession de foi, à laquelle ce passage du livre II renvoie comme à la démonstration de la spécificité du jugement de comparaison, parle de la « puissance active » de l'esprit. En quoi la thèse gnoséologique est-elle *démontrée* ? Sans doute en ce qu'on dépasse le niveau d'une histoire naturelle de l'âme pour atteindre le principe spirituel irréductible qui s'y exprime ; mais nous verrons que cette démonstration procède d'une interprétation métaphysique des faits plutôt que d'une rigoureuse application de la méthode analytique. 3) Le compte-rendu fidèle de l'expérience musicale conduira Rousseau à examiner une appréhension des rapports essentiellement différente de l'opération réflexive de comparaison : elle sera imputée à la force du temps. 4) Les *Rêveries* s'appuieront sur cette expérience pour élaborer une conception du rythme qui, littéralement, inversera la relation du sujet au monde.

Qu'en est-il dans la Profession de foi du vicaire savoyard ? Rappelons d'abord que l'explication du jugement promise au livre II est finalement produite dans le cadre d'une réfutation du matérialisme dont elle constitue, en 1762, le premier moment et la principale cheville : « (...) je réfléchis sur les objets de mes sensations, et trouvant en moi la faculté de les comparer, je me sens doué d'une force active que je ne savais pas avoir auparavant[1] ». Or cette thèse, loin de répondre aux nécessités théoriques de l'analyse, est entièrement gouvernée par le contexte dans lequel Rousseau veut intervenir – elle est énoncée contre la tentative engagée dans le *De l'Esprit* d'Helvétius pour réduire toutes les opérations de l'entendement aux deux puissances passives (sensation et mémoire) qui caractérisent la sensibilité physique. En amont même des difficultés théoriques soulevées par l'explication concurrente du vicaire, qui vont nous occuper dans la suite, il importe absolument de souligner que Rousseau ne s'engage dans la voie d'une hypothèse métaphysique sur la nature du jugement que pour se placer sur le terrain d'un dogmatisme matérialiste qui, littéralement, fixe les termes du débat. Ce point répugnera certes à qui ne veut lire dans la

1. Profession de foi, p. 571.

première partie de la Profession de foi qu'une méditation conduite en première personne, mais la correspondance l'établit sans la moindre ambiguïté – ainsi, en réponse aux objections de Vernes :

> (…) il suppose que j'ai eu besoin de ce jargon pour établir la religion naturelle, au lieu que je n'en ai eu besoin que pour attaquer le matérialisme. Le principe fondamental du livre *de l'Esprit* est que *juger est sentir*; d'où il suit clairement que tout n'est que corps. Ce principe, étant établi par des raisonnements métaphysiques, ne pouvait être attaqué que par de semblables raisonnements. C'est ce que M. Vernes ne me pardonne pas. La métaphysique ne l'édifie que dans le livre d'Helvétius; elle le scandalise dans le mien[1].

En première approche, cette composante métaphysique tient à ce que les matérialistes prétendent réaliser dans les propriétés d'une substance un réductionnisme gnoséologique qui, chez Condillac, n'avait de sens raisonnable qu'à l'intérieur de l'analyse des idées[2]. Le débat portera donc sur le point de savoir si le jugement de comparaison exprime une puissance que la sensibilité physique ne saurait engendrer ou, au contraire, s'il n'existe que des effets de réflexion, génétiquement produits à partir des modifications de la sensibilité et de leur inscription dans la mémoire. On lira sur ce point Helvétius, en l'un des passages très nets que Rousseau a précisément annotés : « (…) c'est dans la capacité que nous avons d'apercevoir les ressemblances ou les différences, les convenances ou les disconvenances qu'ont entre eux les divers objets que consistent toutes les opérations de l'esprit. Or cette capacité n'est que la sensibilité physique même : tout se réduit donc à sentir[3] ». Selon une position qui s'édifie contre un raisonnement de ce genre, la dichotomie entre la réflexion et les sensations devra prouver, pour le vicaire, l'existence de l'être actif et, pour tout dire, celle de la substance spirituelle dans un des modes qui la signalent de façon irrécusable.

1. Lettre à Moltou, 1er août 1763, CC 22, p. 228-229.

2. On a pu confondre ces deux niveaux et désigner Condillac là où Rousseau critique Helvétius : c'est le choix d'H. Gouhier (*Les Méditations métaphysiques de J.-J. Rousseau*, Paris, Vrin, 1984, p. 69 *sq.*). Une telle lecture, outre qu'elle manque la référence discutée par Rousseau, chôme le *problème* de l'articulation du gnoséologique et du métaphysique. Il faut enfin restituer les médiations importantes (et connues de Rousseau, comme l'atteste sa critique de l'article « Évidence » de l'*Encyclopédie*) conduisant de Condillac à Helvétius (voir notre *Empirisme et théorie de la connaissance*, p. 79-83).

3. *De l'Esprit*, disc. 1, chap. 1, Paris, Fayard, 1988, p. 21.

Il peut assez légitimement paraître que tout a été dit sur l'économie interne de l'explication du jugement livrée dans la Profession de foi et, selon nous, le principal problème est de savoir ce qu'elle pèse aux yeux de Rousseau lui-même qui, répétons-le, s'estima en quelque façon *contraint* de la produire. D'un point de vue théorique, les difficultés soulevées par cette hypothèse métaphysique, qui se manifesteront dans les textes plus tardifs à propos d'expériences bien précises, justifient *a parte ante* que nous tâchions d'évaluer le statut de l'analyse du jugement dans l'enquête sur les dispositions de l'âme humaine. Il importe en outre d'examiner les sources et la réception de ces pages fameuses de la Profession de foi : ces documents, quand ils ont été identifiés, ont trop souvent été réduits au schéma mécanique de l'influence – celle de tel malebranchien sur Rousseau, celle de Rousseau sur les critiques tardives du matérialisme. Les deux perspectives qui ordonneront notre propos sont en réalité solidaires : pour ne pas verser dans des assimilations rapides, c'est-à-dire dans le relativisme, l'étude des sources doit s'arracher à la seule considération du *contenu* des thèses afin d'y puiser le moyen de mesurer leur *valeur* – tel est le sens de la philologie en philosophie. L'étude du jugement en fournit le meilleur échantillon.

Les faits nous imposent au demeurant de procéder ainsi : il se trouve en effet que la question de *l'évaluation* des arguments opposés par Rousseau au réductionnisme matérialiste est textuellement liée à *l'histoire* des pages fameuses qui, dans la Profession de foi, doivent fournir l'explication du jugement promise au livre II de l'*Émile*. La réception des textes de Rousseau témoigne nettement de cette articulation. L'exposé du vicaire, en ce point, remet en forme les notes sur l'ouvrage *De l'Esprit* d'Helvétius, confiées par Rousseau à Dutens qui en composa un volume en 1779. Cet épisode mérite d'être mentionné pour deux raisons :

1) L'activité protéiforme de Louis Dutens s'ordonne autour de ses compétences philologiques, dont la meilleure illustration se trouve dans sa fameuse édition de Leibniz, parue en 1768. Son œuvre propre consiste à dégager des filiations et elle s'ouvre, en 1766, avec des *Recherches sur l'origine des découvertes attribuées aux Modernes*. Dutens ne se contente donc pas de puiser dans Rousseau les moyens de lutter contre l'athéisme des philosophes : il reçoit les critiques dirigées contre Helvétius à travers le prisme d'une certaine conception de la modernité dans laquelle Leibniz joue un rôle central. Il n'est pas certain que les conditions de cette réception conduisent à une pure et simple déformation des thèses rousseauistes : nous verrons qu'elles en rendent lisibles certaines orientations profondes, que l'étude des sources ne permet pas de déchiffrer.

2) Abordons le problème de la valeur de la dichotomie reçue par Rousseau (entre la sensation et l'idée, disait le livre II) et, surtout, de celle de l'explication qu'en donne le vicaire savoyard, contre la réduction du jugement à une modification de la sensation. Dutens identifie dans les déclarations de Rousseau sur la saisie des rapports « l'objection la plus forte de toutes celles que renferment les notes du citoyen de Genève, et qui alarma le plus M. Helvétius lorsque je la lui communiquai[1] ». On ne contestera pas que, dans la *Profession de foi*, la spécificité du jugement, irréductible au sentir, permette au vicaire d'avancer une thèse essentielle sur ce qui, dans le témoignage intime, ne saurait relever de l'être purement sensitif. Il s'agit de la « force intelligente » qu'il faudra bien imputer à une substance distincte, au terme d'une argumentation bien connue qu'il n'est pas dans notre propos de restituer ici :

> Apercevoir, c'est sentir; comparer, c'est juger : juger et sentir ne sont pas la même chose. Par la sensation, les objets s'offrent à moi séparés, isolés, tels qu'ils sont dans la nature; par la comparaison, je les remue, je les transporte, pour ainsi dire, je les pose l'un sur l'autre pour prononcer sur leur différence et leur similitude, et généralement sur tous leurs rapports. Selon moi la faculté distinctive de l'être actif et intelligent est de pouvoir donner un sens à ce mot *est*. Je cherche en vain dans l'être purement sensitif cette force intelligente qui superpose et puis qui prononce, je ne la saurais voir dans la nature[2].

Mais Dutens élève quant à lui cette distinction au rang de véritable pierre de touche à laquelle la transposition matérialiste (achevée par Helvétius) du réductionnisme gnoséologique (mis en système par Condillac) ne peut résister :

> Rousseau oppose à cette conclusion [d'Helvétius] une distinction si lumineuse qu'elle suffit pour éclairer entièrement cette question, et dissiper les ténèbres dont la fausse philosophie cherche à envelopper les jeunes esprits. Apercevoir les objets, dit-il, c'est sentir; apercevoir les rapports, c'est juger. Ce peu de mots n'a pas besoin de commentaire, ils serviront à jamais de bouclier à toutes les entreprises des matérialistes pour anéantir dans l'homme la substance spirituelle. Ils établissent clairement, non deux puissances passives, comme le dit Helvétius au commencement de son ouvrage, mais une substance passive qui reçoit les impressions, et une

1. *Lettres à Monsieur D... B... sur la Réfutation du livre* de L'Esprit *d'Helvétius par J.-J. Rousseau*, London, Société Typographique, 1779. Édition désormais notée Dutens : ici p. 6.

2. *Émile*, liv. IV, p. 571.

puissance active qui examine ces impressions, voit leurs rapports, les combine, et juge[1].

L'identification de la puissance active intellectuelle, bien qu'elle relève de l'analyse des idées, serait à ce point décisive qu'*une fois produite son explication métaphysique* (Dutens néglige précisément ce point), elle imposerait de congédier l'ontologie matérialiste. Cette interprétation éclaire l'insistance de Rousseau sur la théorie du jugement dans la Profession de foi – mais à lire l'éditeur de Leibniz, elle paraît même assez solide pour subsister seule contre le *De l'Esprit* d'Helvétius. L'autorité de Dutens doit en réalité être remise en cause, fût-ce à titre propédeutique : est-il vrai que l'explication du jugement présente aux yeux de Rousseau un tel degré de certitude que toute hypothèse matérialiste sur le passage aux idées serait réfutée ? C'est à tout le moins négliger que l'analyse du jugement du livre II, qui donne son contenu à l'« explication » dans la Profession de foi, s'inscrivait sous un tout autre horizon en associant la puissance spéculative au surcroît des forces.

Remontons à présent de la réception de Rousseau chez Dutens à la réception, chez Rousseau, d'éléments élaborés avant lui : l'examen d'une des sources les plus manifestes de cette théorie du jugement justifiera et déterminera en effet la question que nous venons de poser en mettant à distance l'interprétation dominante produite dès le XVIIIe siècle. Précisément signalée par Masson il y a près d'un siècle[2], la reprise d'un passage de Lignac dans ces fameuses lignes de la Profession de foi est absolument incontestable – citons les *Entretiens* de 1759, également dirigés contre Helvétius : « C'est un tiers qui compare deux termes ; ce ne sont pas deux termes qui se comparent (...). Ce tiers c'est moi (...) qui de moi-même produis par mon attention l'action de comparer. Je sens à la vérité que je compare ; mais qu'en cela j'agis, et que j'ajoute quelque chose à mes deux perceptions qui ne me vient d'aucune d'elles[3] ». La rigoureuse proximité

1. Dutens, p. 7.

2. Édition citée, p. 79-81, note 1. L'œuvre de Masson, si elle ne fait pas toujours droit aux références majeures, livre d'inépuisables enseignements sur les médiations moins connues par lesquelles Rousseau s'y rapporte. Sans suivre toujours les évaluations du grand historien de la littérature (on verra ainsi que l'utilisation de Lignac ne vaut pas reprise, dans la Profession de foi), force est de constater que la richesse de son travail est, en son genre, indépassable.

3. *Examen sérieux et comique des discours sur l'esprit. Par l'auteur des* Lettres Américaines, seconde Partie, Amsterdam, 1759 : Lettre VI, p. 260. Et, à propos de la synthèse des impressions sensible, ce passage qui nourrit également la Profession de foi : « Se sentir prononcer cette identité d'objet ; c'est donc autre chose que recevoir les impressions sur

des textes, à dire le vrai, n'est guère significative en elle-même : sur les questions qu'il désigne comme métaphysiques et – soulignons-le – quand il s'agit de critiquer une autre source, nous aurons d'autres occasions de constater que Rousseau peut aisément recopier un argument élaboré par un autre auteur sans valider le moins du monde les principes ou la démonstration qui le fondent. En réalité, la quasi-répétition de la critique dirigée par Lignac contre Helvétius n'impose rien d'autre, dans un premier temps que les deux questions suivantes : 1) Lelarge de Lignac, sur ce point, est-il si proche de Malebranche qu'il serait pertinent de parler d'une sorte de noétique malebranchienne de Rousseau à propos de l'explication du jugement de comparaison proposée par le vicaire savoyard ? Une telle hypothèse mérite d'autant plus d'être examinée que nous avons vu combien la conception de l'évidence comme rapport exposée dans les *Entretiens* pouvait intéresser Rousseau dès le livre II de l'*Émile*. 2) Jusqu'où, sur ce point précis, le vicaire savoyard se conforme-t-il aux thèses de Lignac ? Cette question n'a pas pour seul intérêt de nous renseigner sur le poids du fameux (et selon nous très surestimé) malebranchisme de Rousseau[1] ; elle nous permettra en réalité de mesurer la valeur de vérité, pour leur auteur, de ces arguments considérés en eux-mêmes.

1) C'est précisément sur le statut de l'idée et sur son rapport avec la sensation que Lignac s'écarte explicitement des leçons malebranchiennes[2] – à dire le vrai, Rousseau ne prend plus la peine de critiquer la théorie de la vision en Dieu qui, dans la Profession de foi, est négligemment donnée comme une hypothèse équivalente aux autres[3]. S'il est vrai que Lignac s'efforce de réactiver un occasionnalisme strict, c'est en incorporant la noétique lockéenne et son originalité, en ce point, ne réside que dans la technicité de son effort. Pour le reste, son opposition à Helvétius repose sur

lesquelles on juge ; c'est faire usage d'une faculté tout autre que la capacité de recevoir des impressions, et que l'auteur appelle la sensibilité physique » (p. 261).

1. La vision d'un Rousseau « malebranchien » est passée dans l'usage, surtout depuis la célèbre étude d'É. Bréhier (« Les lectures malebranchistes de Rousseau », in *Études de philosophie moderne*, Paris, P.U.F., 1965). Mais si la réception des textes de l'oratorien (ou de ses successeurs) est incontestable, on ne s'est pas assez posé la question de la *valeur* associée à ces lectures ; pourtant, cette question gouverne, d'une façon absolument générale, le rapport de Rousseau aux doctrines philosophiques : voir la page essentielle des *Confessions*, liv. VI, p. 237-238.

2. Sur ce point, on peut consulter, B. Baertschi, *Conscience et réalité. Études sur la philosophie française au XVIIIe siècle*, Genève, Droz, 2005, p. 127-129.

3. « Ainsi non seulement j'existe, mais il existe d'autres êtres, savoir les objets de mes sensations, et quand ces objets ne seraient que des idées, toujours est-il vrai que ces idées ne sont pas moi » (Profession de foi, p. 571).

une dichotomie entre sensation et rapport, où le premier terme est compris d'une façon tout à fait ordinaire chez les lecteurs de Locke et de Condillac :

> Levons un [sic] équivoque pour éviter les malentendus. Par sensation on entend ordinairement une impression faite sur l'âme à l'occasion d'un objet tracé dans le cerveau, laquelle annonce la présence d'un objet extérieur. L'âme n'y met rien du sien : elle est totalement passive. En ce sens la perception d'un rapport n'est pas une sensation [1].

Dans ces passages que Rousseau recopie presque, le statut de la sensation comme mode de l'âme n'est plus même rappelé. Surtout, Lignac attribue l'appréhension des rapports à une véritable *activité* de l'âme et cette thèse ne serait tout simplement pas admissible pour Malebranche. Il va de soi que la réception d'une doctrine n'est pas réglée par un critère de stricte fidélité doctrinale; en l'occurrence, toutefois, la situation est bien plus tranchée : Rousseau n'utilise que les thèses par lesquelles Lignac s'oppose à Malebranche et s'inscrit dans la grammaire commune de la sensation et de l'idée, telle que la partagent tous les empiristes du XVIIIe siècle français. Cela n'exclut évidemment pas que, dans la Profession de foi ou dans les *Rêveries*, d'autres thèses malebranchiennes aient pu trouver leur place dans le cheminement de Rousseau (ainsi la théorie de l'assentiment intérieur, comme nous le verrons à la fin de ce livre); mais elles fonctionnent comme des arguments locaux et non comme l'expression d'une doctrine qu'il s'agirait d'opposer comme telle au réductionnisme ambiant.

2) Là n'est pas l'essentiel, cependant, et le rapport de Rousseau à Lignac se révèle bien plus subtil que ne le laissent présumer les reprises identifiables. Les critiques que Lelarge de Lignac dirige contre Helvétius laissent progressivement place, en de très belles pages, à des thèses positives sur la connaissance de l'âme qu'il n'entre pas dans notre propos de commenter ici; mais il est remarquable que, dans cet effort, la dimension gnoséologique de l'activité de l'âme est articulée de façon explicite au rapport affectif qu'elle entretient avec elle-même. L'appréhension des rapports dans le jugement, irréductible à la passivité des sensations entre lesquelles ils sont saisis, doit être imputée au même individu qui recherche le bien-être – l'amour de soi, en somme, témoigne de la même activité que la comparaison des données des sens :

> C'est celui qui compare toutes les impressions qu'il reçoit, qui décide que le son diffère de la couleur, qui a essentiellement l'amour du bien-être. Car,

1. *Entretiens*, p. 259-260.

> par exemple, l'amour du bien-être n'est l'effet d'aucune sensation, il est inhérent à mon individu. (...) Comparer chez lui n'est pas un effet reçu; c'est une action de sa part. Et ce n'est point une sensation [1].

En première lecture, il est étonnant que la Profession de foi ne porte aucune trace de cette association directe et explicite entre le jugement et l'amour de soi, puisque ces deux dispositions caractérisent également l'âme selon Rousseau; mais elles n'interviennent justement pas au même niveau. L'amour de soi a le statut d'un principe incontestable, tandis que l'activité de comparaison des sensations, si elle annonce la liberté, ne fait l'objet d'une véritable explication que dans le contexte de la polémique engagée contre les matérialistes. Comme toujours, les leçons retirées de l'assignation d'une source sont d'autant plus fécondes, pour l'intelligence d'un grand texte, que l'on a précisément localisé le point de vue sous lequel il s'en éloigne – là même, soulignons-le, où cette démarcation est la plus surprenante. En l'occurrence, ce qui se donne à lire dans le silence de Rousseau réside évidemment dans l'idée que l'explication métaphysique du jugement n'a pas la même valeur de nécessité que la considération existentielle de l'amour de soi.

Quelles conclusions pouvons-nous retirer de ces comparaisons textuelles? À nos yeux, elles regardent d'une part l'orientation générale de la théorie du jugement de Rousseau, telle qu'on peut la dégager en revenant sur le témoignage de Dutens, et, d'autre part, le statut de l'explication que le vicaire fournit d'une dichotomie dégagée dans l'analyse génétique. L'idée qu'une activité à l'œuvre dans le jugement suffirait à critiquer le matérialisme, défendue par Dutens et partagée par de nombreux commentateurs, ne nous paraît pas correspondre à la pensée de Rousseau – nous y reviendrons. Pour autant, et d'une façon qui peut sembler paradoxale, la réception de Rousseau chez Dutens se révèle peut-être plus instructive conceptuellement que l'assignation de la source réputée malebranchienne des arguments que le vicaire oppose à Helvétius. Sous le point de vue même de leur origine dans les textes de Lelarge de Lignac, en effet, ces arguments relèvent d'une discussion plus générale sur la théorie des idées léguée par Locke et, en particulier, sur l'origine de la réflexion qui s'applique aux sensations pour les comparer; au fond, la position de Rousseau, qui prétend trouver dans cette opération l'expression d'une activité irréductible de l'âme, s'inscrit davantage sous l'horizon ouvert par la discussion leibnizienne de Locke, sans qu'il soit bien sûr question d'une source

1. *Entretiens*, p. 270.

directe : Cassirer avait bien aperçu cette affinité[1] et l'enthousiasme de Louis Dutens nous en paraît exprimer le pressentiment. Nous avons étudié ailleurs cette histoire de la réflexion et il nous faut plutôt nous interroger ici sur le statut que Rousseau confère à l'exposé du vicaire consacré au jugement. Le principal intérêt du détour par Lignac est qu'il permet d'identifier dans la Profession de foi un décrochage entre deux puissances qui, dans la source consultée par Rousseau, se trouvaient associées d'une manière étroite et explicite : d'une part, l'opération de comparaison irréductible aux sens, qui exprime quelque chose d'une âme immatérielle et, d'autre part, l'unique principe désigné comme tel par Rousseau dans l'étude d'une âme pleinement humaine, c'est-à-dire pourvue de sensibilité active. Le problème est que, si l'amour de soi possède ce statut proprement irréductible dans la théorie de l'homme, la relation expressive entre le jugement et l'âme, que Rousseau utilise contre Helvétius, n'est pas, quant à elle, dépourvue d'équivocité : nous y reviendrons. En somme, le fait textuel si frappant que Rousseau s'arrête, dans sa reprise littérale de Lelarge de Lignac, au moment où l'activité intellectuelle de formation des idées pourrait être mise en parallèle avec le principe de toutes les affections de l'âme – ce fait doit nous faire soupçonner quelque fragilité dans une « explication » qui sert pourtant la preuve de la spiritualité de l'âme. Il est temps d'en examiner brièvement les deux principaux volets[2].

1) Il est bien connu que le principal argument de Rousseau se tire de l'expérience de l'erreur, où il apparaît que l'esprit ajoute quelque chose aux simples données des sens : « (…) si le jugement de ce rapport n'était qu'une sensation et me venait uniquement de l'objet, mes jugements ne me tromperaient jamais[3] ». Aussi longtemps que nous nous bornons à la sensation et ne prononçons aucun jugement, l'erreur est impossible, parce que les idées simples restent isolées et ne témoignent que d'elles-mêmes ; comme l'a montré H. Gouhier[4], Rousseau reprend donc la thèse de Descartes, suivant laquelle « lorsque nous apercevons quelque chose, nous ne sommes point en danger de nous méprendre, si nous n'en jugeons en aucune façon[5] ». C'est la production d'un jugement, c'est-à-dire la perception de rapports qui ne sont pas donnés comme tels (entendons que leurs termes isolés sont seuls présents dans la sensation), qui court le risque de

1. *Le Problème Jean-Jacques Rousseau*, Paris, Hachette, 1987, p. 103.

2. Qu'il nous soit permis de renvoyer, pour les autres aspects de l'explication du jugement dans la Profession de foi, à notre annotation de l'*Émile*.

3. Profession de foi, p. 572.

4. *Les Méditations métaphysiques de J.-J. Rousseau*, p. 71.

5. *Principes de la philosophie*, Ire Partie, art. 53, AT IXb, p. 48.

l'erreur et qui révèle une initiative de l'esprit, c'est-à-dire une activité: «(...) c'est que je suis actif quand je juge, que l'opération qui compare est fautive[1] ». C'est donc en réintroduisant la distinction posée par Descartes entre un entendement qui perçoit et une volonté qui donne l'assentiment, par le biais d'une terminologie empiriste, que Rousseau entend prouver l'existence d'un principe actif spirituel irréductible aux *data* comme à leur juxtaposition muette. Nous avons exposé le contexte et les enjeux de cet argument dans un livre précédent dont nous ne jugeons pas utile de répéter ici les analyses[2]; il nous importe davantage de cerner ce qui, sous l'apparence d'une rigoureuse démonstration, relève d'une décision de Rousseau.

L'expérience de l'erreur, réputée décisive, concerne l'acte qui est à l'œuvre dans le jugement – on dira qu'elle intéresse son aspect noétique. Mais le jugement, tel que présenté dans la Profession de foi et sur la base des données sensorielles, se réduit-il à cet acte intellectuel de comparaison? Rousseau suggère tout autre chose en une allusion remarquable (et peu remarquée, à notre connaissance): selon le vicaire, on cherche en vain dans les sensations « cette force intelligente qui superpose *et puis qui* prononce[3] ». Ainsi l'expérience concrète du jugement comporterait-elle deux actes *successifs* – la prononciation venant après la conception des rapports exprimés dans la copule. Cette observation, produite comme en passant, marque en réalité une prise de position de Rousseau contre l'explication réductionniste de la spécificité *apparente* du jugement retenue par Helvétius[4] – toutes les opérations de l'esprit sont réductibles au jugement de comparaison qui, lui-même, ne se distingue de la simple aperception qu'en tant que nous le prononçons:

> (...) si tous les mots des diverses langues ne désignent jamais que des objets, ou les rapports de ces objets avec nous et entre eux, tout l'esprit par conséquent consiste à comparer et nos sensations et nos idées; c'est-à-dire à voir les ressemblances et les disconvenances qu'elles ont entre elles. Or, comme le jugement n'est que cette apercevance elle-même, ou du moins le

1. Profession de foi, p. 572-573.
2. *Empirisme et théorie de la connaissance*, p. 81-91.
3. Profession de foi, p. 571.
4. C'est en réalité chez Quesnay que ces thèses sont exprimées avec la plus grande cohérence: voir l'article «Évidence» de l'*Encyclopédie* et notre commentaire, *op. cit.*, p. 75-80.

prononcé de cette apercevance, il s'ensuit que toutes les opérations de l'esprit se réduisent à juger[1].

Selon Helvétius, le jugement n'est pas une opération *irréductible* aux autres, qui mobiliserait une faculté essentiellement distincte de la sensibilité (la réflexion), mais une opération *singularisée* par la prononciation; à terme, il faudrait conclure que l'usage de la langue produit l'illusion d'une faculté spécifique nichée dans l'intimité du sujet. Il est patent que Rousseau prend en vue cette hypothèse décisive dans la remarque citée plus haut; qu'il l'écarte implicitement en secondarisant la prononciation dans le temps; qu'il ne la discute pas, cependant, dans l'argumentation prêtée au vicaire savoyard. Sans doute la situation eût-elle été beaucoup plus délicate s'il avait été question de traiter, non seulement du formel de l'erreur (l'écart entre les données des sens et les rapports institués par la force intelligente), mais de son versant matériel, c'est-à-dire des causes concrètes de l'erreur qui, pour Rousseau comme pour tous les empiristes, sont largement imputables à l'abus des mots. Sous ce point de vue, le fonctionnement du jugement n'eût guère été déterminable sans l'examen des conditions de son usage dans la langue.

L'allure apodictique du raisonnement exposé dans la Profession de foi dissimule ainsi une décision qu'il est essentiel d'expliciter. Ce n'est pas du tout que Rousseau tiendrait l'expression du jugement dans la langue et, par excellence, dans les phrases prédicatives, pour un effet secondaire ou contingent; tout au contraire, l'usage exemplaire de la copule atteste l'existence même de la puissance active : « Selon moi la faculté distinctive de l'être actif ou intelligent est de pouvoir donner un sens à ce mot *est*[2] ». Mais il nous semble manifeste que l'explication promise au livre II relève en ce point de l'interprétation : Rousseau lit dans cette opération grammaticale l'expression d'une faculté qui donne à entendre un sens conçu au préalable, là où les réductionnistes stricts considèrent que la formulation cristallise notre croyance dans la réalité d'une telle faculté.

2) À un niveau plus profond encore, Rousseau demeure tributaire d'une philosophie de la connaissance dont il combat une orientation réductionniste dominante dans l'empirisme de son temps : il est très frappant, en effet, que la conception du jugement mobilisée dans la Profession de foi est circonscrite aux opérations de comparaison, en sorte que la différence réputée pure que le vicaire prétend mettre en évidence, entre la passivité

1. *De l'Esprit*, Disc. 1, chap. 1, p. 22.
2. Profession de foi, p. 571.

des sensations et l'activité qui s'y applique, répète en réalité celle des deux sources de connaissances proposée par Locke et discutée tout au long du XVIIIe siècle. Mais pour transformer une distinction reçue avant lui en une véritable dichotomie, le vicaire doit conférer une signification bien précise aux rapports que le jugement manipule afin de convertir les images en idées : or cette décision, qui concerne donc la dimension *noématique* du jugement, donnera lieu à de véritables apories dans la suite de l'œuvre.

Dans le but d'éviter un saut dans le passage au jugement, Helvétius conçoit les rapports qui en font l'objet en un sens assez faible – ils sont équivalents à la différence pure entre les sensations, qui est éprouvée passivement[1] : « (...) je puis dire également, je juge ou je sens que, de deux objets, l'un, que j'appelle toise, fait sur moi une impression différente de celui que j'appelle pied[2] ». Le vicaire entend au contraire dégager une césure nette entre la saisie d'une différence et l'appréhension d'un rapport, en sorte qu'il doit donner à celle-ci un contenu spécifique qui, compte tenu de la conception assez étroite du jugement adoptée dans la Profession de foi, réside dans la traduction quantitative d'une différence, assortie du choix d'un repère de même nature, c'est-à-dire dans une mesure. Les notes confiées à Dutens sont à cet égard parfaitement claires : « Il y a ici un sophisme très subtil et très important à bien remarquer, autre chose est sentir une différence entre une toise et un pied, et autre chose mesurer cette différence. Dans la première opération l'esprit est purement passif, mais dans l'autre il est actif[3] ». Cette déclaration donne son sens à la thèse du vicaire suivant laquelle « chaque objet est senti, les deux sont sentis, mais leur rapport n'est pas senti pour cela[4] ». Ainsi le contenu spécifique du jugement se trouve-t-il dans une détermination mathématique de la

1. Passons ici sur la difficulté que repérera justement Diderot et qui tient à la coprésence des sensations dans l'esprit : « La difficulté consiste à savoir comment se fait cette comparaison, car elle suppose deux idées présentes. Helvétius aurait coupé un terrible nœud, s'il nous avait expliqué bien clairement comment nous avons deux idées présentes à la fois, ou comment ne les ayant pas présentes à la fois, cependant nous les comparons » (*Réfutation suivie de l'Homme*, AT II, p. 300). Helvétius, qui ne veut mobiliser que la sensation et la mémoire, conçoit le rapport des sensations comme le sentiment d'une différence dans la succession des impressions : « (...) tout jugement suppose comparaison entre deux ou plusieurs objets. Mais dans ce cas qu'est-ce que *comparer* ? C'est voir alternativement. On met deux échantillons jaunes sous mes yeux ; je les compare, c'est-à-dire, je les regarde alternativement, et quand je dis que l'un est plus foncé que l'autre, je dis (...) que mon œil reçoit une moindre sensation (...) : or le jugement n'est que le prononcé de la sensation éprouvée » (Helvétius à Dutens, lettre II, 26 nov. 1771, Dutens, p. 40-41).

2. *De l'Esprit*, Disc. 1, chap. 1, p. 22.

3. Dutens, p. 9.

4. Profession de foi, p. 572.

comparaison qui, seule, paraît irréductible aux données des sens. Et il va de soi que, du même mouvement, l'activité rudimentaire de l'esprit, pour Rousseau, est interprétée comme une forme enveloppée d'intelligence mathématique.

L'explicitation des thèses du vicaire que nous venons de proposer n'est nullement abstraite et elle correspond, en particulier, à un certain état des conceptions esthétiques de Rousseau; car l'hypothèse diderotienne du beau comme perception des rapports, à laquelle il fit droit dans les articles rédigés pour l'*Encyclopédie*, est au fond une préfiguration et une application de la théorie du jugement du vicaire savoyard. Aussi croyons-nous possible, pour privilégier les formulations les plus nettes du problème passé sous silence dans les arguments critiques de la Profession de foi, de citer Diderot lui-même, en un texte auquel Rousseau fera d'ailleurs référence. L'auteur des *Principes généraux d'acoustique*, en effet, a une conscience très nette du paradoxe consistant à imputer à un esprit enraciné dans l'expérience sensible une forme de jugement relevant des formules de calcul :

> Mais comment se peut-il faire, dira-t-on, que le plaisir des accords consiste dans la perception des rapports des sons ? La connaissance de ces rapports accompagne-t-elle donc toujours la sensation ? C'est ce qu'il paraît difficile d'admettre; (...) L'âme a-t-elle ces connaissances sans s'en apercevoir, à peu près comme elle estime la grandeur et la distance des objets, sans la moindre notion de géométrie, quoiqu'une espèce de trigonométrie naturelle et secrète paraisse entrer pour beaucoup dans le jugement qu'elle en porte ? [1]

Nous verrons dans quelle expérience concrète Rousseau rencontrera cette difficulté[2]. Soulignons en attendant que la convergence entre l'hypothèse esthétique sur la perception des rapports et la doctrine du vicaire n'a rien d'étonnant pour un regard rétrospectif, car les objections dirigées contre la réduction de la comparaison à la sensation chez Helvétius seront énoncées dans les mêmes termes par Rousseau et par Diderot – ce qui,

1. « Principes généraux d'acoustique », Objection, in *Mémoires sur différents sujets de mathématiques*, *Œuvres complètes*, Paris, Hermann, 2003, t. II, p. 257-258.

2. L'importance de la mesure dans la théorie rousseauiste de la vision est dégagée par M. Rueff : « L'optique dans la théorie de l'homme », *in* B. Bensaude-Vincent et B. Bernardi (éd.), *Rousseau et les sciences*, Paris, L'Harmattan, 2003, p. 209-212). Mais dans les pages décisives de l'*Émile* qui sont analysées par M. Rueff, Rousseau s'intéresse aux expériences bien plus élaborées relatives à l'organisation du monde visible et qui reposent sur un apprentissage ; le problème que nous dégageons concerne les situations élémentaires (et, en réalité, préalables) engageant la simple saisie d'un rapport entre les sensations.

soit dit en passant, suggère assez bien que ces prises de position gnoséologiques n'impliquent pas de façon univoque une décision sur les propriétés de la matière[1].

L'ORDRE PROUVÉ, L'ORDRE DÉSIRÉ

L'analyse du jugement a une fonction particulière dans l'exposé du vicaire : elle est produite d'entrée de jeu et nous verrons que la première partie, proprement théorique, de la Profession de foi se refermera sur ce noyau expérientiel. Mais à proprement parler, les deux premiers dogmes du vicaire savoyard portent précisément sur le monde matériel et l'ordre des phénomènes, en ce que ces deux aspects de la création nous informent sur Dieu : il sera dès lors possible de poser pour lui-même le problème moral fondamental, qui tient à ce que l'amour de soi, auquel le juste n'est pas supposé renoncer, court le risque d'être perpétuellement déçu dans la société des hommes, tandis que l'intelligence divine a disposé toutes choses selon un ordonnancement harmonieux. L'autonomie apparente de la Profession de foi a conduit les lecteurs à négliger que ces textes, à suivre les indications parfaitement explicites de Rousseau, répondent précisément à un court traité empiriste de la connaissance du monde physique qui fut exposé au livre III de l'*Émile*, suivant un dispositif textuel en écho qui caractérisait déjà l'examen du jugement et qui est la cheville de la critique interne de l'empirisme conduite en 1762. Cette négligence est d'autant plus regrettable qu'au-delà de son horizon pédagogique, le texte du livre III donne à Rousseau l'occasion d'enrichir la théorie de l'homme des leçons tirées des deux plus importants textes de méthode produits par les empiristes français autour de 1750 : les pages de d'Alembert et de Buffon, lues sous un point de vue emprunté à Condillac, éclairent notablement le point de départ d'un itinéraire qui bifurquera dans la Profession de foi[2].

1. J.-B. Mérian qui, avant Kant, est sans doute le meilleur analyste des positions philosophiques s'affrontant dans la seconde moitié du XVIIIe siècle, désigne excellemment la prétention exorbitante que les auteurs de son temps associent aux théories de l'idée : « Les matérialistes croient avoir tout gagné quand on leur accorde que toutes les facultés de l'âme se réduisent aux sens ; et les spiritualistes croiraient nuire essentiellement à leur cause en faisant cette concession. Préjugé de part et d'autre. On ne prouvera jamais qu'il soit plus facile à la matière de sentir que de raisonner » (« Parallèle de deux principes de psychologie », in *Histoire de l'Académie de Berlin*, Année 1757, Berlin, Haude et Spener, 1759, p. 385).

2. Le parcours théorique que nous décrivons ici correspond en outre à la reconstitution que Rousseau donne de son propre itinéraire intellectuel. Je remercie M. Rueff, qui m'a suggéré de rapprocher cette analyse d'un passage essentiel des *Confessions* : « Prenant d'abord l'encyclopédie j'allais la divisant dans ses branches ; je vis qu'il fallait faire tout le

Dans le déroulement de l'analyse des progrès de l'individu, l'étude du monde physique est introduite par des considérations générales sur l'organisation des sciences, où Rousseau expose une dichotomie importante et précisément référencée – et qui serait inutile s'il ne s'agissait que de justifier les expériences permettant à Émile d'apprendre l'ordre des choses. Rousseau distingue entre (1) le système des sciences que le seul philosophe, dans ses ambitions les plus hautes, revendique et (2) la chaîne des expériences à laquelle l'élève doit se rendre attentif. 1) Du point de vue du philosophe, on considère « une chaîne de vérités générales par laquelle toutes les sciences tiennent à des principes communs et se développent successivement. Cette chaîne est la méthode des philosophes; ce n'est point de celle-là qu'il s'agit ici [1] ». Ces lignes sont écrites comme en marge de l'ouverture d'un texte essentiel publié par d'Alembert en 1751 et qui comprend, entre autres choses, une théorie très circonstanciée de la méthode analytique. L'éditeur de l'*Encyclopédie* commence lui aussi par ordonner selon deux voies l'idée d'une unité des sciences, à travers la réécriture de plusieurs textes cartésiens fondamentaux [2] – et il considère d'abord l'idée d'une subordination de toutes les sciences à des principes communs : « (...) si nous pouvions apercevoir sans interruption la chaîne invisible qui lie tous les objets de nos connaissances, les éléments de toutes les sciences se réduiraient à un principe unique, dont les conséquences principales seraient les éléments de chaque science particulière [3] ». S'il est (ou devrait être) évident que Rousseau se situe donc par rapport à l'article « Éléments des sciences », il nous appartient surtout de reconnaître dans les déclarations liminaires du passage du livre III consacré aux sciences l'espace d'une divergence à venir. Pour d'Alembert, le philosophe ne doit pas espérer reconquérir ce point de vue synoptique sur le système complet des connaissances humaines, réservé à l'intelligence suprême et d'où l'on pourrait déduire les principes subalternes des sciences particulières; or, bien que les pages du traité d'éducation qui nous intéressent ici s'inscrivent dans le même paradigme empiriste, il ne va pas du tout de soi que la

contraire; les prendre chacune séparément, et les poursuivre chacune à part jusqu'au point où elles se réunissent. Ainsi je revins à la synthèse ordinaire; mais j'y revins en homme qui sait ce qu'il fait » (livre VI, p. 234) – ainsi Rousseau a-t-il expérimenté la possibilité d'un passage au point de vue synthétique (ou philosophique, selon la dénomination du livre III de l'*Émile*), une fois parcourue progressivement la chaîne des éléments de chaque science.

1. *Émile*, livre III, p. 436.

2. Sur ce texte et ses rapports avec l'héritage cartésien, voir l'introduction de notre *Contingence et nécessité des lois de la nature au XVIIIe siècle*, Paris, Vrin, 2006.

3. *Encyclopédie*, Article « Éléments des sciences », t. 5, 1755, p. 491.

méthode supérieure à laquelle Rousseau fait allusion soit définitivement expulsée en dehors du domaine théorique : en un certain sens, l'effort de la Profession de foi sera tout au contraire pour utiliser la méthode du philosophe, proprement métaphysique. 2) Il reste qu'au livre III, ce n'est pas une telle exposition systématique qui est visée par le gouverneur; et l'élève doit élaborer des idées justes sur le monde matériel en partant, non point des principes généraux, mais des conditions typiques de l'expérience, où l'ordre est établi entre différents objets particuliers (entendons, en un sens condillacien, déterminés), dont l'enchaînement naturel guide sa curiosité : « Il y en [= une méthode] a une toute différente par laquelle chaque objet particulier en attire un autre et montre toujours celui qui le suit. Cet ordre qui nourrit par une continuelle curiosité l'attention qu'ils exigent tous est celui que suivent la plupart des hommes et surtout celui qu'il faut aux enfants[1] ». L'ordre dérivant de cette méthode conforme au progrès général des connaissances humaines est donc celui de la découverte même, c'est-à-dire de l'analyse, opposée à la synthèse qui part des « principes communs », *i.e.* généraux : l'auteur de l'*Émile* rejoint ainsi les prescriptions que Condillac énonce, dans le *Traité des systèmes* de 1749, sur les systèmes fondés sur l'expérience, au premier rang desquels on doit précisément compter la physique. L'approche inductive de la détermination causale sanctionne l'ignorance où nous nous trouvons quant aux causes des phénomènes, comme l'indique efficacement Condillac : « (...) les meilleurs principes qu'on puisse avoir en physique, ce sont des phénomènes qui en expliquent d'autres, mais qui dépendent eux-mêmes de causes qu'on ne connaît point[2] ». Nul doute que le texte du livre III de l'*Émile*, en ce point, entre en parfaite concordance avec ce chapitre du *Traité des systèmes*; mais sur les questions relatives à la méthode de la science, c'est plutôt de Buffon que Rousseau reçoit son information.

Passons aux règles qui résultent de cette adhésion claire à la voie empirique dans l'examen des questions de physique[3] – une voie qui, répétons-le, est cependant secondarisée dans la présentation fournie par Rousseau. Il convient de référer au premier Discours de l'*Histoire naturelle* les deux grandes règles exposées au livre III de l'*Émile* et qui,

1. *Émile*, liv. III, p. 436.

2. *Traité des systèmes*, chap. XVII; pour ce passage, voir l'édition des *Œuvres philosophiques de Condillac*, texte établi et présenté par G. Le Roy, Paris, P.U.F., 1947, 3 volumes : ici t. 1, p. 207.

3. Et non, faut-il préciser en lisant Buffon, de mécanique rationnelle : car cette science est quant à elle susceptible, au XVIIIe siècle et pour les empiristes eux-mêmes, d'une élaboration déductive.

dans le principe même de leur formulation, présentent un des caractères typiques de la méthode analytique – elles illustrent en effet l'idée suivant laquelle la démarche savante doit, dans son déroulement général, se conformer aux conditions qui s'imposent à tous les hommes dans leurs apprentissages. D'une part, la physique expérimentale introduite dans ces pages doit s'entendre comme une science des effets qui, seuls, sont accessibles dans des expériences effectives, et elle repose sur une variante triviale de la prescription newtonienne de ne pas feindre d'hypothèses: « Sans cesse frappés d'effets dont nous ignorons les causes, nous ne nous pressons de juger de rien [1] ». D'autre part et surtout, l'ordre de l'invention dégagé au niveau anthropologique (il s'impose lorsqu'il s'agit des commençants) est converti en une véritable méthode pour la science, où il s'agit d'énoncer les lois de la nature – on partira donc des phénomènes sensibles réguliers, pourvus d'une généralité provisoire : « (...) dans la recherche des lois de la nature commencez toujours par les phénomènes les plus communs et les plus sensibles, et apprenez votre élève à ne pas prendre ces phénomènes pour des raisons mais pour des faits [2] ». Dans un texte fameux, Buffon ramassait ces indications en une conception originale des lois de la nature qui est strictement reprise par Rousseau au livre III de l'*Émile*: « (...) il faudra donc nous réduire à appeler cause un effet général, et renoncer à savoir au-delà. | Ces effets généraux sont pour nous les vraies lois de la nature; tous les phénomènes que nous reconnaîtrons tenir à ces lois et en dépendre, seront autant de faits expliqués, autant de vérités comprises [3] ». Sans en produire une réfutation d'inspiration rationaliste, le vicaire savoyard s'écartera de cette vision empiriste des lois de la nature.

Avant d'aborder la cosmologie de la Profession de foi, il faut encore apporter une précision sur la conception de la théorie physique qui est désignée à l'horizon de l'analyse expérimentale, bien qu'elle demeure hors de portée de l'élève. Lorsque Rousseau caractérise l'ordre qu'Émile doit apercevoir dans la formulation des lois de la nature, il découpe en quelque sorte cet enchaînement naturel des expériences sur le fond d'une intelligibilité d'ensemble désignée sous le titre bien précis de « physique systématique »: « (...) sans les faire entrer bien avant dans la physique systématique, faites pourtant que toutes leurs expériences se lient l'une à

1. *Émile*, liv. III, p. 437.
2. *Ibid.*, p. 443.
3. *Histoire naturelle, générale et particulière*, Ier Discours (1749): *De la manière d'étudier et de traiter l'Histoire naturelle*, *in* Œuvres, éd. cit., p. 62-63.

l'autre par quelque sorte de déduction[1] ». Cette théorie, qui réaliserait en quelque sorte la connexion des expériences selon des principes généraux, présente au XVIIIe siècle deux grandes caractéristiques : d'une part, elle se donne pour objet le monde comme système physique ; d'autre part, elle prétend décrire l'engendrement des principaux phénomènes (et singulièrement la formation du cours des planètes) à partir de l'application des lois générales à une matière plus ou moins indifférenciée. C'est ainsi que, pour en produire une critique physico-théologique, l'abbé Pluche définit de manière très efficace la « physique systématique » comme la science « où l'on prétend ne nous apprendre rien moins que la façon dont chaque chose a pris naissance, ou du moins déterminer les lois ou les forces mouvantes qui règlent la marche de chaque globe[2] ». Il est patent que l'allusion à la physique systématique, dans le contexte empiriste du livre III de l'*Émile*, annonce des éléments précis de la Profession de foi – mais Rousseau dissocie dans ce texte les deux dimensions que nous venons de présenter : d'un côté, le vicaire considère effectivement la cause première de tous les mouvements qui se font dans le monde et l'unité systématique des lois qui les ordonnent. À cet égard, il écarte la voie physico-théologique traditionnelle attachée aux particularités de la nature : nous y reviendrons. D'un autre côté, il entreprend de réfuter les cosmogonies mécanistes dans lesquelles Pluche voyait déjà la vocation de la physique systématique. L'explication strictement réductionniste de l'ordre du monde, répondant au réductionnisme gnoséologique de la théorie du jugement, va se trouver à son tour écartée, en même temps que l'ordre de la création sera considéré pour lui-même.

Comme ce fut le cas à propos de la réflexion, le statut des lois du monde matériel est repris dans la Profession de foi en raison de ses enjeux métaphysiques : il y va désormais de Dieu et de l'ordre du monde, qui font l'objet des deux premiers dogmes de la religion naturelle. La démarche est cependant bien différente et l'on ne saurait assimiler toutes ces questions en une attitude méthodologiquement cohérente du vicaire savoyard. Malgré son ancrage dans la polémique contre Helvétius et, partant, malgré ses limites, l'élucidation de l'activité de l'esprit était indéniablement visée pour elle-même : quelque chose devrait être atteint de l'expression de l'âme dans le jugement. Il n'a pas été signalé que le discours sur Dieu comme cause du mouvement et comme intelligence est conduit d'une tout

1. *Émile*, liv. III, p. 443.
2. *Le Spectacle de la nature*, tome IV, Ier Entretien, Paris, Veuve Estienne, 1739, p. 11.

autre façon. Même si le vicaire franchit les strictes limites que l'analyse des connaissances révéla juste avant la Profession de foi, il ne prétend pas du tout déchiffrer quoi que ce soit de la nature de Dieu en abordant ceux de ses attributs qui engagent la destinée de l'homme moral : Rousseau met bien davantage en scène une balance des hypothèses philosophiques relatives à l'origine de l'ordre général des choses. Rien n'est plus significatif, à cet égard, que la manière dont il distingue sa propre démarche de celle de M. de Franquières, qui s'est quant à lui lancé dans des raisonnements sur la divinité : « (...) je vois, écrit Rousseau, que n'ayant pas suivi dans nos recherches la même route, il est peu étonnant que nous ne soyons pas arrivés à la même conclusion. Balançant les preuves de l'existence de Dieu avec les difficultés, vous n'avez trouvé aucun des côtés assez prépondérant pour vous décider, et vous êtes resté dans le doute[1] ». La Profession de foi du vicaire savoyard témoigne d'une approche foncièrement différente, où il ne s'agit que de comparer les explications systématiques disponibles afin d'adopter un point de vue synoptique plausible sur l'ordre du monde – Rousseau poursuit en des termes décisifs pour aborder le commentaire des dogmes du vicaire :

> Ce n'est pas comme cela que je fis. J'examinai tous les systèmes sur la formation de l'univers que j'avais pu connaître, je méditai sur ceux que je pouvais imaginer. Je les comparai tous de mon mieux : et je me décidai, non pour celui qui ne m'offrait point de difficultés, car ils m'en offraient tous ; mais pour celui qui me paraissait en avoir le moins. Je me dis que ces difficultés étaient dans la nature de la chose (...) et j'avoue que dans ces recherches je pensai comme les gens dont vous parlez qui ne rejettent pas une vérité claire ou suffisamment prouvée pour les difficultés qui l'accompagnent, et qu'on ne saurait lever[2].

Les preuves fournies par le vicaire, si elles portent bien sur l'existence et la sagesse de Dieu (pour les deux premiers dogmes), se fondent sur la considération des doctrines et s'accompagnent d'une réflexion permanente de Rousseau sur les degrés de la certitude. Ainsi les arguments des hypothèses antinomiques sont-ils éprouvés selon différents critères (qu'il s'agisse de distinguer entre l'incompréhensibilité et la contradiction ou de s'interroger sur le remplissement que nos spéculations peuvent recevoir) afin de produire une évaluation complète des théories « rivales » sur le système du monde. En somme, il s'agit avant tout de procéder à une mise à

1. *Lettre à M. de Franquières*, OC IV, p. 1134.
2. *Ibid.*, p. 1134-1135.

l'épreuve des discours philosophiques, en reportant le moment de se prononcer sur la chose même.

Avant d'examiner ces procédés, soulignons que le renvoi à la méthode expérimentale du livre III est explicite dans la Profession de foi, de même que le passage des prescriptions empiristes qui s'y trouvèrent exposées à l'élucidation du monde comme système physique. Disons, pour reprendre la distinction que nous avons réévaluée, que le vicaire adoptera dans ces pages la « méthode du philosophe » : « L'expérience et l'observation nous ont fait connaître les lois du mouvement, ces lois déterminent les effets sans montrer les causes; elles ne suffisent point pour expliquer le système du monde et la marche de l'univers[1] ». Les deux premiers *dogmes* du vicaire, après l'explication de l'*expérience* du jugement, porteront ainsi sur la cause première du mouvement et sur la raison des lois qui en ordonnent la distribution dans une configuration de monde.

Même si le développement consacré à la cause première du mouvement dépasse les limites de l'expérience, c'est à partir des données scientifiques que Rousseau produit une détermination préliminaire de ce problème métaphysique : en première approche, l'essai de philosophie première réside dans l'interprétation d'un certain état de la philosophie seconde plutôt qu'il n'atteint un domaine spécifique d'objets. Ces références empruntées à la physique, même si elles n'appartiennent pas toutes à l'actualité savante, permettent de circonscrire la question métaphysique et d'écarter les spéculations trop abstraites. Il en résulte une construction argumentative remarquable où, d'une part, la mention conjointe de Descartes et de Newton permet de donner son extension maximale au concept du mouvement (sa cause réside soit dans l'impulsion, soit dans l'attraction); où, d'autre part, ces doctrines sont considérées du point de vue de leur capacité à fonder une véritable physique systématique : on se demandera donc si l'une ou l'autre est en mesure, à partir de ses concepts fondamentaux, de rendre raison du monde comme système physique global. Dans ce contexte, la nécessaire animation des tourbillons par le concours du créateur[2], de même que la détermination du *quantum* de l'attraction par une fin extrinsèque au concept même du mouvement

1. Profession de foi, p. 575.

2. En ce point, la lecture de Rousseau peut paraître bien rapide ; il nous semble toutefois qu'il aperçoit (à la différence des commentateurs contemporains) le rôle de la distribution préalable des étoiles fixes dans la cosmogonie fictive de Descartes : de là, les grands tourbillons de matière produisent progressivement les différents cieux et l'ordre du monde visible.

(l'équilibre du système planétaire[1]) suffisent à justifier l'idée que la cause première réside dans une volonté. Cette thèse, soulignons-le derechef, n'est dégagée qu'à travers le synopsis des deux théories physiques paradigmatiques de l'âge classique qui, aussi bien, donnent au problème métaphysique sa plus ample signification intelligible possible; on laissera donc dans l'indétermination la question (sans doute serait-elle purement métaphysique au mauvais sens du terme) des conditions de l'exercice de cette volonté – tout au plus peut-on supposer que la théorie du mouvement spontané devrait exclure une variante de l'occasionnalisme.

Nous disposons en outre d'une expérience qui rend admissible l'idée de l'efficace physique d'une puissance spirituelle : il s'agit bien sûr du mouvement volontaire, que l'analyse spontanée produite par l'enfant ou le sauvage ne leur permettait pas d'interpréter convenablement[2] – le détour par l'examen des théories physiques, dans leur ambition la plus haute, est donc requis pour décoder convenablement l'épreuve la plus intime. Rousseau ne dissimule pas le fait que cette interprétation adéquate soulève des difficultés insolubles, tenant à l'antique problème de la communication des accidents d'une substance (l'esprit qui produit la volition) dans une autre (le corps dans lequel s'opère une certaine distribution du mouvement). Mais en ce point, il appartient à un examen quasi-grammatical des arguments de trancher entre la position des matérialistes, qui tiennent que le mouvement est essentiel à la matière – la version moderne de cette doctrine remonte aux *Lettres à Serena* de Toland, amplement discutées au XVIIIe siècle –, et la thèse rousseauiste d'une cause immatérielle des mouvements matériels.

1) Dès le moment que l'on possède une conception déterminée du mouvement, il est impossible de le tenir pour un attribut inséparable de la matière : car les corps peuveint être au repos et leur concept géométrique, de toute façon, ne suffit pas pour déterminer la composante vectorielle du

1. Cette lecture finaliste est assumée par les newtoniens eux-mêmes et l'on reconnaîtra dans l'argument du vicaire la même observation que produit Bentley dans une perspective physico-théologique : voir la *Defence of Natural and Revealed Religion*, London, Arthur Bettesworth and Charles Hitch, 1737, vol. 1, p. 59-61 ; nous commentons ce texte dans *Contingence et nécessité des lois de la nature au XVIIIe siècle. La philosophie seconde des Lumières*, Paris, Vrin, 2006, p. 179-181.

2. Voir ce passage, que nous avons déjà commenté : « Le sentiment de notre action sur les autres corps a dû d'abord nous faire croire que quand ils agissaient sur nous, c'était d'une manière semblable à celle dont nous agissons sur eux. Ainsi l'homme a commencé par animer tous les êtres dont il sentait l'action. Se sentant moins fort que la plupart de ces êtres, faute de connaître les bornes de leur puissance, il l'a supposée illimitée, et il en fit des dieux aussitôt qu'il en fit des corps » (*Émile*, liv. IV, p. 552).

mouvement – il est vrai que, dans l'intervention du vicaire savoyard et pour les besoins de la cause, ils sont constamment réduits à leurs propriétés cartésiennes. Ce n'est que pour s'être donné une idée générale et vide du mouvement que les matérialistes ont pu soutenir qu'il constituait une propriété essentielle des corps. L'accusation d'abstraction métaphysique qui, avant la Profession de foi, était dirigée contre le programme d'une genèse empiriste de l'idée de Dieu, est ainsi renversée et répétée contre le préjugé reçu de Toland : « Les idées générales et abstraites sont la source des plus grandes erreurs des hommes [1] ». Toute l'argumentation du vicaire est donc pour établir qu'en ce point, la doctrine matérialiste est, soit dépourvue de signification physique déterminée, soit contradictoire.

2) La persuasion attendue du discours du vicaire n'empêche pas que, dès l'exposé du premier dogme, Rousseau laisse s'étendre toutes les ombres qui entourent la thèse d'une cause immatérielle du mouvement, qu'il s'agisse de l'exercice intime de la volonté ou de l'extrapolation qu'on veut en produire au niveau du monde : l'« incompréhensibilité » de l'union de l'âme et du corps redouble le « dogme (…) obscur [2] » du premier moteur divin, bien que l'expérience anthropologique soit convoquée pour éclairer la cause du système physique total. Mais on aura soin d'évaluer finement le statut de ces difficultés, car une lecture de survol a inspiré, sur ces questions principielles, des interprétations relativistes concluant au scepticisme définitif de Rousseau. Or si l'union s'avère incompréhensible en son fond, elle conserve néanmoins la valeur d'un fait *irrécusable*, c'est-à-dire tel qu'il ne peut pas ne pas s'éprouver. L'obscurité du premier dogme de la Profession de foi, à cet égard, n'est pas contradiction et elle n'empêche pas l'adhésion de l'esprit, qui s'opère selon des modalités sur lesquelles nous conclurons cet ouvrage. On reconnaîtra enfin, dans la distinction de ces deux niveaux, une application aux hypothèses philosophiques concurrentes des mêmes critères que nous avons déjà rencontrés, dans la *Lettre à d'Alembert*, à propos des dogmes religieux : tandis que la raison n'aperçoit la causalité spirituelle que comme un horizon qu'elle ne peut atteindre, elle devrait comprendre dans ses bornes la supposition matérialiste pour en démontrer l'impossibilité.

Le second dogme du vicaire ne porte plus seulement sur l'existence de Dieu (comme volonté ou cause première) mais sur son intelligence : « Si la matière mue me montre une volonté, la matière mue selon de certaines lois

1. Profession de foi, p. 577.
2. *Ibid.*, p. 576.

me montre une intelligence : c'est mon second article de foi[1] ». Du point de vue du destin de l'amour de soi, ce dogme joue un rôle essentiel puisqu'il doit dégager le fondement de l'ordre des choses dans la sagesse divine, de telle façon qu'il servira à terme la justification de l'espérance : malgré les écarts introduits par l'homme, la providence devra inclure la possibilité du bonheur du juste. Avant d'en venir à ce point, il importe de souligner qu'en 1762[2], la question de l'ordre du monde, en tant qu'il signale le Créateur, est abordée sous l'angle des lois : « Je juge de l'ordre du monde, quoique j'en ignore la fin, parce que pour juger de cet ordre il me suffit de comparer les parties entre elles, d'étudier leur concours, leurs rapports, d'en remarquer le concert[3] ». Une perspective historique permet seule de mesurer en ce point la spécificité des thèses de Rousseau, qui n'a pas été aperçue : elle situe pourtant l'argumentation du vicaire à l'intérieur de la *philosophie* de son temps, au lieu de la maintenir au niveau de l'émerveillement un peu simple raillé par les *philosophes*. Car l'approche nomologique de l'harmonie du monde met à distance l'interprétation spontanée de la richesse des phénomènes dont nous avons déjà appris qu'elle ne permettait pas au regard naïf qui la découvre de remonter à l'idée du créateur. Ajoutons dès à présent que nous poserons ainsi un jalon permettant, dans les chapitres suivants, de repérer les évolutions de la dernière philosophie où, précisément, Rousseau abandonnera cette vue proprement théorique sur l'ordre. Pour ce qui concerne la Profession de foi, nous verrons dans un second temps de quelle façon le vicaire savoyard entreprend d'écarter un matérialisme inspiré de Lucrèce, suivant lequel la série des arrangements successifs de la matière doit aboutir au système du monde, sans qu'elle soit régie par des raisons finales : cette réfutation, une fois encore, reposera moins sur des raisons démonstratives que sur l'estime du sens même des hypothèses.

1) Le fait de remonter de l'ordre du monde physique à l'intelligence de Dieu a pu donner lieu de penser que nous serions confrontés, dans ce second dogme, au schéma classique d'une physico-théologie ; mais il est essentiel de comprendre que l'ordre est envisagé dans ces pages du point de vue des lois qui le régissent et non selon sa manifestation différenciée dans le spectacle des créatures. Or toute la tradition issue de Boyle[4] cherchait

1. *Ibid.*, p. 578.

2. Sur l'évolution des thèses de Rousseau relatives à l'ordre, de la *Lettre à Voltaire* à l'*Émile*, voir G. Radica, *L'Histoire de la raison*, *op. cit.*, p. 398-401.

3. Profession de foi, p. 578.

4. Sur l'histoire de la physico-théologie, nous renvoyons par commodité au chapitre final de notre *Contingence et nécessité des lois de la nature* ; et, pour une étude des sources de ce

précisément Dieu dans les phénomènes particuliers, envisagés comme autant de merveilles de la nature, davantage que dans des lois générales unificatrices – comme nous l'avons vu, l'abbé Pluche porte à sa pleine explicitation l'hétérogénéité de ces deux approches, tenant à ce que le privilège accordé au niveau des lois générales est associée depuis Descartes aux hypothèses cosmogoniques mécanistes. Rousseau, tout au contraire, adopte le point de vue de la physique systématique et, en 1762, il paraît disqualifier les tentatives pour forger une idée de la sagesse divine à partir des données de la physique expérimentale. Cette décision entraîne une critique explicite des méthodes traditionnelles de la physico-théologie, visées à travers la figure emblématique de Nieuwentyt[1] :

> J'ai lu Nieuwentyt avec surprise, et presque avec scandale. Comment cet homme a-t-il pu vouloir faire un livre des merveilles de la nature qui montrent la sagesse de son auteur ? Son livre serait aussi gros que le monde qu'il n'aurait pas épuisé son sujet et sitôt qu'on veut entrer dans les détails, la plus grande merveille échappe, qui est l'harmonie et l'accord du tout[2].

L'ambition de prouver la sagesse de Dieu à partir d'une conception nomologique de l'ordre des choses – cette ambition visant plus haut que Nieuwentyt et Pluche appelle deux remarques relatives à la situation du second dogme. *Premièrement*, loin de reprendre en ce point des arguments convenus, Rousseau tire dans la Profession de foi la leçon des discussions critiques de la physico-théologie qui agitèrent le milieu du siècle et qui, l'année suivante, seront interprétées de façon convergente par Kant, dans l'*Unique fondement possible d'une preuve de l'existence de Dieu*. La pièce essentielle, dont procède de façon implicite (chez Rousseau) ou explicite (chez Kant) l'inférence qui va de l'unité systématique des lois de la nature à l'intelligence divine, est l'*Essai de cosmologie* de Maupertuis, que nous avons étudié ailleurs[3]. L'influence très notable de cet ouvrage est aujourd'hui mésestimée ; il reste que l'argumentation du vicaire savoyard est structurée par la preuve de l'existence de Dieu que Maupertuis oppose aux tentatives de la théologie physique :

> Ne nous arrêtons (…) pas à la simple spéculation des objets les plus merveilleux. L'organisation des animaux, la multitude et la petitesse des

courant dans la philosophie expérimentale, à B. Morcavallo, *Scienza e pensiero teologico da Boyle a Ray*, Cosenza, Edizioni Busento, 1988.

1. *L'Existence de Dieu démontrée par les merveilles de la nature*, Paris, Jacques Vincent, 1725.

2. Profession de foi, p. 580.

3. *Contingence et nécessité des lois de la nature*, p. 98-108.

> parties des insectes, l'immensité des corps célestes, leurs distances et leurs révolutions, sont plus propres à étonner notre esprit qu'à l'éclairer. L'Etre suprême est partout; mais il n'est pas partout également visible. Nous le verrons mieux dans les objets les plus simples: cherchons-le dans les premières lois qu'il a imposées à la nature; dans ces règles universelles, selon lesquelles le mouvement se conserve, se distribue ou se détruit; et non pas dans les phénomènes, qui ne sont que des suites de ces lois [1].

Les conséquences de ce déplacement intéressent autant les ambitions de la théologie physique que l'organisation de la théorie de l'homme. Il était absolument essentiel aux essais bien particuliers de théologie naturelle inspirés par Boyle et la Royal Society d'être en droit accessibles à tout lecteur: l'extension du domaine des phénomènes et, surtout, sa variété devaient rendre Dieu directement lisible dans la nature. Les pages qui, avant la Profession de foi, effectuent un retour critique sur les acquis de la connaissance empirique, nous l'avons vu, instruisent une critique sans appel de ces tentatives: «(...) l'ouvrage se montre, mais l'ouvrier se cache [2]», affirmait Rousseau. Par contraste, dans la Profession de foi, la saisie de l'ordre à son véritable étiage semble restaurer l'idée d'une manifestation irrécusable du créateur: «(...) à quels yeux non prévenus l'ordre sensible de l'univers n'annonce-t-il pas une suprême intelligence (...)? [3]». Mais il faut s'entendre sur la façon dont l'ordre peut désormais être dit *sensible*. C'est le concours des phénomènes qui fonde l'inférence, de telle façon que celle-ci requiert l'interprétation adéquate des résultats et des apories de la physique systématique, c'est-à-dire l'intelligence réflexive des hypothèses produites sur les lois globales de la nature. Aussi faut-il renoncer à la communicabilité universelle des preuves que voulaient produire les physico-théologiens: l'absence de prévention ne saurait plus désigner la simplicité naturelle d'un esprit renfermé dans les bornes de l'expérience, mais une conscience nette du statut des arguments métaphysiques. Pareille restriction, soulignons-le, atteint le cœur du programme des physico-théologiens. De plus, l'annonce de l'intelligence de Dieu dans l'ordre du monde illustre une fois encore la faille qui parcourt la théorie de l'homme: il ne pouvait être question de spéculer sur l'ordre de l'univers dans les conditions de la genèse qui prévalaient avant la Profession de foi.

1. *Essai de cosmologie* [1750], Iʳᵉ Partie, *in* Œuvres [éd. de 1768], t. III, reprint Hildesheim, Olms, 1974, p. 23.
2. *Émile*, liv. IV, p. 551.
3. Profession de foi, p. 579.

Deuxièmement, une enquête sur le rapport de Rousseau à la méthode doit prendre la mesure de cet écart que le vicaire s'autorise par rapport à la philosophie expérimentale dont procède historiquement une physico-théologie rigoureusement attachée, avant l'*Essai de cosmologie*, au registre des phénomènes particuliers. Au fond, les preuves positives exposées par le vicaire dans les deux premiers dogmes de la Profession de foi sont révélatrices de l'état de la philosophie de Rousseau en 1762 : un état qui, malgré la prétention systématique affichée, présente un caractère d'instabilité, voire de transition – étant entendu qu'il faut entendre par là, plutôt qu'un moment réputé provisoire dans l'histoire d'une pensée, le fait pour celle-ci de se tenir sur une véritable ligne de crête où les tensions marquent la virulence des problèmes qu'elle atteint. D'un côté, comme il est au demeurant normal dans un exposé de théologie naturelle, la preuve de la sagesse de Dieu par la régularité de l'ordre, *i.e.* par la généralité des lois, relève encore de l'examen rationnel et, pour tout dire, de la problématique de la connaissance. De l'autre, cependant, le fait que soit désormais visée cette généralité sans reste, au-delà des généralisations par induction de la physique expérimentale dont Rousseau reçoit les leçons de Buffon – ce fait nous libère inévitablement des prescriptions méthodologiques de l'empirisme génétique qui, précisément, ne trouve dans cette quantification logique maximale qu'une abstraction métaphysique. En somme, les deux premiers dogmes du vicaire achèvent le parcours conduisant de la philosophie expérimentale d'un Condillac ou d'un Buffon à ce que le livre III de l'*Émile* désignait de façon programmatique comme la « méthode du philosophe »; mais comme le suggère peut-être l'effacement de ce titre ambitieux dans la Profession de foi, il s'agit en réalité d'abandonner à ce niveau la *seule* méthode dont Rousseau revendiqua explicitement les prescriptions dans l'examen des connaissances : celle de l'analyse empiriste.

2) Comme nous l'avions annoncé, les dogmes relatifs à l'existence et à la bonté du Créateur sont établis par l'examen dialectique des hypothèses philosophiques, plutôt que par l'inspection de l'idée de Dieu – sans doute y a-t-il là une raison supplémentaire au fait que Rousseau renonce au titre de méthode pour qualifier une telle approche, foncièrement médiatisée par l'état de la philosophie de son temps. De surcroît, le recours à la métaphysique ne répond pas à quelque besoin de la raison, mais aux attaques des matérialistes qui la brandissent contre le sentiment réconfortant de l'ordre des choses. Cette double détermination externe du texte publié en 1762 affecte d'une réelle urgence la question de l'originalité véritable de la réplique de Rousseau, insérée dans nombre d'arguments déjà formés et

produite à un niveau qu'il ne choisit pas. Or, si cette originalité existe bien dès la Profession de foi même, s'agissant de la survie de l'âme après la mort du corps, elle ne s'accomplira que dans les textes ultérieurs.

Dans le cas du second dogme, l'interprétation finaliste de la physique systématique est requise pour balancer l'hypothèse matérialiste suivant laquelle la production de l'ordre dans les phénomènes ne dériverait que des combinaisons successives et fortuites des parties de la matière. Il n'est pas utile de s'arrêter, dans notre perspective, à ceux des arguments du vicaire que Rousseau emprunte à la longue tradition de la polémique anti-matérialiste (et, d'abord, anti-lucrécienne) – cet usage, au fond, confirme simplement la structure dialectique d'un texte construit en forme de dispute. Il en va ainsi des fictions destinées à illustrer les désordres où s'abîmerait la productivité de la matière – on reconnaîtra telle allusion à La Mettrie (« des estomacs sans bouches, des pieds sans têtes…[1] ») –; ou encore de l'exemple archi-classique de la composition de l'*Énéide* de Virgile, irréductible au hasard que les matérialistes posent pourtant au principe de l'ordre infiniment plus complexe du monde visible. Là n'est pas l'essentiel et l'on se prend à croire qu'à travers ces lieux communs, Rousseau se contente de marquer publiquement sa position dans le débat, plutôt qu'il ne la fonde et ne l'argumente.

On ne saurait toutefois s'en tenir à ce niveau – non seulement parce que la réfutation de la doctrine matérialiste est étroitement liée à l'exposé crucial de la théorie de l'ordre, mais parce qu'elle marque le basculement qui, dans la conception de la méthode, s'opère au cœur de la Profession de foi. Une fois encore, on aura soin d'identifier soigneusement les sources des arguments les plus originaux prêtés au vicaire, qui sont explicitement désignées en d'autres endroits. Il se trouve, contre toute attente, que Rousseau emprunte à Diderot l'expérience de pensée par laquelle il congédie l'argument « des combinaisons et des chances » – au Diderot déiste des *Pensées philosophiques*, certes, mais surtout à une page qui accomplit la réécriture moderne des hypothèses de Lucrèce. La réaction de Rousseau est exposée dans la *Lettre à Voltaire* et elle résonnera dans toute l'œuvre :

> (…) ce qui m'a frappé le plus fortement en toute ma vie, sur l'arrangement fortuit de l'univers, est la vingt et unième pensée philosophique, où l'on montre par les lois de l'analyse des sorts, que quand la quantité des jets est infinie, la difficulté de l'événement est plus que suffisamment compensée

1. *Ibid.*, p. 579.

> par la multitude des jets, et que par conséquent l'esprit doit être plus étonné de la durée hypothétique du chaos que de la naissance réelle de l'univers[1].

Ce texte relativement négligé est à l'arrière-plan de la critique du matérialisme dans la Profession de foi. On en retiendra trois éléments : tout d'abord, la réfutation de l'hypothèse des jets n'est pas une conclusion lentement conquise, mais un véritable événement intellectuel survenu bien avant la Profession de foi : celle-ci lui donne un cadre argumentatif, plutôt qu'elle n'en assigne les véritables raisons. Ensuite, la doctrine matérialiste sur la formation des mondes est arrachée à la poétique de Lucrèce et transposée dans les termes d'un calcul de probabilité qui, dans l'abstrait, banalise l'idée qu'un ordre complet pourrait émerger des combinaisons aléatoires successives. Enfin, bien que cette formalisation rende l'hypothèse matérialiste pleinement admissible pour l'intelligence mathématique, l'esprit humain éprouve une résistance décisive lorsqu'il tente d'en envisager la traduction empirique – tel est le point essentiel dont nous examinerons bientôt l'expression dans l'exposé publié en 1762. Auparavant, il faut consulter la source qui frappa tellement Rousseau afin de dégager les enjeux méthodologiques fondamentaux de ce débat, qui enveloppe un rapport complexe avec la tradition philosophique; car Diderot, dans l'ouvrage paru en 1746, donne un contenu physique à l'argument des combinaisons et des chances en se référant à la réécriture cartésienne des cosmogonies mécanistes – il est très frappant de noter que le passage retenu par Rousseau mobilise la thèse fameuse[2] énoncée dans la troisième Partie des *Principes de la philosophie*, suivant laquelle « la matière assume successivement toutes les formes dont elle est capable » :

> (...) si quelque chose doit répugner à la raison, c'est la supposition que, *la matière s'étant mue de toute éternité*, et qu'y ayant peut-être dans la somme infinie des combinaisons possibles un nombre infini d'arrangements admirables, il ne se soit rencontré aucun de ces arrangements admirables dans la multitude infinie de *ceux qu'elle a pris successivement*. Donc, l'esprit doit être plus étonné de la durée hypothétique du chaos que de la naissance réelle de l'univers[3].

1. *Lettre à Voltaire*, p. 1071.

2. Sur l'histoire de ce postulat avant Descartes, voir V. Carraud, « "La matière assume successivement toutes les formes". Notes sur le concept d'ordre et sur une proposition thomiste de la cosmogonie cartésienne », *Revue de métaphysique et de morale*, 2000, n° 1.

3. *Pensées philosophiques*, *in* Œuvres philosophiques, éd. Vernière, Paris, Garnier, 1964, p. 22-23.

On ne développera pas ici les raisons qui conduisent à associer le postulat cartésien d'une revue exhaustive des formes (c'est-à-dire des éléments qui, se répartissant en différents cieux, structurent le monde visible) au programme matérialiste[1]; soulignons toutefois qu'un tel glissement, de la fable du *Monde* au réductionnisme intégral, fut signalé bien avant Diderot par certains auteurs reprochant à Descartes un nécessitarisme[2], voire un matérialisme[3] latents. Mais là n'est pas l'essentiel, qui réside plutôt dans la résistance psychique marquée par l'étonnement dans les *Pensées philosophiques* et que Rousseau force jusqu'à l'impossibilité de donner son adhésion: le sujet est incapable de se *représenter* les attendus physiques de la cosmogonie mécaniste et cette impuissance révèle que, selon la norme de l'intelligence humaine, l'ordre actuel des phénomènes est irréductible aux conditions présumées de son émergence progressive. C'est sur cet état d'esprit que se fonde le « sentiment involontaire » que le vicaire oppose aux matérialistes: loin de se réduire à une conviction intime dont les motifs demeureraient totalement opaques, il est inspiré, au moins en partie, par l'épreuve d'une immensité que l'esprit ne peut dominer et que les philosophes ont l'illusion de manipuler dans leurs arguments.

L'ensemble du second dogme permet de caractériser la position méthodologique complexe de la Profession de foi qui, tout à la fois, naît des limites de l'empirisme et conserve quelque chose de ses exigences. En l'occurrence, c'est par la médiation de références externes et comme emboîtées (Descartes dans Diderot) et, en conséquence, à propos des hypothèses matérialistes renouvelées par la fiction cartésienne, que le rapport problématique de Rousseau à la méthode héritée de Locke et de Condillac révèle sa finesse – et que s'ouvre, pour tout dire, le passage conduisant de l'empirisme à l'expérience.

1) Les *Pensées philosophiques* de Diderot enregistraient, quoi qu'il en fût des enjeux totalement divergents de ces doctrines, un voisinage de procédure entre le postulat cartésien d'exhaustion des formes et les principes d'un matérialisme mécaniste; et bien que Rousseau, dans la

1. Voir notre étude : « Descartes au principe des cosmogenèses matérialistes », *Corpus. Revue de philosophie*, n° 61 : « Matérialisme et cartésianisme », 2011.

2. Voir, parmi d'autres occurrences, le fragment probablement daté de 1689 que nous analyserons dans « L'Âge des fictions » (à paraître), texte traduit par M. Fichant, *in* J.-B. Rauzy (éd.), *Recherches générales sur l'analyse des notions et des vérités*, Paris, P.U.F., 1998, p. 338.

3. Voltaire, *La Métaphysique de Newton ou parallèle des sentiments de Newton et de Leibnitz*, Amsterdam, Jacques Desbordes, 1740, p. 3-4.

Profession de foi, traite ces doctrines en deux endroits différents (rappelons-nous que la cosmogonie cartésienne fut critiquée pour établir le premier dogme), il reprend à son compte cette appréciation, assez répandue au XVIIIe siècle : dans les deux cas, il importe de dénoncer une prétention réductionniste qui interdit d'envisager l'ordre du monde pour lui-même, à un niveau d'éminence architectonique qu'on ne saurait reconduire à la lente émergence des formes. Mais il faut restituer à cette discussion les enjeux méthodologiques qui dépassent son sujet explicite. Comment négliger, en effet, que la fiction cartésienne, *via* les théories de la terre, était convoquée dès le second *Discours* ? Dans l'introduction du présent ouvrage, nous avons montré que, si le texte de 1755 recevait de Condillac sa méthode et certains de ses enjeux, il empruntait expressément sa légitimité aux sciences de la Terre qui naissent avec les Parties III et IV des *Principes de la philosophie* de Descartes : bien plus, jusque dans son écart par rapport à la Révélation, l'ambition explicative globale de l'histoire hypothétique s'adossait au modèle de la fiction diachronique cartésienne. Dès lors, la critique circonstanciée qui est administrée aux hypothèses cosmogoniques dans la Profession de foi dépasse l'enjeu apologétique et elle atteint le programme empiriste qui se donnait à lire dans les références primitives de la théorie de l'homme.

2) La situation, cependant, n'est pas si simple. Si la critique de l'hypothèse des jets impose de contester la continuité que *l'analyse* réductionniste postule, du chaos à l'ordre du monde – en revanche, le primat de *l'expérience* (voire de l'expérience imaginaire en tant qu'elle confère un substrat sensible au raisonnement) devient en réalité plus pressant. On doit donc prendre très au sérieux celles des remarques de Rousseau qui, approfondissant l'intuition diderotienne de 1746 au-delà du scepticisme qui l'inspira sans doute, portent sur la résistance de l'esprit aux spéculations matérialistes – ainsi l'argument le plus sérieux de la Profession de foi s'inscrit-il dans la suite de la *Lettre à Voltaire* : « On aura beau parler de l'éternité des temps, *je ne l'ai point parcourue* ; de l'infinité des jets, *je ne les ai point comptés* ; et mon incrédulité, tout aussi peu philosophique qu'on voudra, triomphera là-dessus de la démonstration même[1] ». On peut alors donner son vrai sens à l'assimilation du matérialisme au « jargon de la métaphysique[2] », qui retourne contre les philosophes le procès en abstraction que ceux-ci dirigent contre les notions sublimes de l'âme et de Dieu : leurs démonstrations, pour une intelligence humaine, ne donnent

1. *Lettre à Voltaire*, p. 1071.
2. Profession de foi, p. 577.

aucune prise, puisque les concepts mobilisés (ainsi la durée indéfinie du chaos) font l'objet d'une généralisation maximale pour laquelle l'esprit ne dispose d'aucun substrat. L'hypothèse des jets, comme les spéculations d'un Descartes, tombent en dehors des bornes de la connaissance humaine – elles sont, au sens fort, irreprésentables et ne peuvent donc susciter l'adhésion. Le consentement d'un esprit dont toutes les idées viennent des sens demeure subordonné à la possibilité d'un remplissement expérientiel que les philosophes ne peuvent pas garantir.

Il n'est pas encore temps de passer de ces arguments négatifs aux conditions positives de la certitude que Rousseau tâche de dégager; on notera toutefois que la *Lettre à Voltaire*, dont les leçons ont été sous-estimées, annonce les conclusions dogmatiques du vicaire en montrant comment se forme la « preuve de sentiment » : elle procède au fond d'une balance entre l'abstraction des démonstrations philosophiques et l'espérance que l'âme éprouve[1]. Reste à en fonder la possibilité, qui dépend de la nature de l'âme : tel est le but du troisième dogme du vicaire savoyard.

À la considération de l'ordre général du monde physique succède la vision des écarts introduits par l'homme : « Le tableau de la nature ne m'offrait qu'harmonie et proportions, celui du genre humain ne m'offre que confusion, désordre ! Le concert règne entre les éléments, et les hommes sont dans le chaos ![2] ». Nous allons revenir sur la forme essentielle de la contradiction. Pour l'instant, soulignons simplement que le désarroi du vicaire est l'amplification du doute que les faits inspirent quant à la place de l'homme dans le plan choisi par Dieu. Le créateur a-t-il abandonné l'être sensible et intelligent aux difformités de la condition des modernes et à l'injustice ? L'intelligence suprême, qui s'est laissée connaître dans les lois de la nature, n'exprime-t-elle sa perfection que dans la production du monde matériel ou se constitue-t-elle en une véritable providence ? Il n'est guère étonnant que Rousseau livre en ce point des éléments de théodicée, c'est-à-dire une défense de la cause de Dieu; mais le contexte de la théorie de l'homme lui confère une orientation propre, puisqu'il s'agira d'établir que le bonheur sensible de l'individu est finalement possible malgré le chaos des relations humaines. L'organisation générale de cette séquence est bien connue : il est permis de réduire jusqu'à l'insignifiance certains maux qui, tels que la maladie, sanctionnent les écarts par rapport à l'ordre, plutôt qu'ils n'en trahissent les limites, et seul résiste le mal social qui

1. *Lettre à Voltaire*, p. 1071.
2. Profession de foi, p. 583.

frappe le juste [1] – l'originalité de Rousseau se situe dans la méditation de ce malheur irréductible qui, voulons-nous souligner, pose une difficulté spécifique à l'entreprise métaphysique. En effet, en ce qu'il est attaché aux établissements humains, il présente une forme de *généralité* telle qu'on ne peut se contenter de le justifier par une sorte de balance entre l'harmonie du tout et le mal particulier. La solution retenue par le vicaire, quoi qu'il en soit, ne présente en apparence aucune originalité marquante : il s'agit d'établir que, selon sa nature, l'âme peut survivre à la mort du corps en sorte qu'elle jouira finalement de s'être conformée à l'ordre voulu par Dieu ou (ce qui demeure secondaire) qu'elle éprouvera les mêmes remords dont la conscience nous affecte, au cours de l'existence, lorsque nous nous souvenons des fautes que nous avons commises. Du point de vue de l'enchaînement des preuves, l'affirmation de la providence ne peut donc être produite immédiatement et elle requiert d'abord que soit mieux comprise la nature du composé humain. Aussi le troisième dogme, relatif à la nature de l'âme, est-il requis pour étendre le deuxième aux rapports de Dieu aux hommes et, parmi eux, au juste persécuté ; mais s'il est vrai, comme le stipule le vicaire dès le début de sa Profession de foi, que ces raisonnements n'ont de sens qu'autant qu'ils répondent à des besoins effectifs caractéristiques de la vie morale, alors nous devons cerner davantage le lieu de cette nécessité.

Reprenons la déclaration qui ouvre la (pseudo-)théodicée du vicaire : « Le tableau de la nature ne m'offrait qu'harmonie et proportions, celui du genre humain ne m'offre que confusion, désordre ! ». Ce qui compte réside peut-être moins dans les thèses mêmes qui s'opposent en une antinomie que dans le fait même de la contradiction. À dire le vrai et pour ce qui concerne le « concert » des éléments, ces affirmations ne présentent pas un tel caractère d'évidence – que l'on songe aux détours qui furent requis pour considérer l'ordre à son véritable étiage. Il s'agit en réalité de thèses métaphysiques et, comme ce fut le cas à propos de la réfutation de l'hypothèse des jets, leur portée véritable ne se révèle qu'en ce qu'elles s'éprouvent dans l'expérience. C'est au fond ce qu'atteste l'inflexion par laquelle Rousseau confère aux lieux communs de la théodicée un enjeu véritable : le mal social est le point où l'amour de soi ne trouve plus sa place dans l'ordre des choses – répétons-le, la sagesse pratique demeure impuissante dans le cas de l'injustice vécue. La déception générale concerne donc l'homme

1. Pour une présentation globale, voir Kiyotaka Kawai, « Sur la théodicée du vicaire savoyard », in *Rousseau, l'*Émile *et la Révolution, Actes du colloque international de Montmorency, 27 sept. – 4 oct 1989*, publiés par R. Thiéry, Paris, Universitas, 1992, p. 201 *sq.*

dans son intimité et nous verrons qu'elle focalise les arguments exposés à partir d'une antinomie passablement abstraite. Bien plus : cette *expérience* de la contradiction constituera en fin de compte l'élément le plus fécond (et le plus pérenne, dans la philosophie de Rousseau) pour fonder l'espérance.

Avant d'en venir à ce point, il convient d'enquêter une dernière fois sur les chemins argumentatifs choisis dans la Profession de foi pour démontrer l'immatérialité de l'âme et, partant, la possibilité de sa permanence après la mort du corps. Leur sinuosité même, les difficultés insurmontables qu'ils contournent nous conduiront à chercher à leur marge la source véritable de la conviction que Rousseau voulut exposer, contre la philosophie de son temps.

1) Qu'en est-il du raisonnement suivi et explicite du vicaire savoyard, qui emprunte plus que jamais ses ressources à l'histoire de la métaphysique? Sans commenter dans leur détail les arguments mobilisés en ce point[1], nous poserons à nouveau la question de leur valeur, telle qu'elle apparut effectivement à Rousseau. La fameuse hypothèse de pensée par laquelle Locke se demandait si Dieu aurait pu ajouter la pensée aux attributs connaissables de la matière est congédiée par une brève élucidation notionnelle, où le corps n'est considéré que comme une chose étendue et, partant, divisible. Dans l'abstrait, il n'est pas même besoin de prendre en compte les autres propriétés reçues par les auteurs du XVIIIe siècle (ainsi l'impénétrabilité) pour objecter que ce qui est simple, savoir la pensée, ne saurait appartenir à un être composé de parties – l'utilisation de cet argument cartésien demeure implicite, mais elle est parfaitement lisible : « (…) pour moi, je n'ai besoin, quoi qu'en dise Locke, de connaître la matière que comme étendue et divisible pour être assuré qu'elle ne peut penser[2] ». Le vicaire savoyard se contente de cette analyse expéditive que nous pourrions qualifier de statique : la question de savoir si la matière peut penser est tranchée à partir d'une sorte de grammaire de la substance, suivant laquelle les propriétés examinées ne sauraient résider que dans les modes d'une nature qui, en l'occurrence, est d'être étendue. Avant de montrer les limites d'une telle présentation, soulignons que, par contraste avec la divisibilité de la matière, elle suppose une concentration de la pensée que Rousseau identifie de façon exemplaire dans le jugement, c'est-à-dire dans l'acte réflexif manifestant l'unité du sujet connaissant qui s'applique à la diversité des sensations. D'une façon plus générale, cette

1. Nous renvoyons le lecteur à notre annotation de l'*Émile*.
2. Profession de foi, p. 584.

opération intellectuelle atteste que la pensée manifeste spécialement sa nature dans la libre disposition de soi. Sans doute la recherche d'une unité substantielle irréductible au corps explique-t-elle que Rousseau, dans les pages qui suivent, ordonne l'étude de l'âme selon les deux pôles solidaires que constituent la liberté, qui exprime l'essence de l'âme, et la réflexion, qui en réalise le mode privilégié dans le cours de la méditation.

Concluons sur les énoncés explicites qui convergent dans le troisième dogme. À la lumière des précisions qui viennent d'être apportées, on ne se contentera pas, dans les lignes fameuses qui récapitulent éloquemment le refus du matérialisme, de relever la célèbre invocation de la « voix intérieure » – elle sera mieux comprise au terme du cheminement proposé dans ce livre –; on prêtera plutôt attention à l'opération dont elle proclame le caractère irréductible : la *réflexion* est désormais nommée et, par là, désignée comme une faculté spécifique, tandis qu'elle n'était jusqu'à présent connue qu'à travers sa principale mise en œuvre dans le jugement de comparaison. Ce n'est qu'en reconnaissant l'importance de cette question relativement technique que l'on peut associer un contenu démonstratif à la démarcation polémique d'une comparaison employée par Diderot – tandis que, dans la *Lettre sur les aveugles*, les idéalistes (et d'abord Berkeley) étaient présentés comme des aveugles, Rousseau parle de la surdité des matérialistes, incapables de se rendre attentifs au témoignage intime de ce qui s'effectue pourtant dans leur esprit : ils sont « sourds (...) à la voix intérieure qui leur crie d'un ton difficile à méconnaître : une machine ne pense point, il n'y a ni mouvement ni figure qui produise la réflexion[1] ». Une fois examinées, fût-ce sommairement, les propriétés des corps, il est donc possible de donner une portée ontologique à l'opération caractéristique qui, dès le début de la Profession de foi, permettait de reconnaître une puissance active ou libre distincte par essence de la sensibilité passive : cet acte d'unification des affections exprime une âme irréductible à l'étendue *partes extra partes* sans laquelle la matière serait inconcevable[2]. Et dans le même temps où la réflexion rend lisible la spécificité de la substance immatérielle, *via* la dichotomie de l'unité (spirituelle) et de la diversité (corporelle), elle permet à Rousseau de refermer un parcours métaphysique qui, dans la Profession de foi, a débuté avec l'élucidation du jugement de comparaison – de l'expérience gnoséologique posée au départ, on aboutit à la compréhension d'une dimension existentielle fondamentale de l'âme humaine : « (...) si l'on comprend bien

1. Profession de foi, p. 585.
2. C'est au reste dans ce dernier point que l'argumentation du vicaire est la plus fragile.

que l'homme est actif dans ses jugements, que son entendement n'est que le pouvoir de comparer et de juger, on verra que sa liberté n'est qu'un pouvoir semblable ou dérivé de celui-là[1] ». Nulle part ne se rend plus criante la subordination de l'exposé du vicaire savoyard vis-à-vis de la théorie de la connaissance, puisque la libre disposition de soi où s'affirme primitivement l'unité de l'âme s'y trouve finalement dérivée d'une certaine interprétation de l'acte de juger. Ainsi s'achève la partie dogmatique des méditations métaphysiques publiées en 1762 : « L'homme est donc libre dans ses actions et comme tel animé d'une substance immatérielle; c'est mon troisième article de foi. De ces trois premiers vous déduirez aisément tous les autres, sans que je continue à les compter[2] ».

L'application des relations prescrites par une théorie de la substance d'inspiration cartésienne à l'expérience du jugement ne doit pas masquer les limites de l'argumentation du vicaire, que Rousseau a vues et choisi de taire dans le traité de 1762. Insistons en particulier sur le fait que, dans la Profession de foi, il revient à une étude *statique* de conclure à la stricte dichotomie de la matière et de la pensée : l'une est réduite à son état d'expression indifférenciée dans l'étendue, l'autre est saisie à partir des actes *sui generis* issus de la réflexion – sans égard, comme nous l'avons vu en détail, pour les causes occasionnelles qui sont à l'œuvre dans l'apparition de la « faculté spéculative ». Ces choix ne signifient nullement que Rousseau ne peut jamais adopter une autre perspective sur la question lockéenne. Des textes rédigés quelques années plus tôt et qui constituent autant de travaux préparatoires font ainsi droit à une théorie émergentiste de la pensée, qui permet de considérer ses différents modes comme les effets, non point de l'étendue abstraite et divisible, mais d'une organisation spéciale des corps vivants :

> (...) le mouvement progressif et spontané des animaux, les sensations, le pouvoir de penser, la liberté de vouloir et d'agir que je trouve en moi-même et dans mes semblables, tout cela passe les notions de mécanique que je puis déduire des propriétés connues de la matière. | Qu'elle en ait que je ne connais point et ne connaîtrai peut-être jamais, qu'ordonnée ou organisée d'une certaine manière elle devienne susceptible de sentiment, de réflexion et de volonté, je puis le croire sans peine[3].

1. Profession de foi, p. 586.
2. *Ibid.*, p. 586-587.
3. *Fiction ou morceau allégorique sur la Révélation*, OC IV, p. 1045-1046.

On soulignera que l'hypothèse d'une apparition progressive de la pensée à partir des propriétés spécifiques de la matière organisée développe un problème que le vicaire passera sous silence dans sa théorie de la substance. En effet, dans la réduction des corps à leur simple concept géométrique, il sera postulé que l'étendue constitue leur attribut *principal*, qui exprime donc sans reste leur essence ; dans le *Morceau allégorique sur la Révélation*, en revanche, Rousseau se tient dans les bornes de la connaissance empirique et n'exclut pas que la substance matérielle possède d'autres propriétés ne relevant pas des modifications de l'étendue – rien de cette exposition philosophique complète du problème ne subsistera dans la Profession de foi. Reste donc à se demander pour quelle raison il est possible d'y tolérer cette simplification abusive ou, ce qui revient au même, en quoi ces pages peuvent valoir comme la présentation pédagogique d'une conclusion valable par ailleurs.

2) L'erreur serait au fond d'imaginer que les dogmes de la Profession dépendent *entièrement* des preuves explicites qu'en 1762, Rousseau choisit d'exposer par le truchement du vicaire et, concrètement, de communiquer à l'élève mis en scène dans l'*Émile*. Les vérités qu'il importe d'acquérir sur les « sublimes *idées* » de métaphysique (Dieu, le monde et l'âme) ont une autre assise que les *raisonnements* métaphysiques privilégiés en 1762. Il est du reste essentiel qu'il en aille ainsi, car ces démonstrations portent au-delà de ses bornes un esprit enraciné dans l'expérience sensible, tandis que les idées qu'elles visent constituent les fondements d'une doctrine essentielle à la pratique – à cet égard et dans le contexte historique d'une philosophie devenue sceptique, voire matérialiste, il existe un besoin de métaphysique. Sans doute est-ce pour cette raison morale que, s'agissant en particulier du troisième dogme, Rousseau passe outre certaines difficultés touchant au fondement même de la théorie moderne de la substance qu'il prétend utiliser. Mais il faut aller plus loin : selon nous, c'est justement dans la méditation de ce besoin que se trouve la preuve la plus haute du dogme sur la survie de l'âme, qui est produit pour le satisfaire – et la Profession de foi, sans atteindre une pleine explicitation de cette entreprise, pose à cet égard des jalons fondamentaux.

Reprenons donc de plus haut les enjeux de cette argumentation, qui doit permettre de rétablir l'espoir du juste malgré les désordres qui règnent parmi les hommes – autrement dit, remontons à l'énoncé même de la contradiction entre l'ordre du monde et le chaos de l'humanité, qui débouche sur l'exposé du troisième dogme. Que voulions-nous marquer en suggérant que la contradiction pèse davantage que les termes qui doivent s'accorder dans l'appareil d'une théodicée ? Il s'agissait pour nous de souligner que, dans la séquence que nous commentons, cette construction de pensée se répète jusqu'à assumer, dans le for intérieur, la charge d'une preuve résistant à la défaillance de l'argumentation métaphysique. C'est ce que déclare expressément Rousseau lorsqu'il rassemble en une même formule le problème qui requiert le troisième dogme et la solution qui lui donne son contenu :

> Si l'âme est immatérielle, elle peut survivre au corps ; et si elle lui survit, la Providence est justifiée. Quand je n'aurais d'autre preuve de l'immatérialité de l'âme que le triomphe du méchant et l'oppression du juste en ce monde, cela seul m'empêcherait d'en douter. Une si choquante dissonance dans l'harmonie universelle me ferait chercher à la résoudre. Je me dirais : Tout ne finit pas pour nous avec la vie, tout rentre dans l'ordre à la mort [1].

Certes, il ne s'agit encore que d'un chemin de traverse dans la Profession de foi et l'on peut estimer, comme toujours, que la puissance de ces lignes est essentiellement rhétorique. Mais ce chemin existe bien, puisque l'on passe d'une contradiction (entre le système du monde et le désordre de l'humanité) à l'autre (entre l'oppression du juste et le triomphe du méchant) – d'un problème métaphysique à un problème moral. Surtout, les textes plus tardifs nous montreront que l'expression du scandale qui, en marge des preuves du vicaire, demeure encore rhétorique, est pourtant la plus importante. Rappelons-nous que l'argumentation métaphysique est imposée par les adversaires ; pour ce qui concerne Rousseau, en revanche, il sera de plus en plus clair que la distinction des substances, bien qu'elle s'expose dans la grammaire d'une philosophie première, est dégagée sur le fond de la contradiction que l'homme éprouve entre l'ordre du monde, qu'il aperçoit désormais avec une certitude presque physique et qu'il désire [2] (or l'amour de l'ordre est justice), et l'expérience quotidienne de l'injustice – autrement dit, dans la suite de la réfutation de l'hypothèse des jets, c'est une expérience morale qui dégage une thèse que la philosophie inscrit dans le domaine de la métaphysique : « (...) de ces tristes réflexions et de ces contradictions apparentes se formèrent dans mon esprit les sublimes idées de l'âme, qui n'avaient point jusque-là résulté de mes recherches [3] ». Cet argument, qui demeure marginal dans la Profession de

1. Profession de foi, p. 589.

2. G. Radica dégage clairement cette dimension affective de l'argumentation prêtée au vicaire savoyard : « La disposition de l'auteur de la Profession de foi est celle d'un individu qui cherche la croyance convenant à ses besoins, à ses doutes et à ses dispositions. L'ordre de l'univers est un ordre désiré » (*L'Histoire de la raison*, p. 400).

3. Profession de foi, p. 583.

foi parce qu'il ne relève pas de la problématique de la connaissance, livre cependant l'*ultime* conviction de Rousseau – c'est-à-dire, tout à la fois, celle qui résiste lorsque les autres sont atteintes par les doutes des philosophes et celle qui passera au premier plan dans la dernière philosophie et, de façon éminente, dans les *Rêveries*.

Nous n'avons formulé aucune objection externe en exposant les lourdes difficultés qui affectent les raisonnements conduits dans la Profession de foi : Rousseau en a une conscience parfaitement nette et, toutefois, il choisit de les mettre entre parenthèses pour deux principales raisons. D'une part, l'efficacité recherchée dans ces pages est essentiellement polémique et la charge contre le matérialisme ne peut s'alourdir de toutes les discussions techniques qui seraient nécessaires. Dans cette perspective, le truchement du vicaire savoyard permet de passer certains problèmes sous silence (par exemple celui des propriétés de la matière qui seraient irréductibles à son concept mécanique) ou de recouvrir de cruciales décisions théoriques sous de simples allusions (sur le rôle de l'expression grammaticale dans la formation du jugement). Mais le plus important tient à ce que, d'autre part, l'importance des conclusions qu'il faut établir commande de tolérer ces difficultés relevant de la spéculation. Les textes ultérieurs articulent cette priorité manifeste au rapport de Rousseau à l'histoire de son œuvre et permettent de dégager l'opération essentielle dont procède toute sa dernière philosophie. Le long retour sur la Profession de foi opéré dans les *Rêveries du promeneur solitaire* établit à cet égard deux points essentiels.

1) L'allure cartésienne de ce bilan, faisant écho aux premières pages des *Lettres morales* et du récit du vicaire, souligne le caractère radical des recherches morales entreprises par Rousseau au moment de sa réforme : « (...) résolu de n'en [une réforme des opinions] pas faire à deux fois, j'entrepris de soumettre mon intérieur à un examen sévère qui le réglât pour le reste de ma vie tel que je voulais le trouver à ma mort[1] ». Mais l'allusion transparente à l'entreprise de Descartes vaut surtout par contraste, en ce qu'elle met en évidence l'instabilité qui affecte les méditations qui aboutiront à la Profession de foi – ainsi le *semel in vita* se transforme-t-il en une série de tentatives[2] : « J'exécutai ce projet lentement

1. *Rêveries du promeneur solitaire* [désormais notées *Rêveries*], troisième Promenade, OC I, p. 1015.

2. Sur ce point, voir J.-M. Beyssade, « Choix des principes et irréversibilité du temps chez Jean-Jacques Rousseau », *Les Cahiers philosophiques de Strasbourg*, tome 13, 2002.

et à diverses reprises[1] ». Surtout, Rousseau déclare qu'il n'a pas également écarté tous les arguments sceptiques des philosophes : « J'avoue (...) que je ne levai pas toujours à ma satisfaction toutes ces difficultés qui m'avaient embarrassé et dont nos philosophes avaient si souvent rebattu mes oreilles[2] ».

2) Dès lors, le point remarquable est que l'insuffisance des *raisonnements* n'affecte pas les *conclusions* et c'est la dissociation de ces deux niveaux qui, selon nous, permet de situer les textes tardifs à leur véritable étiage. Bien qu'ils comportent, nous le verrons, des enjeux de plus grande importance, les longs passages que les *Rêveries* consacrent à l'affaiblissement des facultés conduisent à jeter un voile sur les raisonnements qui fondèrent, fût-ce de façon imparfaite, les dogmes essentiels auxquels Rousseau voulut se tenir après sa réforme – la dernière philosophie n'hérite ainsi que des conclusions et n'aura à rendre compte que de l'adhésion constante qu'elles éveillent dans l'esprit : « Tombé dans la langueur et l'appesantissement d'esprit, j'ai oublié jusqu'aux raisonnements sur lesquels je fondais ma croyance et mes maximes, mais je n'oublierai jamais les conclusions que j'en ai tirées avec l'approbation de ma conscience et de ma raison[3] ». Une telle déclaration doit nous saisir, pourvu que nous la considérions dans la suite d'une référence cartésienne qui fut amplement commentée par ailleurs – au fond, nous sommes ici confrontés à une sorte d'inversion de l'hypothèse du Dieu trompeur : la chaîne des raisons a sombré dans un oubli sans retour, mais les conclusions sont rigoureusement maintenues au titre du seul souvenir de l'évidence ou, pour mieux dire, de l'attitude d'esprit qui permit de l'atteindre. Autant dire que l'œuvre propre de la méthode est effacée, cependant qu'apparaît la véritable source de l'assentiment consenti aux thèses qui furent d'abord présentées selon la voie du raisonnement. Ces deux opérations fixent les coordonnées de la dernière philosophie de Rousseau.

1. Troisième Promenade, p. 1016.
2. *Ibid.*, p. 1017-1018.
3. *Ibid.*, p. 1022.

CHAPITRE III

AU-DELÀ DE LA CONNAISSANCE

INTRODUCTION. REVENIR À SOI

Il fallait que l'entendement de l'empirisme se risquât à considérer Dieu – ou, ce qui revient au même, il fallait que la méthode analytique fût complétée par la critique de ses postulats réductionnistes, pour que la théorie de l'homme confère aux fondements de la morale la plus grande fermeté possible. L'organisation systématique de la pensée de Rousseau répond bien davantage à ces tensions qu'à quelque point de vue architectonique qui les réconcilierait dans l'abstrait, en allant contre la réalité moderne de l'expérience humaine. Nous croyons avoir démontré qu'elles tiennent, en fin de compte, à une antinomie entre une certaine théorie de la connaissance et les exigences inaliénables de l'amour de soi – il faut partir de là pour s'engager dans le massif de la dernière philosophie de Rousseau.

1) Rousseau n'a jamais octroyé à la puissance de connaître d'autres compétences que celles dont l'analyse permet de décrire la genèse à partir de l'expérience sensible – un tout autre problème est de savoir si rien ne s'y ajoute pour *reconnaître* la vérité lorsqu'on vient enfin à l'apercevoir : nous y reviendrons au terme de notre parcours. Il nous paraît quoi qu'il en soit pertinent de parler d'un *entendement de l'empirisme* pour désigner les capacités de raisonnement du sujet rousseauiste car, dans les textes mêmes où se trouve évaluée la possibilité d'atteindre les notions les plus abstraites, Rousseau revient avec insistance sur les deux caractères essentiels qui signalent son adhésion d'ensemble aux postulats condillaciens : l'entendement est assigné aux bornes de l'expérience, c'est-à-dire rappelé à elle jusque dans les matières abstraites, et il est soumis à la nécessité d'un apprentissage, tel celui qui permet de déchiffrer la signature des attributs

de Dieu (la puissance et, surtout, la sagesse, qui fonde l'ordre) dans les œuvres de la nature – rappelons que la physico-théologie ordinaire, faute d'avoir pris en compte cet exercice, ne peut produire aucune preuve valable. Il faut noter que cette position est maintenue bien après l'exposé du système :

> L'homme à la fois raisonnable et modeste, dont l'entendement exercé, mais borné, sent ses limites et s'y renferme, trouve dans ces limites la notion de son âme et celle de l'auteur de son être, sans pouvoir passer au-delà pour rendre ces notions claires, et contempler d'aussi près l'une et l'autre que s'il était lui-même un pur esprit. Alors, saisi de respect, il s'arrête, et ne touche point au voile, content de savoir que l'être immense est dessous. Voilà jusqu'où la philosophie est utile à la pratique [1].

Dès le moment que l'accès à Dieu est pensé selon les règles de la connaissance humaine, en somme, Rousseau affecte d'obscurité cela même que la pratique requiert. L'un des mouvements profonds de la dernière philosophie consistera dès lors à suspecter le chemin lui-même.

2) Aussi est-il essentiel de comprendre ce qu'apporte le détour par l'idée de Dieu à celle de l'ordre qui, quant à elle, fut bien acquise dans les conditions naturelles du progrès des connaissances. En réalité, Rousseau s'abstient effectivement de lever le voile et ne prétend jamais considérer pour elle-même la notion sublime de la divinité. Il n'est question, dans ses textes, que de la providence, c'est-à-dire du rapport que Dieu entretient avec les hommes; de surcroît, elle se trouve réduite à l'assurance que le malheur du juste parmi les hommes sera compensé par une jouissance effective après la mort. Dieu garantit donc l'inscription de la satisfaction de l'amour de soi dans un ordre qui, sans le rapport affectif que le sujet entretient du même coup avec la volonté bienveillante du créateur, demeurerait trop abstrait pour inspirer avec constance une vertu socialement réprouvée – telle est au reste la principale justification de la Profession de foi, que Rousseau fournit dans une page décisive qui suit l'exposé du vicaire :

> C'est alors seulement qu'il trouve son véritable intérêt à être bon, à faire le bien loin des regards des hommes, et sans y être forcé par les lois, à être juste entre Dieu et lui, à remplir son devoir, même aux dépens de sa vie, et à porter dans son cœur la vertu, non seulement pour l'amour de l'ordre, auquel chacun préfère toujours l'amour de soi, mais pour l'amour de l'auteur de son être, amour qui se confond avec ce même amour de soi, pour jouir enfin du bonheur durable que le repos d'une bonne conscience et la

1. À M. de ***, 15 janvier 1769, in *Lettres philosophiques*, Paris, Vrin, 1974, p. 43-44.

> contemplation de cet Être suprême lui promettent dans l'autre vie, après avoir bien usé de celle-ci [1].

Un basculement saisissant vaut d'être signalé: tandis que les raisonnements visant les notions métaphysiques de l'âme et de Dieu exigent de l'esprit qu'il *s'arrache* aux conditions d'une expérience sensible dont il provient et qui irrigue tous ses matériaux, l'amour de Dieu désigne le désir intime et profondément *éprouvé* d'une restauration de la justice malgré les hommes. À terme, nous devrons bien sûr nous demander si cette exigence vécue n'engendre pas une illusion pathétique destinée à prévenir le désespoir du juste; mais il est clair, dès à présent, que la conjonction de l'ordre et du bonheur, qui continue d'inspirer les méditations de Rousseau jusque dans ses derniers textes, ne sera compréhensible qu'au prix d'une nouvelle enquête sur l'amour de soi [2].

Même s'il nous semble ruineux de réduire le dernier *opus*, qui conjugue la nouveauté radicale et l'achèvement [3], à la dimension autobiographique qu'on associe constamment aux *Rêveries du promeneur solitaire*, il demeure que, pour les années qui précèdent leur rédaction, c'est bien dans le registre du récit de soi que nous allons trouver le pressentiment des ultimes orientations philosophiques de Rousseau. Citons par exemple une lettre rédigée au cœur de la tourmente, en 1764 :

> Cette sensibilité qui vous rend mécontente de tout ne devait-elle pas se replier sur elle-même, ne devait-elle pas nourrir votre cœur d'un sentiment sublime et délicieux d'amour-propre, n'a-t-on pas toujours en lui la ressource contre l'injustice et le dédommagement de l'insensibilité. (…) Je ne puis trop vous le redire, je ne connais ni bonheur ni repos dans l'éloignement de soi-même : et, au contraire, je sens mieux, de jour en jour, qu'on ne peut être heureux sur la terre qu'à proportion qu'on s'éloigne des choses et qu'on se rapproche de soi [4].

Ce texte dégage une thèse centrale pour la suite de l'œuvre : il ne faudra pas seulement que l'amour de soi trouve sa place dans un ordre qui, compensant l'injustice, est réglé par les idées sublimes que la philosophie doit tenter de clarifier; bien plus, il se peut que, dans ce repliement sur soi

1. *Émile*, liv. IV, p. 636.

2. P. Audi aboutit également, mais sur d'autres bases, à l'idée d'une preuve de l'existence de l'ordre par un « approfondissement » de l'amour de soi (*Rousseau : une philosophie de l'âme*, Paris, Verdier, 2008, p. 324).

3. Les *Rêveries du promeneur solitaire*, d'un point de vue conceptuel, sont véritablement *achevées* dans la dixième Promenade.

4. À Henriette ***, 4 nov. 1764, CC XXII, p. 9.

qui s'oppose à l'expansion de l'intelligence et de la sensibilité, dans cette préférence qui retrouve son nom le plus classique – l'amour-propre –, réside la compensation elle-même. Mais une telle perspective, qui demeure presque à l'état de protestation dans ces lignes, doit être sérieusement étayée; concrètement, il faudra justifier la mise entre parenthèses de tout le parcours métaphysique dont le vicaire avait besoin contre les philosophes.

Cette réponse en forme de rapatriement, depuis l'expérience de l'injustice jusqu'à l'amour-propre, va se trouver progressivement dégagée dans tous ses attendus, conduisant à l'élaboration de ce que nous appelons la dernière philosophie de Rousseau. Quels sont-ils? Tout passe, nous semble-t-il, par une nouvelle réflexion sur la mort. Dans la Profession de foi, et dans le contexte d'une théodicée, il fallait prouver l'existence de l'âme *au-delà* de la mort. Peu à peu, la mort se révèle plutôt, et de façon paradoxale, comme ce qui constitue la condition du retour sur soi :

> Accablé des maux de la vie et de l'injustice des hommes, j'approche avec joie d'un séjour où tout cela ne pénètre point; et en attendant [insistons : tout ce qui nous intéresse réside dans la méditation rousseauiste de cette attente] je ne veux plus m'occuper, si je puis, qu'à me rapprocher de moi-même, et à goûter ici entre la compagne de mes infortunes, et mon cœur, et Dieu qui le voit, quelques heures de douceur et de paix en attendant la dernière. (...) ne me parlez plus de projets [1].

Tel est le paradoxe qu'il s'agit de comprendre : celui du réconfort pris à une attente qui n'est pas une projection; qui est débarrassée de la dimension du projet [2] inscrit dans le monde des hommes. Que manque-t-il à ce texte remarquable, contemporain des *Dialogues*? 1) que *l'accablement* même soit comme suspendu, pour que l'horizon de la mort ne soit plus conçu comme une simple compensation psychologique; 2) que les conclusions atteintes par le vicaire savoyard, sur l'âme et sur le fondement de l'ordre dans la bonté de Dieu, soient reconquises par d'autres moyens, pour être saisies comme les dimensions irrécusables d'une existence désormais réduite à la pure affirmation de son principe – mais de son principe devenu : non pas l'amour de soi originaire, mais un amour-propre relatif à soi seul. En un mot, il faut les reconquérir au-delà de la théorie de la connaissance, où se jouaient pourtant les meilleurs arguments de la Profession de foi. Ces

1. À Moultou, 14 février 1769, *Lettres philosophiques*, p. 29; CC XXXVII, p. 56.

2. Bien qu'elle ait frappé les meilleurs esprits, la distinction entre le projet (dont parle Rousseau dans les *Rêveries*) et l'entreprise (qui caractérise le geste des *Confessions*) ne doit donc en aucune manière être hypostasiée.

indices, que nous relevons dans la correspondance pour nous conduire dans ces nouvelles directions, peuvent paraître fort minces; ils recevront une confirmation nette dans les *Rêveries*.

DE LA MÉTHODE ANALYTIQUE À L'ANTI-MÉTHODE

La virulence du problème de la connaissance, au XVIIIe siècle, tient entre autres choses aux enjeux métaphysiques dont il se trouve investi : souvenons-nous du témoignage de Dutens, qui voit dans l'élucidation rousseauiste du jugement de comparaison le principal argument contre le matérialisme. Or Rousseau est spécialement attentif aux conséquences existentielles de ces enjeux et conscient des limites des raisonnements du vicaire, qui se situent sur le même terrain que les doctrines réductionnistes : bien qu'elle soit signalée de façon explicite dans des lettres essentielles, cette situation théorique n'a pas assez retenu l'attention des lecteurs de Rousseau. Sa dernière philosophie, telle qu'elle s'accomplira dans les *Rêveries du promeneur solitaire*, récupère les thèses essentielles atteintes par le vicaire tout en prononçant le choix d'une voie (la rêverie) tout à fait nouvelle : elle ne se dessine pas seulement à l'écart des méthodes empiristes, qui furent poussées à leurs limites et critiquées, mais en dehors du terrain balisé par les thèses de l'époque en théorie de la connaissance. L'hypothèse de lecture qui nous guide désormais impose donc de considérer une décision relative à la méthode, que Rousseau prononcera d'entrée de jeu dans les *Rêveries* et qui, outre qu'elle répond aux limites des *raisonnements* métaphysiques, sanctionne en premier lieu l'examen critique d'une théorie du jugement instamment alléguée dans le traité d'éducation. Cette démarche nous permettra de dégager l'horizon *proprement* métaphysique (et non simplement gnoséologique) de la promenade : la mort, telle qu'elle est envisagée et, pour tout dire, expérimentée dans les derniers textes.

L'effacement du jugement

L'idée est passée dans l'usage, que les thèses de Rousseau sur le jugement reçoivent dans la Profession de foi leur expression canonique – ainsi laisse-t-on de côté le décalage que nous avons examiné, de l'analyse génétique du livre II aux enjeux métaphysiques qui orientent l'exposé du vicaire. Mais il faut considérer de surcroît que, dans son application à certains objets positifs qui ont constamment intéressé Rousseau, l'hypothèse suivant laquelle la perception incorpore un véritable jugement se voit, après 1762, révisée, puis restreinte dans son domaine d'application et en fin de compte suspendue : la musique, à cet égard, fournit d'irremplaçables enseignements, qui se feront entendre jusque dans des passages essentiels des *Rêveries du promeneur solitaire*.

Sans doute faut-il tout d'abord justifier cet apparent détour qui nous conduit à suivre la révision de thèses générales et fondamentales à l'occasion de questions particulières et quelque peu techniques. 1) On se demandera précisément à quel titre il est légitime de mobiliser des aspects locaux de l'expérience musicale pour mettre à l'épreuve l'explication réputée universelle de la perception des rapports (c'est-à-dire du *jugement* qu'on en porte à l'occasion des sensations) qui fut exposée par le vicaire savoyard. Plutôt que d'un passage au concret, il nous semble que cet examen porte témoignage d'un changement dans le sens de la référence expérimentale – d'une inflexion qui caractérisera toute la dernière philosophie de Rousseau. L'expérience de l'empirisme, fût-ce celle d'Émile, présente paradoxalement un caractère d'abstraction : les circonstances particulières dont la méthode analytique prétend partir ne livrent leurs déterminations significatives que dans la pureté d'un type dont la fiction assure en quelque sorte la présentation sensible, ou le remplissement. Réelle ou fictive, l'expérience a le statut d'une *figuration* qui garantit l'ancrage empirique de la théorie. Les analyses tardives de la perception musicale, en revanche, considèrent l'expérience dans une positivité qui prime sur la rigueur systématique : elle vaut alors comme une *épreuve*, selon une démarche qui gouvernera le « registre » des promenades dans les *Rêveries*.

2) Ces textes consacrés à la musique et, en particulier, le *Dictionnaire de musique* paru en 1768, sont *les seuls éléments* dont nous disposons pour évaluer les révisions que Rousseau éprouva le besoin d'apporter à ses premières thèses sur le rôle du jugement dans la perception. Pour le reste et, nous le verrons, d'une façon corrélative, ce sujet central dans la théorie de l'homme et dans la Profession de foi passe au second plan dans les textes tardifs – si l'on met à part de brefs rappels, donnés pour mémoire, des critiques adressées au réductionnisme outrancier d'Helvétius. Or ces révisions sont absolument essentielles pour comprendre le fonctionnement de la rêverie elle-même, tel qu'il sera décrit dans la cinquième Promenade. Qu'elles aient lieu en théorie musicale ne signifie en aucune manière qu'elles demeurent marginales : un tel préjugé tient au fait que les historiens de la philosophie ont négligé un domaine qui occupe presque tout un volume des *Œuvres* données dans l'édition de la Pléiade.

3) Outre leurs développements propres dans le domaine de l'esthétique, ces questions de théorie musicale enrichissent notablement

notre connaissance des sources de Rousseau en histoire de la philosophie. Nous avons déjà montré ce que l'explication du jugement doit aux discussions conduites dans les milieux malebranchiens ; mais avant d'être confronté aux thèses d'Helvétius et aux objections mises au point par Lelarge de Lignac, Rousseau a pris connaissance de l'analyse du sentiment du beau comme perception des rapports (comme jugement, donc) élaborée par Diderot. Dans l'article « Beau » de 1751, l'encyclopédiste compare lui-même cette théorie avec celle du Père André, qui se réclame également de Malebranche ; mais les sources directes de l'hypothèse diderotienne se trouvent dans Euler et, par ce biais, dans Leibniz – ce qui, soit dit en passant, confirme textuellement le parallèle que nous avons déjà proposé. L'essentiel n'est pas là et nous voulons surtout signaler que l'appréciation de Rousseau sur cette hypothèse évolue à l'époque du *Dictionnaire de musique* : les critiques mises en forme dans cet ouvrage le conduisent précisément à mettre en doute le rôle universel du jugement dans l'appréhension des rapports, qui fut longuement affirmé dans l'*Émile*. Le cas de la perception musicale fournit ainsi une pièce essentielle pour toute interprétation complète de l'inscription de Rousseau dans l'empirisme de son temps.

Résumons : pour évaluer le sens que prend l'expérience et, en elle, le jugement dans la dernière philosophie de Rousseau, les questions que nous allons aborder constituent une source d'information à peu près unique et, sur le plan de l'histoire de la philosophie, particulièrement référencée. Reste à les circonscrire précisément.

Aux livres II et III de l'*Émile* comme dans la Profession de foi, Rousseau illustre par des expériences visuelles la mise en œuvre puis l'exercice du jugement – c'est-à-dire, en premier lieu, l'opération par laquelle les sensations accèdent au statut idéel d'une perception. Rien n'indique cependant qu'il y ait quelque nécessité d'essence à restreindre au sens de la vue l'explication finalement proposée par le vicaire savoyard. L'indépendance de la puissance active par rapport aux données sensorielles, tout au contraire, paraît conférer au jugement une formalité telle qu'il puisse s'appliquer aux autres sensations, sans égard au fait que, par exemple, l'appréhension des grandeurs inscrit son opération dans le registre des sensibles communs. D'une façon plus positive et plus concrète, les recherches constantes de Rousseau sur les principes de la musique lui donnent lieu de discuter les hypothèses formulées tout au long de l'âge classique et renouvelées au XVIIIe siècle sur la classification des intervalles sonores – ce qui correspond d'assez près au cas de la comparaison des grandeurs privilégié dans l'explication du jugement. Il s'agit plus précisément d'expliquer la consonance, qui désigne l'impression plaisante associée à certaines configurations de deux notes entendues simultanément. Soulignons que cette question n'est en aucune façon marginale : outre que la théorie de la consonance est l'un des aspects essentiels des recherches sur les fondements de la musique, elle a suscité les contributions des meilleurs esprits depuis Descartes et Galilée. Rousseau consacre, dans sa contribution de 1749 à l'*Encyclopédie* puis dans le *Dictionnaire de musique* de 1768, un article très complet à la consonance et les différences d'un texte à l'autre, quant au rôle du jugement dans la perception, se révèlent hautement instructives.

On aura d'abord soin de déterminer le statut de cet objet dans la pensée de Rousseau : car la consonance, en première lecture, se situe à un niveau nettement subalterne dans la production de l'effet musical. Tandis que la mélodie, c'est-à-dire l'imitation des passions par la voix de chant, fait l'objet de l'aspect *moral* du goût (elle donne son contenu spécifique à la sensibilité identifiante qui projette l'auditeur dans les affections représentées par le poème), les consonances et les accords relèvent des « choses physiques » du goût qui présentent deux caractéristiques. D'une part, le sentiment agréable ou désagréable qu'elles procurent à l'organe (ainsi pour les consonances ou les dissonances considérées isolément) est affecté d'une tout autre valeur et, parfois, converti en son contraire, une fois qu'elles sont insérées dans une totalité expressive : outre leur rôle tonal que nous ne pouvons examiner ici, les dissonances deviennent par exemple des éléments essentiels et plaisants dans la progression d'une mélodie. Un exemple plus simple est donné dans l'*Émile* à propos de l'odorat[1] : le cabinet d'une femme possède un parfum qui peut répugner à l'enfant, limité aux choses physiques, mais qui enchantera l'amant; car lorsque la sensibilité active se met en branle, les sensations de l'odorat se trouvent associées à des idées morales (comme l'amour) qui transforment jusqu'à leur apparition. D'autre part, le plaisir procuré par les choses physiques est, en lui-même, inélucidable : il relève d'un dispositif tout proche de l'institution de la nature chez Descartes, où certains mouvements matériels éveillent dans l'esprit les sentiments de telles ou telles qualités qui ne leur ressemblent nullement. L'énigme de l'agrément de pure sensation est au fond ce qui nous intéresse, car cette thèse conduit Rousseau à critiquer les explications proposées de la cause des consonances et, parmi elles, l'hypothèse diderotienne de la perception des rapports. Il revient à l'*Émile*

1. *Émile*, liv. II, p. 416.

de récapituler ces deux séries d'observations, dans le passage du livre IV qui remet en forme les analyses de l'*Essai sur l'origine des langues* :

> On doit distinguer encore ses lois [du goût] dans les choses morales et ses lois dans les choses physiques. Dans celles-ci les principes du goût semblent absolument inexplicables, mais il importe d'observer qu'il entre du moral dans tout ce qui tient à l'imitation : ainsi l'on explique des beautés qui paraissent physiques et qui ne le sont réellement point [1].

Ainsi la puissance des choses physiques dans l'expression musicale ne relève-t-elle précisément pas du niveau physique.

Il faut cependant prendre garde au fait qu'une position subalterne n'en est pas moins décisive – il suffit pour s'en convaincre de constater qu'une bonne partie des articles du *Dictionnaire de musique* est précisément consacrée aux choses physiques, c'est-à-dire aux divers éléments de l'harmonie. D'une façon générale, notre point de vue sur la théorie esthétique de Rousseau pourrait se définir par analogie avec les termes fondamentaux de l'enquête platonicienne sur la politique : il est insuffisant d'en rester à la *justice* (la partie supérieure de l'âme doit commander; la mélodie régente l'expression musicale), car la vraie difficulté réside dans les ressorts de la *tempérance* – dans la façon dont les éléments subalternes (la classe des gardiens; l'harmonie et, plus généralement, les objets physiques du goût) adhèrent à cette hiérarchie. Ajoutons en passant qu'à nos yeux, ce déplacement d'attention est absolument requis par toute position normative sérieuse en philosophie. Dans le cas particulier qui nous occupe, l'enjeu n'est pas de revenir sur une philosophie de l'imitation qu'après tant d'autres, nous avons essayé d'exposer [2], mais de comprendre l'opération qui saisit les objets physiques du goût et, en l'occurrence, les consonances et les accords, sous le point de vue d'une expérience musicale concrète impliquant leur articulation à une affection morale – ce qui suppose d'être attentif aux limites concrètes des explications disponibles, telles qu'elles sont marquées par Rousseau.

Dès l'*Encyclopédie* et, sans modifier ses arguments, jusque dans le *Dictionnaire de musique*, Rousseau écarte l'explication mécaniste de la consonance par le concours des vibrations, connue sous le titre de *coincidentia ictuum* (coïncidence des coups), telle qu'elle fut élaborée par Beeckman, Galilée et Mersenne. Laissons de côté les arguments

1. *Émile*, livre IV, p. 671-672.
2. *Musique et philosophie à l'âge classique*, Paris, P.U.F., 1999.

techniques que nous avons examinés ailleurs[1] pour en venir à la raison de fond qui conduit à tenir pour inexplicables les choses physiques du goût, savoir la solution de continuité (d'allure cartésienne, répétons-le) entre les mouvements et les sentiments: «(...) toute cette explication n'est, comme on voit, fondée que sur le plaisir qu'on prétend que reçoit l'âme par l'organe de l'ouïe du concours des vibrations; ce qui, dans le fond, n'est déjà qu'une pure supposition[2] ». *A contrario*, Rousseau souligne efficacement le bénéfice apporté par l'explication diderotienne, qui épargne de spéculer sur les ressorts d'un tel codage physico-psychique: «Le philosophe qui nous a donné des principes d'acoustique, laissant à part tous ces concours de vibrations (...), rend raison du plaisir que les *consonances* font à l'oreille par la simplicité des rapports qui sont entre les sons qui les forment[3] ». Les consonances nous plaisent, non point directement à cause de l'effet physique produit par la superposition des diverses vibrations, mais parce que nous percevons les *rapports* entretenus par les sons qui les composent. En un certain sens et quoi qu'il en soit de ses sources réelles, cette hypothèse trouve naturellement sa place dans le domaine d'investigation de l'empirisme: le principe général suivant lequel le sentiment du beau réside dans la perception des rapports met entre parenthèses la question de la cause mécanique du plaisir, de même que le *way of ideas* de Locke proscrit de traiter de l'âme « en physicien[4] » – l'étude des contenus de l'entendement n'est pas subordonnée à une hypothèse sur les causes des sensations. Selon l'article « Beau » de l'*Encyclopédie*, la raison du plaisir se trouve dans l'appréhension, par l'esprit même qui éprouve ce sentiment, d'un élément spécifiquement psychique: le *rapport* qu'entretiennent les sensations correspondant à chaque son qui frappe l'oreille.

Les éléments que nous venons de rappeler suffisent à dégager une affinité principielle entre l'explication diderotienne du sentiment du beau et la théorie de la perception comme jugement exposée dans la Profession de foi : dans les deux cas, il s'agit de discriminer entre l'effet des sensations, qui est éprouvé de façon passive, et l'opération intellectuelle qui s'y applique pour prononcer sur le rapport qu'elles entretiennent. Il n'est guère étonnant, à cet égard, que Diderot ait dirigé contre cet aspect de

1. Voir, sur le traitement de ces questions au siècle des Lumières, notre *Raison et perception. Fonder l'harmonie au* XVIII*e siècle*, Paris, Vrin, 2001.

2. *Dictionnaire de musique*, art. « Consonance », OC V, p. 727.

3. *Ibid.*, p. 729.

4. *Essai concernant l'entendement humain*, Avant-propos, p. 2.

la doctrine d'Helvétius les mêmes critiques que formulait le vicaire savoyard.

Sur le fond de cette convergence, il est possible de poser les jalons de l'évolution décisive qui nous importe. Dans l'article « Consonance » de l'*Encyclopédie*, Rousseau souligne la fécondité de l'explication de Diderot, dont il consigne simplement le statut conjectural[1]. En revanche, dans le *Dictionnaire de musique*, cette hypothèse est rejetée parce qu'elle trahit une confusion entre le niveau du sentiment (l'agrément des consonances) et celui de l'opération calculatoire (portant sur le rapport des vibrations) que l'esprit devrait produire pour éprouver la beauté de ces objets : selon le principe diderotien, « le plaisir diminue à mesure que ces rapports deviennent plus composés, et quand l'esprit ne les saisit plus, ce sont de véritables dissonances; ainsi c'est une opération de l'esprit [que Descartes et Diderot] prennent pour le principe du sentiment de l'harmonie[2] ». La formule efficace concluant l'objection est empruntée à Pierre Estève[3], qui écrivait déjà, contre une version de ce principe attribuée à Descartes (sont alors visées les Remarques préliminaires de l'*Abrégé de musique*) : « (…) c'est une opération de l'esprit que Descartes a prise pour le principe du sentiment de l'harmonie. Il a réduit ce sentiment à un jugement de comparaison[4] ». L'enjeu fondamental de cette critique pour la pensée de Rousseau doit être souligné : un compte-rendu fidèle de l'expérience impose d'exclure qu'il reviendrait à un *jugement* de saisir les *rapports* entretenus par les sons dans une consonance. Ce constat ne paraît guère compatible avec les principes réputés généraux qui furent exposés au livre II de l'*Émile* et dans la Profession de foi : contre Helvétius, Rousseau affirmait dans ces textes canoniques que les rapports entre les sensations isolées ne se manifestent que comme les corrélats d'une opération de comparaison identifiable au jugement et assumée par une puissance active irréductible au sens. Selon le témoignage tardif que nous fournit le

1. L'explication proposée par Diderot dans les *Principes généraux d'acoustique*, bien qu'elle « s'étende facilement à d'autres phénomènes qui se remarquent dans les beaux-arts » doit être simplement considérée comme une « hypothèse (…) fort vraisemblable, mais qu'il ne faut pas (…) regarder comme démontrée » (*Encyclopédie*, vol. IV, art. « Consonance », p. 51).

2. *Dictionnaire*, art. « Consonance », p. 729.

3. Nous avons dégagé cette source du *Dictionnaire de musique* dans notre édition du traité de P. Estève, *Nouvelle découverte du principe de l'harmonie, avec un examen de ce que M. Rameau a publié, sous le titre de* Démonstration *de ce principe*, Lyon, ENS Éditions, 1997.

4. *Nouvelle découverte du principe de l'harmonie*, Paris, Jorry, 1752, Introduction, p. VIII.

Dictionnaire de musique, telle n'est précisément pas la situation dans le cas de la perception du rapport synchronique des sons. De plus, loin d'être limitées au cas de l'explication des consonances, ces observations sont congruentes avec d'autres aspects de la théorie musicale de Rousseau. Ainsi en va-t-il d'une réduction de l'accord (formé au minimum de trois sons) aux éléments que l'esprit aperçoit de façon passive : « (...) la sensation composée qui résulte d'un accord parfait, se résout dans la sensation absolue de chacun des sons qui le composent, et dans la sensation comparée de chacun des intervalles que ces mêmes sons forment entr'eux : il n'y a rien de sensible au-delà dans cet accord[1]. » Comment ne pas être saisi par le caractère éminemment paradoxal de cette « sensation comparée » ? Rousseau semble désormais admettre que l'appréhension passive est susceptible d'envelopper une forme de comparaison, contre le fameux argument de la Profession de foi qui fondait la théorie du jugement : « Quand les deux sensations à comparer sont aperçues, leur impression est faite, chaque objet est senti, les deux sont sentis, mais leur rapport n'est pas senti pour cela[2]. » L'expérience doit pourtant nous convaincre qu'il existe, en musique, une « sensation comparée », c'est-à-dire une sensation telle qu'un rapport s'imprime dans un esprit demeurant passif. Et si l'on veut opposer la cohérence du système à la vigilante attention que Rousseau porte à ses observations, on doit à tout le moins enregistrer un fait textuel et conceptuel qui sera de grande importance dans la dernière philosophie de Rousseau : lorsqu'il s'agit d'identifier l'instance qui fait apparaître les rapports musicaux des sons, Rousseau suspend le recours à la forme du jugement qui, pourtant, était la condition nécessaire de ce type d'appréhension selon la théorie de l'homme.

S'il ne nous semble guère intéressant de feindre une hypothèse *ad hoc* qui permettrait de dépasser ce paradoxe, nous devons toutefois tâcher de comprendre comment Rousseau s'efforce jusqu'à un certain point d'expliquer cette expérience essentielle en musique ; et faute d'une réponse systématique vraiment cohérente, le mieux est de mettre en perspective le problème posé par la perception des rapports en musique en adoptant les deux points de vue que distingue Rousseau sur le goût dans les choses physiques.

1) On sait que l'harmonie tout entière, considérée en elle-même, est versée du côté des *choses physiques* et il est patent que le problème que nous avons dégagé va au-delà de l'effet produit par les intervalles et les

1. *Dictionnaire de musique*, art. « Harmonie », p. 847.

2. *Émile*, livre IV, p. 572.

accords : il ne se pose sans doute de façon concrète, aux yeux de Rousseau, que lorsqu'il s'agit d'exposer les conditions de l'appréhension de l'écriture harmonique. La question est dès lors de savoir ce qui, en l'absence d'un jugement de comparaison, s'ajoute aux sensations isolées produites par les différents sons pour produire le sentiment synoptique de leurs rapports. Or les éléments d'une première réponse ont été rassemblés de longue date dans le cadre d'une critique du système de Rameau dont il est inutile de restituer ici tous les arguments. L'essentiel, dans notre perspective, tient dans les résultats qu'en 1755, Rousseau prétend retirer d'une analyse procédant par décomposition de l'expérience – l'organisation de la durée musicale est le seul élément qui, dans la perception de l'harmonie, ne peut être biffé sans que disparaisse en même temps l'estime du rapport des sons : « Qu'est-ce qu'une suite de sons indéterminée quant à la durée ? Des sons isolés et dépourvus de tout effet commun, qu'on entend qu'on saisit séparément les uns des autres, et qui, bien qu'engendrés par une succession harmonique n'offrent aucun ensemble à l'oreille[1] ». Il est crucial de prévenir une lecture faible de cet argument, qui serait ruineuse pour la suite (pour la compréhension de la rêverie) : ces lignes ne formulent pas une simple variation de la thèse de l'*Essai sur l'origine des langues*, suivant laquelle les couleurs sont aperçues d'un seul coup tandis que les sons ne se donnent que dans le temps – de là, une interprétation floue privilégierait dans Rousseau quelque préfiguration des théories du flux temporel, en négligeant et la lettre de ce passage et le fait que, dans les *Rêveries*, le flux n'est pris en compte qu'articulé à un reflux, c'est-à-dire lorsqu'il reçoit une scansion déterminée. Tel est le point essentiel établi par Rousseau dès 1755 : l'analyse de l'expérience associe l'hypothèse de la destruction phénoménale de l'ordre harmonique à la pure indétermination de la durée. Corrélativement, il revient à la mesure et au rythme[2] d'introduire une dimension de référence suivant laquelle les relations harmoniques peuvent être appréciées. Du point de vue de l'histoire de la théorie musicale, on relèvera dans ces lignes la trace d'une intuition remarquable de Rousseau, dont on rencontrerait bien d'autres échos dans son œuvre, suivant laquelle l'estime des hauteurs est liée à certains caractères précis de la temporalisation du son[3]. L'essentiel est d'identifier dans les

1. *Examen de deux principes avancés par M. Rameau*, OC V, p. 357.

2. D'une façon plus fondamentale encore selon d'autres passages de l'*Examen de deux principes avancés par M. Rameau* – que l'on songe à l'exemple de la musique militaire, dont l'effet dépend « moins de l'harmonie que du rythme ou de la mesure » (p. 359).

3. Il faudra attendre les recherches des années 1950 pour que ce pressentiment reçoive une signification technique.

déterminations régulières de la durée ce qui s'ajoute aux sensations afin que l'esprit saisisse les rapports harmoniques des sons.

Dans les textes tardifs, cette analyse fait l'objet d'une modification fondamentale qui permettra son application à d'autres expériences. Selon la présentation retenue dans l'*Examen de deux principes avancés par M. Rameau*, que nous venons de consulter, la durée déterminée ne constitue qu'un *paramètre* requis par l'appréhension de l'harmonie : elle fournit en quelque sorte la raison d'une expérience dont l'engendrement même ne fait pas l'objet de l'enquête. En revanche, le *Dictionnaire de musique* et, d'une façon plus générale, la dernière philosophie de Rousseau atteindront le temps comme une puissance qui met en forme les données sensorielles – étant bien entendu qu'il agira selon les déterminations rythmiques sur lesquelles Rousseau insista très tôt.

2) Qu'en est-il des *choses morales* qui, suivant la division hiérarchique des objets du goût établie au livre IV, constituent à double titre l'élément architectonique de l'expression ? Au niveau proprement moral, elles incarnent de façon sensible la rencontre des sensibilités du compositeur et de l'auditeur ; et ces choses morales, rappelons-le, confèrent aux choses physiques leur véritable efficacité, qui peut requérir au demeurant d'en renverser l'effet mécanique (ainsi la dissonance devient-elle plaisante lorsqu'elle est sollicitée par la conduite des voix[1]). À notre connaissance, et bien que la théorie de la mélodie soit parfaitement connue, les commentateurs ont manqué la convergence essentielle qui la rattache à l'élucidation de l'appréhension des rapports dans l'ordre des hauteurs : car le même élément qui, dans l'expérience de l'harmonie, s'ajoute aux sons pour rendre leurs relations appréciables définit également, dans l'immanence même des conditions d'apparition de ces choses physiques, le point d'appui des *choses morales* qui en modifient les effets. Il est donc très significatif que l'analyse qui, nous l'avons vu, décomposait le sentiment (physique) de l'harmonie se trouve répétée à propos de la mélodie afin d'identifier la principale cause de sa puissance affective : « Ôtez la mesure, détruisez la proportion des temps, les mêmes airs que cette proportion vous rendait agréables, restés sans charme et sans force, deviendront incapables de plaire et d'intéresser[2] » – cet intérêt pris à la musique, cette projection dans les passions qu'elle nous représente est l'imitation même. L'organisation de la durée est donc l'élément fondamental des grands

1. Cet exemple privilégié suppose bien sûr une décision sur le statut de la dissonance, qui fournit son sens proprement musical à la querelle entre harmonie et mélodie.

2. *Dictionnaire*, art. « Temps », p. 1112.

effets de la musique, en même temps qu'elle assume le lien entre l'effet des choses physiques et l'affection morale qui les métamorphose.

Ce point étant précisé, nous souhaitons revenir sur le premier niveau, car l'expérience de la perception des rapports de hauteur des sons est, comme l'atteste la réception de Diderot dans le *Dictionnaire de musique*, toute proche de celle du jugement – au point d'en révéler les apories, tenant pour l'essentiel à ce que le caractère synoptique de la perception ne se donne presque jamais comme l'inférence quasi-calculatoire présentée dans l'*Émile*. Or le cas de la musique permet également d'attribuer à une nouvelle cause la dimension d'activité qui, en 1762, paraissait n'être imputable qu'à une comparaison explicite : dans certaines situations, l'organisation externe de la durée musicale remplace le jugement. Il vaut la peine de noter la proximité lexicale des différents textes où Rousseau nomme les instances qui mettent en forme les sensations. Rappelons d'abord en quels termes le vicaire exprime la prise de conscience de l'opération qui est à l'œuvre dans un jugement de comparaison : « (…) je réfléchis sur les objets de mes sensations, et trouvant en moi la faculté de les comparer, je me sens doué d'une *force* active que je ne savais pas avoir auparavant[1] ». Soulignons ensuite que Rousseau reprend strictement cette présentation pour décrire cette durée déterminée qui supporte l'appréhension des relations musicales : « Le *temps* (…), a sa *force* en lui-même ; elle dépend de lui seul, et peut subsister sans la diversité des sons[2] ». C'est à ce niveau que la théorie des objets du goût révèle sa profonde cohérence : s'il peut « entre[r] du moral » dans les sons discrets qui impressionnent le sens, c'est qu'une force synthétisante s'y applique, qui ne trahit plus, comme chez le Diderot critiqué dans le *Dictionnaire de musique*, l'irruption de l'intellect dans le plaisir du sens mais, d'une façon plus primitive, l'ordre qui gouverne leur mode d'apparition. L'examen de la durée musicale atteste dans l'expérience qu'une autre force unifie les sensations et, de cette façon, fournit à l'expression son matériau.

Certes, le remplacement d'une puissance par l'autre ne fait pas l'objet d'une explication analogue à celle que tentait le vicaire savoyard, lorsqu'il s'agissait de rendre compte de l'opération du jugement décrite au livre II de l'*Émile*. Mais dans une certaine mesure, ce silence confirme notre hypothèse. Dans la Profession de foi, on se rappelle que l'élucidation du jugement fondait une décision métaphysique sur la séparabilité de l'âme ;

1. *Émile*, livre IV, p. 571. Souligné par nous.
2. *Dictionnaire*, art. « Temps », p. 1112. Souligné par nous.

or c'est bien à ce niveau qu'il faudrait avoir l'audace de se placer pour expliquer l'effet de la puissance du temps : « Quel est le principe par lequel ces retours tantôt égaux et tantôt variés affectent nos âmes, et peuvent y porter le sentiment des passions? Demandez-le au métaphysicien[1] ». Rousseau ne feint pas d'hypothèses à propos de l'efficace psychique de la durée déterminée, qui s'éprouve entre la sensation et le jugement. Mais il faut préciser: selon nous, l'exclusion de la métaphysique porte sur les raisonnements qu'on prétend conduire dans son domaine. Et s'il n'est plus question de s'engager sur ce terrain marqué par les disputes, c'est précisément parce que celles-ci vont s'éteindre dans la dernière philosophie. En revanche, cette expérience spécifique de la durée, qui engage les ressorts inélucidables de l'union de l'âme (éprouvant les passions) et du corps (recevant l'impression des déterminations du temps musical) est un fait dont il s'agira de reconnaître le rayonnement dans d'autres régions de la vie psychique. Toute la dernière philosophie de Rousseau s'accomplira dans une rêverie éminente dont l'animation ressortira également, non point d'une activité de l'esprit, mais d'une scansion externe de la durée.

L'effacement de la méthode

L'effacement du jugement ne tient ni uniquement ni, sans doute, essentiellement aux raisons techniques qui viennent d'être exposées et qui, au fond, rendent manifeste le caractère exorbitant des compétences que lui attribuent les auteurs des Lumières. Son importance, dans la Profession de foi, tenait à une certaine prise de position controversiale : c'était dans le but de réfuter les matérialistes qu'il fallait contester la sorte de réductionnisme gnoséologique à laquelle ils avaient donné une portée ontologique. Or l'évolution de la situation de Rousseau, après les condamnations des traités de 1762, a une double portée théorique – celle qui est associée aux questions philosophiques, mais aussi celle qui caractérise le récit de soi. D'une part, au moins à l'époque des *Lettres écrites de la montagne*, il adopte lui-même l'attitude critique mise à distance par le vicaire. D'autre part et surtout, la question du bonheur du juste acquiert une urgence existentielle irrécusable dans un contexte où tous les partis paraissent à la fois hostiles et intenables. Elle se débarrasse en quelque sorte de son habillage théorique pour s'imposer dans la pureté d'un véritable dilemme, évidemment irréductible à l'étude du jugement de comparaison, mais aussi au choix d'une méthode qu'il s'agissait, de 1755 à 1762, d'appliquer,

1. *Dictionnaire*, art. « Rythme », p. 1026.

d'éprouver et de dépasser. Tel est justement le second effacement, plus radical, que les *Rêveries* effectuent : celui de la méthode de la connaissance – connaissance de soi, mais aussi du monde et de l'ordre.

Deux séries de raisons imposent au demeurant d'aborder la lecture des *Rêveries* sous le biais du problème de la méthode : les unes sont internes et résident dans les précisions successives que Rousseau apporte explicitement à la définition de son projet, qui le détachent d'une problématique gnoséologique décisive dans l'*Émile* ; les autres, externes, tiennent au fait que l'ultime *opus* referme une discussion avec Condillac que Rousseau entretient depuis le second *Discours*. Sans doute est-ce l'inscription quelque peu forcée des *Rêveries du promeneur solitaire* dans la catégorie des écrits autobiographiques qui a dissimulé à nos regards la précision avec laquelle Rousseau met en question la méthode de la philosophie au début de cet ouvrage : loin de relever de la démarche suivie dans les *Confessions*, les *Rêveries* reprennent à nouveaux frais les problèmes légués par la théorie de l'homme. Certes, Rousseau fait de lui-même le sujet de son livre ; mais nous verrons que son projet se distingue à plusieurs égards de l'autobiographie dont il a inventé le genre : nous parlerons plus volontiers d'un récit de soi qui est toujours pourvu d'une dimension théorique. Ce pas de côté permet selon nous de discerner, dans les deux premières Promenades, le double déplacement qui ordonne tout l'ouvrage.

1) D'une façon très notable, Rousseau donne aux *Rêveries* un matériau strictement contemporain de leur rédaction : il ne s'agit pas tout d'abord de reprendre l'itinéraire de toute une vie, mais de s'appliquer à une « situation si singulière[1] » qu'elle mérite d'être décrite dans le temps où elle s'expérimente. Son principal trait consiste dans « la mort de tout intérêt terrestre et temporel » et, singulièrement, dans l'état de mort sociale. Soulignons bien que celle-ci ne désigne plus seulement l'isolement du persécuté mais qu'elle s'étend – c'est une nouveauté – à une postérité dont il ne faut plus attendre la reconnaissance, mais le travestissement de l'œuvre : « (...) j'étais dans l'erreur de compter sur le retour du public, même dans un autre âge ; puisqu'il est conduit dans ce qui me regarde par des guides qui se renouvellent sans cesse dans les corps qui m'ont pris en aversion[2] ». Le décalage est saisissant par rapport aux *Confessions* et, partant, au programme de justification attaché à l'autobiographie, où il s'agit de se

1. *Rêveries*, première Promenade, p. 1000.
2. *Ibid.*, p. 998.

justifier du passé et d'attendre qu'à l'avenir, justice soit rendue par les lecteurs[1] – nous y reviendrons.

Dans les *Rêveries*, Rousseau ne présume plus ce retour posthume parmi les hommes, qui eût introduit un jour dans une solitude strictement bornée par la mort; et cette condition inédite fait le premier sujet du livre[2]. Ce n'est que sur ce fond qu'il sera possible de disposer les termes du problème moral, tenant à ce que la proscription radicale ne saurait effacer tout bonheur personnel – mais il serait maladroit d'en venir immédiatement à cette tension, qui s'ordonne d'une toute nouvelle manière au seuil de la mort : nous verrons que la sage doctrine du vicaire sur la mort du corps ne permet pas du tout d'anticiper l'expérience effective dont partent les *Rêveries*. Le point qui nous importe, pour l'instant, tient au double mouvement par lequel le programme d'une analyse bien réglée de cette condition se voit défini puis écarté dès la première Promenade.

Afin de comprendre les dispositions de l'âme en de telles circonstances, il faudrait en droit « procéder avec ordre et méthode[3] », c'est-à-dire faire sur soi des « opérations bien dirigées et longtemps répétées[4] » et les « réduire en système » – ce qui n'est pas à entendre en un sens péjoratif : il s'agirait de montrer selon quel ordre naturel ces opérations, consignées par des observations précises, s'enchaînent les unes aux autres. Comment ne pas observer qu'en cela, on suivrait *exactement* les indications données dans la Préface de l'*Émile*, relatives aux « observations » et à la « partie systématique » de l'ouvrage ? L'idée de « réduire en système » les observations ne peut renvoyer qu'à l'analyse, telle qu'elle fut corrigée (par rapport à ses préfigurations condillaciennes) et appliquée

1. « (...) fussiez-vous vous-même un de ces ennemis implacables, cessez de l'être envers ma cendre, et ne portez pas votre cruelle injustice jusqu'au temps où ni vous ni moi ne vivrons plus » (*Confessions*, Première Partie, [p. 3]). On suivra donc l'analyse d'A. Grosrichard : « Les *Rêveries* ne "prolongent" pas les *Confessions* : l'hétérogénéité entre elles est complète, parce que la position du sujet par rapport à son écriture a radicalement changé. Il n'est plus question de conduire un sujet, jusque-là caché et secret, dans la lumière publique des signes, il ne s'agit plus de se communiquer : il n'y a plus désormais d'autres, et plus rien à dévoiler » (« Gravité de Rousseau », art. cit., p. 62-63).

2. Bien que nous n'assumions ici, ni les principes psychologiques de son interprétation, ni les thèses conduisant à réunir les *Confessions* et les *Rêveries* dans la méditation d'un même phénomène, nous renvoyons à la belle présentation que J. Starobinski fournit de la situation dont part Rousseau dans la première Promenade : « Une limite extrême est atteinte par la persécution, au-delà de laquelle il ne peut plus rien arriver. Cet au-delà est précisément le présent que Rousseau découvre comme sien, le lieu d'un séjour qu'on ne peut lui disputer » (*J.-J. Rousseau, La transparence et l'obstacle*, *op. cit.*, p. 288).

3. *Rêveries*, première Promenade, p. 1000.

4. *Ibid.*, p. 1001.

dans le traité d'éducation. On doit donc se garder de sous-estimer les règles mentionnées dans la première Promenade : de façon lapidaire et précise à la fois, elles ne désignent rien d'autre que les principes méthodologiques fondamentaux de la théorie de l'homme.

Aussitôt que ce rappel est produit, Rousseau renonce pourtant à ce programme proprement théorique. Les motifs de cet abandon relèvent en apparence d'une sorte de psychologie de la vieillesse, mais il va de soi qu'ils répercutent en réalité sur l'esprit connaissant l'horizon de mort qu'il s'agit de prendre en vue. Le protocole méthodologique qui fut défini est hors de portée (« (...) je suis incapable de ce travail[1] »), faute de l'agilité intellectuelle qui permettait d'embrasser toutes les observations et d'apercevoir les liaisons sous-jacentes des états qu'elles rapportent. Dans la deuxième Promenade, le constat sera étendu des faiblesses de l'entendement à l'exténuation de l'imagination. Aussi faut-il renoncer à concevoir le système des affections morales liées aux circonstances exceptionnelles que connaît Rousseau à la fin de sa vie. Ajoutons dès à présent que Rousseau s'avouera un peu plus tard, d'une façon implicite mais incontestable, incapable d'embrasser le monde matériel sous le même point de vue systématique où se plaçait le vicaire savoyard : dès lors et comme nous allons le voir, il faudra penser en de tout autres termes la lisibilité de la Providence dans le monde naturel, c'est-à-dire la perfection de l'ordre. Aux raisons psychologiques s'ajoute un obstacle relatif au projet descriptif des *Rêveries*. Ce point est véritablement essentiel. La mise en ordre méthodique, *i.e.* l'analyse appliquée à l'âme elle-même écarterait Rousseau de son but, savoir « [se] rendre compte des modifications de [son] âme et de leurs successions[2] ». Que faut-il entendre par là ? Comment les règles de l'empirisme pourraient-elles aller contre la description de l'expérience ? Comprenons que le détail des changements effectivement éprouvés, attachés à une multitude de circonstances particulières, disparaîtrait sous l'ordre même qui, pourtant, aurait dû en rendre la loi pleinement intelligible : l'expérience vécue, c'est-à-dire l'épreuve, s'effacerait dans l'expérience analysée de la méthode empiriste. Ainsi les *Rêveries* témoignent-elles dès leur ouverture d'une dichotomie que la théorie de l'homme ignorait et qui interdit d'appliquer la conception rousseauiste de la méthode aux sujets qui occuperont le promeneur.

Le renoncement à la méthode inspire la décision apparemment moins exigeante de consigner les modifications de l'âme en un *registre* qui, tout

1. *Ibid.*, p. 1000.
2. *Ibid.*

en les suivant de plus près, ne répond pas aux exigences rationnelles élevées d'une véritable analyse comprenant une remise en ordre. Le registre offre plutôt un compte ou une simple relation des opérations par lesquelles Rousseau, tel un physicien (la comparaison, ont signalé tous les commen-tateurs, est déjà dans Montaigne) mesure l'état de son âme : « Je me contenterai de tenir le registre des opérations sans chercher à les réduire en système[1]. » Le registre n'est pas même le tableau, qui requiert la disposition ordonnée des données, mais le simple relevé.

Il faut aller plus loin. Au début de l'ouvrage, les opérations dont Rousseau entend établir le registre sont bien celles, répétées et mûries, par lesquelles il dirige son attention sur les modifications de son âme. Or l'abandon de la dimension systématique (c'est-à-dire théorique) du projet emporte une conséquence essentielle qui, à notre connaissance, n'a pas été vue, mais qu'il faut mentionner pour suivre l'admirable construction des deux premières Promenades – il s'agit du brouillage de la distinction de raison que l'empirisme condillacien établit entre les opérations d'analyse et le matériau auquel elles s'appliquent, c'est-à-dire, en l'occurrence les affections du sujet. C'est la médiation de la méthode analytique qui, seule, impose de distinguer les opérations les unes des autres[2] afin de les considérer par abstraction dans leur quasi-formalité, au lieu que l'effacement de la méthode, dans les *Rêveries*, ne les saisit plus que comme des modifications du matériau même qu'elles doivent mesurer. Tel est le premier déplacement qui marque le passage d'une Promenade à l'autre et qui, sur la base d'un abandon du protocole de l'analyse, permet à Rousseau de cerner progressivement l'approche originale mise en œuvre dans le dernier ouvrage. Ainsi la deuxième Promenade s'ouvre-t-elle par le rappel du projet que Rousseau s'est fixé – avec tout de même un passage de la suite des modifications à l'état habituel, marquant sans doute les mouvements moins vifs de son esprit : « Ayant donc formé le projet de décrire l'état habituel de mon âme…[3] ». Mais il est très frappant de constater que le registre n'est plus alors celui des opérations d'allure introspective qui semblaient requises à la fin de la première Promenade ; il est désormais question de décrire les promenades elles-mêmes, qui fournissent leurs occasions et leurs objets externes aux états de l'âme : Rousseau entreprend

1. *Rêveries*, première Promenade, p. 1001.

2. « Il n'est pas douteux qu'on ne puisse, selon la manière dont on voudra concevoir les choses, multiplier plus ou moins les opérations de l'âme. On pourrait même les réduire à une seule, qui serait la conscience. Mais il y a un milieu entre trop diviser et ne pas diviser assez » (*Essai sur l'origine des connaissances humaines*, éd. cit., p. 48).

3. *Rêveries*, deuxième Promenade, p. 1002.

donc « de tenir un registre fidèle de [ses] promenades solitaires et des rêveries qui les remplissent[1] ». Aux opérations se sont substituées les promenades comme objets du registre – ce qui conduit à penser que la forme même de l'ouvrage répond au rejet du système bien compris ou de la méthode telle qu'entendue par les théoriciens de l'analyse.

2) La porosité des opérations au matériau, telle que le registre devient celui des « délices internes[2] », produit des effets plus profonds qui achèvent de définir la voie des *Rêveries*. Une fois écartée la méthode analytique, dans la première Promenade, Rousseau met en lumière, au début de la seconde, un nouveau déplacement qui suit d'une adhésion aux états eux-mêmes, plutôt qu'à l'ordre suivant lequel ils s'enchaînent peut-être. Ce changement est d'une importance cruciale en ce qu'il permet de définir l'ouvrage lui-même, ou plutôt les promenades qui le composent[3], comme des rêveries : « Au milieu de tant de richesses comment en tenir un registre fidèle ? En voulant me rappeler tant de douces rêveries, au lieu de les décrire j'y retombais[4] ». Fût-elle de pure description, comme c'eût été le cas dans le registre dont les relevés barométriques fournissaient le modèle, la méthode est effacée. La rêverie se substitue (« au lieu de ») inévitablement au *registre*, l'épreuve actuelle à la relation des expériences passées[5]. Tel est certainement le décalage le plus net des *Rêveries* par rapport à l'autobiographie.

Par conséquent, à suivre de façon un peu précise le jeu des substitutions très repérables qui s'opèrent dans les trois pages qui assument la transition de la première à la deuxième Promenade, il est manifeste qu'en fin de compte, la rêverie et la promenade remplacent la méthode elle-même – elles s'y substituent comme objets de l'enquête (premier déplacement), car celle-ci échappe par principe à l'exigence d'une mise en ordre systématique ; et elles mettent finalement de côté le registre lui-même, ou la voie de la description, au profit d'une expérience actuelle (second déplacement). Il

1. *Ibid.*

2. *Ibid.*, p. 1003

3. On suivra, sur cet effet de miroir lisible dans le titre de l'ouvrage, les observations de H. Meier, « Les Rêveries du promeneur solitaire ». *Rousseau über das philosophische Leben*, München, Carl Friedrich von Siemens Stiftung, 2005, p. 30.

4. *Rêveries*, deuxième Promenade, p. 1003.

5. Dans la très belle étude qu'il a consacrée aux *Rêveries*, E. Friedlandler trouve dans ce glissement de l'écriture à la rêverie une distance essentielle que le lecteur lui-même est spontanément invité à parcourir, afin de passer du texte à expérience de pensée que Rousseau a en vue : *J.-J. Rousseau. An Afterlife of Words*, Cambridge-London, Harvard University Press, 2004, p. 27.

n'est pas temps d'en venir à cette épreuve originale qui, de fait, couronne le parcours de Rousseau en philosophie ; mais il faut dès à présent souligner que l'effacement de la méthode dont procèdent les *Rêveries* n'est pas seulement une affaire d'exposition : les démarcations finement enchâssées qui, dans les deux Promenades, permettent de cerner la nature du projet sont interrompues, à la fin de la première, par une évocation du bonheur effectif que Rousseau connaît dans des conditions de proscription absolue. Autrement dit, le problème fondamental qui mettait en crise la méthode analytique et qui justifiait le passage à la métaphysique est désormais posé à nouveaux frais : la réponse expérientielle qu'il reçoit au seuil de la mort est conquise en dehors de la problématique de la connaissance, *via* l'exclusion des règles ordinaires gouvernant l'établissement d'une théorie. Ce qui, à ce stade de notre travail, demeure une hypothèse de lecture recevra dans la suite les confirmations les plus précises – pour l'instant, observons simplement qu'elle concorde avec la critique du modèle du jugement de comparaison instruite dans le *Dictionnaire de musique* de 1768[1].

Le travail effectué par Rousseau sur la méthode dans les deux premières Promenades fait retour sur le sens qu'il donnait à ces règles pour philosopher dans la théorie de l'homme et le conduit à les mettre à distance. Cette réflexion interne s'assortit d'une prise de position sur les références externes et leur donne tout leur sens. Les commentateurs ont montré, sur la base de comparaisons textuelles à peu près irrécusables, de quelle façon l'alinéa décisif qui définit le projet de Rousseau à la fin de la première Promenade renvoyait au texte même de Montaigne[2]. Tout cela ne doit pas être remis en cause, du moment que l'on tâche surtout de comprendre ce qu'entend Rousseau lorsqu'il déclare qu'il procède « dans un but tout contraire[3] » à Montaigne : les *Rêveries* ne sont pas composées pour les autres, comme pouvaient l'être les *Essais* ou, faut-il ajouter, les *Confessions* – nous ne reviendrons donc pas sur cette analyse. Mais le passage alléguant cette référence à Montaigne s'insère dans une argumentation bien précise : abandonnant l'ambition de procéder avec méthode, c'est-à-dire selon l'ordre, Rousseau emploie (dans un but

1. À un niveau plus général, M. O'Dea montre l'enracinement de l'enquête conduite dans les *Rêveries* sur « l'empire du cœur » dans les recherches sur la musique : *Rousseau : Music, Illusion and Desire*, New York, St Martin's Press, 1995, p. 200.

2. Voir en particulier E. Martineau, « Nouvelles réflexions sur les *Rêveries* », *Archives de philosophie*, 47, 1984, 3, p. 224-225, avec des renvois particulièrement probants aux *Essais*, III, XIII.

3. *Rêveries*, première Promenade, p. 1001.

inverse, donc) les mêmes ressources que mobilisait Montaigne; et c'est ce qui le conduira à trouver dans les promenades les meilleures indications relatives à l'état de son âme. Même si tous les termes n'y occupent pas le même rang, Rousseau dispose ainsi, en quelques lignes décisives, les jalons suivants pour orienter son projet: l'ordre, la rêverie, la référence à Montaigne, la promenade. Nous proposons d'introduire en ce lieu une comparaison textuelle avec Condillac, car ce parallèle, selon nous, éclaire notablement la mention de Montaigne[1] dans les *Rêveries*. Il est très frappant de constater, en effet, que Condillac aborde justement l'expérience de la rêverie dans la section de l'*Essai sur l'origine des connaissances humaines* qu'il consacre à la méthode. Il importe de citer ce texte pour mesurer combien Rousseau s'en démarque:

> Le *défaut d'ordre* plaît aussi quelquefois, mais cela dépend de certaines situations où l'âme se trouve. Dans ces moments de *rêverie*, où l'esprit, trop paresseux pour s'occuper longtemps des mêmes pensées, aime à les voir flotter au hasard, on se plaira, par exemple, beaucoup plus dans une campagne, que dans les plus beaux jardins. C'est que le désordre qui y règne, paraît s'accorder mieux avec celui de nos idées, et qu'il entretient notre rêverie, en nous empêchant de nous arrêter sur une même pensée. Cet état de l'âme est même assez voluptueux, surtout lorsqu'on en jouit après un long travail. | Il y a aussi des situations d'esprit favorables à la lecture des ouvrages qui n'ont point d'ordre. Quelquefois, par exemple, je lis *Montaigne* avec beaucoup de plaisir, d'autrefois j'avoue que je ne puis le supporter[2].

Il va de soi que l'expérience décrite dans ces lignes n'est qu'une pâle préfiguration de celle que relatera Rousseau. Tel est précisément le point! De l'un à l'autre, de Condillac au promeneur solitaire, il y va en réalité du passage d'une dichotomie entre ce qui relève de l'ordre systématique, *i.e.* de la méthode, et ce qui en reste au rang de simple divagation (ce qui n'est en somme qu'absence de méthode) – à une opposition entre la méthode, révélée impraticable et inessentielle dans l'état où se trouve

1. Dans son étude, E. Martineau traite également de l'opposition de Rousseau à Condillac, qu'il fait porter sur le concept de réminiscence. Outre que le sens de la critique condillacienne des petites perceptions est curieusement déplacé, nous tâchons de montrer ici que la poursuite de la discussion de Condillac dans les *Rêveries* concerne essentiellement (et d'une façon très cohérente) la question de la méthode. Les observations d'E. Martineau sur la réminiscence, consistant à montrer qu'elle est *de* la chose et de *son* temps propre (art. cit., p. 244-245) n'en demeurent pas moins valables, comme il apparaîtra dans la suite de notre analyse.

2. *Essai sur l'origine des connaissances humaines*, IIe part., sect. II, chap. 4, § 49, p. 188.

désormais Rousseau, et une véritable contre-méthode, une autre voie pour traiter le problème fondamental de l'existence.

La décision d'abandonner l'outillage empiriste de la théorie de l'homme afin de rendre compte de la situation absolument originale du solitaire à la fin de sa vie engage au fond un double rapport à la philosophie, comme démarche et comme tradition : c'est d'un même mouvement, en effet, que Rousseau introduit progressivement la rêverie comme une voie contre-systématique de connaissance de soi ; et qu'il affirme en contexte la valeur éminente de cette expérience, qui fut approchée par Montaigne et que Condillac associait déjà à une vacance de l'ordre méthodique. L'analyse s'efface et, dans une certaine mesure, la promenade sert une nouvelle compréhension de l'existence – c'est en elle, pour commencer, que se révèle en toute netteté l'horizon de mort auquel l'absence des autres hommes paraît circonscrire la sphère de Rousseau.

L'Expérience de la mort

Dans le moment du système, la mort médiatisait le rapport du malheur du juste à la providence : en un certain sens, il n'était question d'elle que pour l'effacer, pour établir qu'elle ne concernait pas l'âme immatérielle. Cette dialectique, en ce qu'elle reposait sur une série d'arguments empruntés à la métaphysique et à la théorie de la connaissance, n'est plus pertinente dans le temps des *Rêveries* – en témoigne le fait, avons-nous dit, que ces preuves ont versé dans l'oubli. L'imminence de la mort et, davantage encore, l'expérience qui la présente à Rousseau congédient les spéculations relatives à la durée de l'âme, puisque l'esprit précisément s'épuise. Nous allons tenter de déchiffrer cette expérience que livre la promenade elle-même, conformément aux déplacements que nous venons d'analyser. Cependant, pour comprendre la position de Rousseau, c'est-à-dire la relation qu'il entretient aux bornes de sa sphère, nous devons rappeler que les *conclusions* des raisonnements du vicaire, quant à elles, ne sont pas abandonnées. Certes, plus aucun avenir concret n'oriente le projet des *Rêveries* et l'on peut dire, à cet égard, qu'il se nourrit plutôt d'une projection dans le passé[1]. Force est de constater, cependant, que les meilleurs commentateurs n'ont souvent considéré que cette dimension de

1. Voir E. Martineau, art. cit., p. 237-238.

ce que nous désignons comme la position de Rousseau[1]. Lorsqu'on aperçoit que les *Rêveries* ne résument pas purement et simplement la Profession de foi, on a tendance à verser dans l'excès contraire en taisant ce qui, dans les Promenades, concerne l'espérance, parce qu'on la confond avec une certaine représentation du futur qui, sans nul doute, n'a plus lieu. Or l'espérance authentique désigne une affection *actuelle* de l'âme, qui réfère son état présent à l'ordre des choses plutôt qu'à l'avenir – telle est la raison des déclarations qui réactivent les conclusions de 1762 : « (...) l'état auquel j'aspire parce que je m'y sens avoir droit » est pris en vue autant qu'il correspond, à la lettre, au sentiment présent de la justice[2]. Le sentiment de cette concordance entre l'ordre et le moi valide les résultats de recherches qui, dans leur détail, étaient liées à une controverse contre Helvétius qu'il ne vaut plus la peine de relancer :

> (...) de vaines argumentations ne détruiront jamais la convenance que j'aperçois entre ma nature immortelle et la constitution de ce monde et l'ordre physique que j'y vois régner. J'y trouve dans l'ordre moral correspondant et dont le système est le résultat de mes recherches les appuis dont j'ai besoin pour supporter les misères de ma vie[3].

Ce n'est qu'en prenant au sérieux ces déclarations (et celles, analogues, qui referment auparavant la deuxième Promenade) qu'il est possible de cerner le problème de Rousseau dans les *Rêveries* – ou, pour mieux dire, la formulation originale, dans le dernier ouvrage, d'un problème qui occupa constamment Rousseau. La concordance entre le moi et l'ordre, qui garantira le bonheur du juste persécuté, n'est plus adossée à quelque hypothèse plus ou moins *ad hoc* sur la nature de l'âme permettant de conclure à sa survie après une mort physique qui, au fond, ne l'engagerait pas dans son essence; au contraire, l'âme éprouve cette exigence intime dans le temps même où la mort dessine l'horizon de tous les rapports qui l'inscrivaient dans le monde – au moment, nous allons le voir, où la mort s'expérimente.

1. Ainsi a-t-on fait comme si toutes les pages de l'ouvrage n'étaient pas également fidèles à la vérité présumée du projet qui l'inspire; les *Méditations métaphysiques*, notons-le au passage, ont subi rigoureusement le même sort, consistant en l'occurrence à présumer que Descartes manquait le sens de sa découverte après l'énoncé de l'*ego sum, ego existo* – comme si une science complète, dans son cas, ou le salut de l'âme, pour Rousseau, ne valaient pas qu'ils s'y consacrent.

2. *Rêveries*, première Promenade, p. 1002.

3. *Rêveries*, troisième Promenade, p. 1018-1019.

Nous ne saurions trop insister sur les conséquences de cette transformation existentielle sur l'itinéraire méditatif de Rousseau, non seulement à cause de la sorte d'urgence où elle place le solitaire, mais encore du point de vue des ressources intellectuelles qu'elle mobilise. La théodicée du vicaire savoyard supposait qu'à quelque égard, un accès fût ménagé aux « sublimes notions » qui poussent l'entendement humain aux limites de ses capacités. Les *Rêveries* expriment la réminiscence de cet effort[1], mais le détail de ses applications a disparu et, surtout, il ne peut plus être réitéré. Car la marque intime de l'imminence de la mort réside précisément dans l'extinction progressive des capacités expansives de l'esprit, dans l'ordre gnoséologique comme dans l'ordre affectif : « Mon imagination déjà moins vive ne s'enflamme plus comme autrefois à la contemplation de l'objet qui l'anime (…), l'esprit de vie s'éteint en moi par degré[2] ». Or ce déclin compromet dans son principe la généralisation des idées qui conduisait à la saisie des rapports universels. Le problème de l'espérance se pose dès lors avec une urgence toute spéciale, puisqu'elle vise la restitution d'un ordre dont les images se brouillent à l'approche de la mort – les premières pages de la deuxième Promenade sont d'ailleurs organisées par cette tension, puisque l'état auquel aspire Rousseau est mentionné dans un paragraphe qui expose pourtant la mort des facultés qui projettent l'individu au-delà de lui-même. Cette présentation trace au demeurant la voie qui sera explorée dans tout l'ouvrage : ce n'est pas seulement que l'espérance appartient à l'amour de soi, mais encore, d'une façon plus radicale, qu'à certaines conditions, le sentiment d'existence comprend en lui-même l'état qui est espéré. Mais cette perspective ne peut s'apercevoir qu'à partir de l'expérience de l'approche de la mort[3].

L'essentiel est donc de mesurer combien la deuxième promenade, dans son noyau essentiel, donne aux termes du problème que nous venons d'exposer un contenu expérientiel (plutôt qu'autobiographique), à travers la longue relation de l'accident[4] – et, avant même cet accident, lorsque les

1. Voir en particulier la troisième Promenade, p. 1016.

2. Deuxième Promenade, p. 1002.

3. Et nous allons voir qu'il s'agira en réalité d'une *quasi*-expérience de la mort elle-même. Cette situation expérientielle définit le site véritable des *Rêveries*, ainsi qu'A. Grosrichard l'a exprimé avec force en parlant pour Rousseau : « Non pas mourir, encore moins me suicider, mais être mort, vivre comme mort » (« "Où suis-je ?", "Que suis-je ?" Réflexions sur la question de la *place* dans l'œuvre de J.-J. Rousseau, à partir d'un texte des *Rêveries* », *in* M. Coz et F. Jacob (éd.), *Rêveries sans fin. Autour des* Rêveries du promeneur solitaire, Orléans, Paradigme, 1997, p. 45).

4. Cet accident survient le jeudi 24 octobre 1776, en redescendant d'une promenade sur les hauteurs de Ménilmontant. Rousseau habite Paris depuis 1770.

Rêveries évoquent l'état d'esprit de Rousseau dans les minutes qui précédèrent : cette première description, en effet, préfigure la restriction de l'horizon des facultés, mais en considérant simplement les contenus de pensée. De quoi s'agit-il avant l'accident ? Certes pas d'une fusion dans le tout de la nature, ni même d'une expansion des idées à la considération du spectacle total, mais seulement de tout le « détail » qu'offre la botanique et dont il s'agit de faire « l'énumération[1] ». Quant à « l'ensemble » du paysage, il sera certes plus « touchant[e][2] », mais aussi plus triste – il offre « partout l'image de la solitude et des approches de l'hiver[3] ». Ainsi constatons-nous *in concreto* que l'appréhension de l'ordre, dans laquelle consiste (jusque dans le résumé que nous avons cité) le fondement de la doctrine morale de l'*Émile*, est décalée et constitue l'un des lieux décisifs où s'opère le basculement d'un ouvrage à l'autre. On se rappelle que, dans la *Profession de foi*, Rousseau critiquait l'ouvrage de Nieuwentyt, *L'existence de Dieu démontrée par les merveilles de la nature*[4], dont il avait pourtant recommandé la lecture dans le *Projet pour l'éducation de M. de Sainte-Marie* : « L'histoire naturelle peut passer aujourd'hui (…) pour la plus intéressante de toutes les sciences que les hommes cultivent, et celle qui nous ramène le plus naturellement de l'admiration des ouvrages à l'amour de l'ouvrier. Je ne négligerai pas de le rendre curieux sur les matières qui y ont rapport, et je me propose de l'y introduire (…) par la lecture du *Spectacle de la nature* [de l'abbé Pluche] que je ferai suivre de celle de Nieuwentyt[5] ». Comme nous l'avons vu, l'argument de la critique conduite dans l'*Émile* était que l'abîme du regard dans les détails risque d'éloigner de la considération du tout – tandis que l'ordre ne s'affirme réellement et n'est digne d'admiration qu'à cet étiage : « (…) la plus grande merveille échappe, qui est l'harmonie et l'accord du tout[6] ». Or, que lisons-nous dans les *Rêveries du promeneur solitaire* ?

> (…) un instinct qui m'est naturel, me faisant fuir toute idée attristante, imposa silence à mon imagination et, fixant mon attention sur les objets qui m'environnaient me fit pour la première fois détailler le spectacle de la

1. Deuxième Promenade, p. 1003.
2. *Ibid.*, p. 1004.
3. *Ibid.*
4. Paru en 1715, l'ouvrage est traduit en français dès 1725.
5. OC IV, p. 50.
6. Profession de foi, p. 580.

nature, que je n'avais guère contemplé jusqu'alors qu'en masse et dans son ensemble[1].

L'appréhension de l'ordre ne se confond plus avec celle des idées générales des rapports gouvernant l'univers, dont les phénomènes particuliers seraient accessibles à la sensation, mais elle doit tenir compte des dispositions du Rousseau des *Rêveries* – d'un sujet qui, s'écartant en quelque sorte du chemin progressif des connaissances, possède un entendement circonscrit à l'étude des phénomènes particuliers. Faut-il dès lors supposer que « la plus grande merveille échappe », pour laisser purement et simplement la place à des objets singuliers qui n'ont pour vocation que de capter l'attention du promeneur, afin de l'arracher à des souvenirs pénibles et aux divagations de son imagination? C'est plutôt que la genèse de ce rapport au monde comme totalité n'est plus productible dans les conditions où se trouve Rousseau – c'est l'opération même de la généralisation des affections (sur autrui) et des idées (sur l'ordre) qui n'est plus possible.

Il est un peu moins étonnant, dans ce contexte, que Rousseau choisisse de commencer par la relation d'un accident; par faire, en réalité, de la promenade où il survint le modèle des suivantes. Mais il faut encore comprendre en quoi ce récit inaugural peut ouvrir l'étude spécifique de la rêverie, qui est expressément annoncée. Deux séries de raisons, lisibles dans une déclaration explicite puis dans une comparaison textuelle, justifient cette décision : 1) c'est « surtout » dans cet épisode, survenu en 1776, que s'éprouve l'effet de la réactivation de la rêverie dans la réminiscence. Mais il est manifeste que Rousseau songe alors aux premières heures de la promenade, fort plaisantes et qui furent habitées par les libres évocations intérieures des affections qu'il nourrit au long de sa vie; or nous n'avons pas lieu de penser que cette situation fût exceptionnelle et ne caractérisât pas de nombreuses autres promenades. Certes, on peut penser que l'accident souligne par contraste la qualité des moments qui le précédèrent ou qu'à tout le moins, il les rend particulièrement mémorables – il y a plus bien évidemment : car il vaut pour lui-même, bien qu'il n'illustre guère les vertus associées au *souvenir* des rêveries passées. 2) En revanche, l'accident répond très exactement au projet même de l'ouvrage et il en fournit la première instanciation, en approchant les *expériences* spécifiques qui justifient le livre entier. Qu'est-ce qui, à la lettre, vaut en effet d'être relaté et justifie le choix de cet épisode pour donner son contenu de rêverie à la seconde Promenade? L'accident même ou, plutôt, le réveil qui le suit :

1. *Rêveries*, septième Promenade, p. 1062.

« L'état auquel je me trouvai dans cet instant est trop singulier pour n'en faire pas ici la description[1] ». Nous lisons dans cette phrase la répétition des lignes qui, dans la première Promenade, précédaient la définition du projet de tout l'ouvrage : « Une situation si singulière mérite assurément d'être examinée et décrite, et c'est à cet examen que je consacre mes derniers loisirs[2] ». Quelle était cette situation, au début de l'ouvrage ? Répétons-le, « la mort de tout intérêt terrestre et temporel », qui appelait la transposition de la méthode en rêverie. Et de quoi s'agit-il dans cet accident singulier ? D'une préfiguration très complète de la mort effective, précédée d'une allusion claire à la jouissance irrécusable d'exister au seuil de la destruction. La rêverie, dans l'exemple typique que retient la seconde Promenade, réalise bien cette expérience susceptible de remplir la situation d'imminence de la mort.

Cet ancrage existentiel s'accompagne d'un ancrage textuel essentiel qui, en un sens, fut annoncé dès la première promenade : la référence aux *Essais* de Montaigne[3] est ici très utile, non seulement pour approcher, par contraste, l'originalité du témoignage de Rousseau mais encore, d'une façon plus fondamentale, pour identifier nettement le problème posé à nouveaux frais dans les *Rêveries du promeneur solitaire* – celui du renouvellement de la connaissance de soi devant la mort.

Le texte de Montaigne, que Rousseau ne peut manquer d'avoir en vue, donne en effet son objet explicite à la relation de l'accident : il s'agit de réfléchir non sur la mort, mais sur l'expérience de la mort. On ne s'arrêtera pas au paradoxe suscité par la trivialité fameuse et qui n'a nul besoin de la philosophie pour être établie, suivant laquelle il n'y a pas d'expérience de la mort. Montaigne, avant Rousseau qui va répéter son geste, énonce et dépasse cette évidence : « Il me semble toutefois qu'il y a quelque façon de nous apprivoiser à elle et de l'essayer aucunement [=en quelque façon]. Nous en pouvons avoir expérience, sinon entière et parfaite, au moins telle, qu'elle ne soit pas inutile, et qui nous rende plus fortifiés et assurés[4] ». On a pu opposer les *Rêveries* aux *Essais* en suggérant que, là où Montaigne se voit mourir, la seconde Promenade décrivait une renaissance ; mais outre

1. *Ibid.*, deuxième Promenade, p. 1005.

2. *Ibid.*, première Promenade, p. 1000.

3. Peu après la mort de son père, en 1568, Montaigne subit un accident de cheval : le rapprochement avec la chute de Ménilmontant fut souvent produit mais, comme souvent, pour chercher à lire quelque influence de Montaigne sur les *Rêveries*. Nous importe au contraire la façon dont Rousseau se saisit du texte des *Essais* pour atteindre sa propre compréhension de l'expérience de la mort.

4. *Les Essais*, liv. II, chap. VI, éd. P. Villey, Paris, P.U.F., 1965, t. II, p. 371-372.

que le sens de ce texte, en lui-même et dans l'économie de l'ouvrage, nous ramène au contraire à un horizon de mort, il ne faut guère s'étonner que, chez Rousseau comme chez Montaigne, il soit bientôt question de la douloureuse récupération des capacités que l'accident a stupéfaites: car l'expérience demeure par définition celle d'une *quasi*-mort et, partant, celle d'un retour à la vie. Là n'est pas l'essentiel et la véritable question peut s'énoncer ainsi: pourquoi les deux auteurs associent-ils cette expérience à un accident, plutôt qu'à une maladie ou au spectacle de la mort d'autrui?

La gravité même des blessures ne constitue pas le cœur de la comparaison: l'estime de l'atteinte physique est au contraire neutralisée par l'absence de douleur, qui se voit ainsi pourvue d'une double signification. D'une part, en ce que cette anesthésie demeure tant que dure l'expérience proprement dite, elle indique que nous n'avons pas à redouter l'instant de mourir: c'est plutôt avec le retour à la vie que s'éveillent les douleurs. D'autre part, elle définit l'apparition de la mort par un certain état de conscience plutôt que par la revue plus ou moins réfléchie des fonctions irrémédiablement détruites: «(...) ceux qui sont tombés par quelque violent accident en défaillance de cœur et qui y ont perdu tous sentiments, ceux-là, à mon avis, ont été bien près de voir son vrai et naturel visage[1]». Le choix de l'accident permet de dégager dans sa pureté une quasi-expérience de la mort, car il impose de mettre entre parenthèses, dans une description rigoureuse, toute préparation intellectuelle, comme celle que proposent les exercices spirituels, ou toute forme de tonalité affective, telle la coloration que les tempéraments mélancoliques donnent à toutes choses[2]. Il s'agit ici d'en revenir à la pureté d'une situation dont les annonces ou les témoignages dissimulent la rudesse: la mort saisit toujours l'homme, sinon le sage, dans un état d'impréparation. Qu'est-il possible de désigner sérieusement, lorsqu'on parle de l'expérience de la mort? Celle de son imminence qui, précisément, peut être transposée: «Ce sont les approches que nous avons à craindre; et celles-là peuvent tomber en expérience[3]». Or les accidents dont parlent Montaigne et Rousseau ne sont en aucune façon prévisibles et les deux auteurs soulignent que ces événements sanctionnent purement et simplement l'irruption d'une cause

1. *Les Essais*, loc. cit., p. 372.

2. Que les textes de Montaigne et de Rousseau (mais non pas dans la deuxième Promenade) soient pétris de références à la tradition des méditations sur la mort ne doit pas nous aveugler sur le fait que ces mentions n'interviennent que pour mettre en forme une expérience que l'accident dégage dans sa nudité.

3. *Ibid.*

externe dans le cours d'une marche paisible qui devait les reconduire chez eux. Ce n'est donc pas seulement que les accidents graves relatés dans les *Essais* et dans les *Rêveries* auraient pu être mortels, en sorte qu'ils offriraient une expérience contre-factuelle toute proche de celle qui nous manque foncièrement (certes, l'expérience est celle d'une *quasi*-mort); bien plus, ils s'en approchent essentiellement puisqu'ils illustrent la même condition primitive des hommes face à une mort dont ils n'anticipent pas la réalité – il y a bel et bien une *expérience* de la mort imminente, c'est-à-dire cette *quasi-expérience de la mort* que nous recherchons.

Sur la base de cette convergence, il faut encore identifier le problème philosophique commun que les deux auteurs associent à l'élucidation de cette épreuve et dont le traitement spécifique, dans chaque *corpus*, aboutit à des divergences fécondes. En un sens, l'histoire de la rédaction de ce chapitre des *Essais* est celle de la prise de conscience des véritables enjeux d'un tel épisode : les additions qui, après la relation de l'accident, suivent dans l'édition de 1588, constituent le premier texte d'ampleur consacré par Montaigne au statut du moi et à la connaissance problématique dont il peut faire l'objet. Une telle connaissance, prise en son sens le plus concret comme celle des états successifs qu'il traverse, définit également l'objet du registre entrepris par Rousseau et la première Promenade la réfère explicitement à Montaigne – ce projet étant arrêté, la description de la promenade interrompue par son propre accident suit immédiatement, refermant ainsi l'histoire qui conduit des *Essais* aux *Rêveries*. L'existence, la constitution et la fragilité du moi définissent ainsi les termes du problème posé par l'expérience radicale d'un accident à l'occasion duquel Montaigne, puis Rousseau, perdent un moment la notion de leur identité personnelle (qui ne se confond donc pas avec le moi) ainsi que l'usage normal de leurs facultés : quelque chose du moi subsiste-t-il en de telles circonstances ? Les sentiments rudimentaires qui accompagnent le réveil suffisent-ils à le définir et, le cas échéant, quel statut convient-il de leur reconnaître ?

L'accident révèle ce qui reste du moi dans des conditions très proches de la mort. Mais il convient d'arracher à certaines confusions la perspective originale qui, à un niveau fondamental, oriente en un même sens les textes de Montaigne et de Rousseau. 1) On écartera un schéma traditionnel (que Rousseau mobilise en d'autres endroits) suivant lequel la considération de la mort permettrait d'établir la substantialité du moi et, partant, son immortalité : une telle spéculation ne constitue pas l'enjeu des descriptions livrées dans les pages que nous lisons. 2) Leur portée philosophique ne doit pas nous conduire à comprendre l'expérience de l'accident comme une sorte de fiction méthodologique, quoi qu'il en soit de l'élément littéraire de sa reconstitution – celui-ci autorise des interprétations divergentes sur lesquelles nous reviendrons. L'accident, même s'il suspend toute une série de capacités attachées au moi, ne joue pas le rôle d'une réduction révélant le caractère dérivé de telles ou telles dimensions psychiques. Deux raisons principales proscrivent cette interprétation : d'une part, l'état qu'il met en place n'est pas conquis par une certaine discipline de l'attention. Bien plus, le caractère involontaire de l'accident est essentiel pour qu'il constitue une expérience de la mort. D'autre part, nous verrons que Montaigne et Rousseau découvrent dans l'accident une expérience originale du monde et non une pure affection du moi – celle-ci dépendant même d'un effet du monde sur la sensibilité. 3) Il résulte de ces deux remarques préalables que les éléments qui, chez ces deux auteurs, regardent l'affleurement du moi au moment où le blessé reprend connaissance n'ont aucunement vocation à nous instruire sur ses structures fondamentales. Quelque tentante que paraisse une telle lecture, l'accident ne réalise pas une réduction du moi à un noyau essentiel ; il découvre plutôt une épreuve originale dont la peur de la mort (chez Montaigne) et les acquis de la perfectibilité (chez Rousseau) ne nous donnent pas l'idée et dont certains traits essentiels s'ordonneront ultérieurement, chez le promeneur solitaire, dans l'expérience de la rêverie.

Ainsi l'enquête sur l'existence du moi subira-t-elle de façon très concrète le crible de sa mort prochaine – le sujet ne s'y rapporte plus simplement par une projection imaginaire : elle se livre à lui, dans l'urgence irrécusable d'une expérience, comme la possibilité la plus réelle qui soit. Tel est le cadre que Montaigne met en place et dans lequel Rousseau inscrit son propre registre. Dans l'Essai II, VI, il n'est guère contestable que le réveil qui, par anticipation, peut être désigné comme une renaissance, doit en fait être décrit, au moment même où il survient, dans des termes convenant aux approches de la mort : « (…) je commençai à reprendre un peu de vie, mais ce fut par les menus et par un si long trait de temps que mes premiers sentiments étaient beaucoup plus approchants de la mort que de la vie[1] ». Et dans les *Rêveries*, la chute réalise en quelque sorte la destruction des facultés qui, nous l'avons vu, annonce la mort. Cet épisode se signale en particulier par le double silence, explicite, de la mémoire (« (…) je ne me souvenais de rien[2] », d'où résulte la mise entre parenthèses de l'identité) et, implicite, de l'imagination même (comment ne pas reconnaître sa stupéfaction dans le « calme ravissant » auquel

1. *Les Essais*, loc. cit., p. 373.
2. *Rêveries*, deuxième Promenade, p. 1005.

Rousseau ne trouva « rien de comparable dans toute l'activité des plaisirs connus[1] » ?). Un point essentiel, bien que sous-estimé, justifie davantage encore de lire Rousseau dans la suite de Montaigne : il réside au fond dans ce qu'on pourrait désigner comme leur empirisme et tient à ce que la première conscience accompagnant le réveil s'applique au monde extérieur plutôt qu'au moi tout seul, qui fait l'objet de l'enquête. Dans les *Essais*, la perception de l'état post-traumatique, dans un premier temps, s'épuise dans l'impression totalement indiscriminée dont le monde affecte la sensibilité. En une ligne saisissante, Montaigne va jusqu'à réduire cette affection à sa pure formalité – il ne s'agit pas même des objets visibles, mais de la condition de la visibilité, c'est-à-dire de la lumière : « Quand je commençai à voir, ce fut d'une vue si faible et si morte, que je ne discernais encore rien que la lumière[2] ». Dans les *Rêveries*, la suspension des deux facultés qui étendent le sentiment d'existence – et qui, à suivre l'*Émile*, lui donnent tout simplement lieu de se constituer – s'illustre dans le fait que Rousseau est d'abord réduit à n'éprouver son existence que dans le moment de la sensation externe : « Cette première sensation fut un moment délicieux. Je ne me sentais encore que par là[3] ». L'agrément est ici lié, *n.s.* à l'attrait du spectacle serein et à l'absence de douleur, *s.e.* à la stricte actualité du sentiment, qui ne déborde en rien le moment où il s'éprouve. Soulignons que c'est en ce point que l'accident annonce et, dans une certaine mesure, livre par avance le contenu de rêverie de la deuxième Promenade : cette expérience atteste qu'une jouissance d'exister est possible même lorsque les facultés supérieures de l'esprit sont stupéfaites (c'est le cas de l'accident) ou qu'elles se sont éteintes (c'est ce qu'éprouve Rousseau sous l'horizon de la mort). Dans les *Essais* comme dans les *Rêveries*, la pure capacité d'être affecté à laquelle se réduit la conscience primitive de l'accident n'est pas malheureuse : bien plus, elle confère aux approches de la mort une coloration relativement douce, tenant à un certain mode irréductible d'apparition du monde.

Si Rousseau paraît rejoindre Montaigne lorsqu'il s'agit de décrire l'allure que prend le monde extérieur dans l'accident, la comparaison des dispositions internes éprouvées par les deux auteurs rend nettement lisible l'orientation spécifique et, en apparence, réductrice du témoignage produit dans les *Rêveries*. Il est très remarquable que Montaigne, en même temps qu'il se voit privé de l'usage ordinaire de ses facultés, se reconnaît encore

1. *Ibid.*
2. *Les Essais*, loc. cit., p. 374.
3. *Rêveries*, deuxième Promenade, p. 1005.

dans l'expérience de cette dissolution, tandis que toute forme de conscience de soi sera totalement brouillée chez Rousseau :

> Il me semblait que ma vie ne me tenait plus qu'au bout des lèvres : je fermais les yeux pour aider, ce me semblait, à la pousser hors, et prenais plaisir à m'alanguir et à me laisser aller. C'était une imagination qui ne faisait que nager superficiellement en mon âme, aussi tendre et aussi faible que tout le reste, mais à la vérité non seulement exempte de déplaisir, ainsi [= mais aussi] mêlée à cette douceur que sentent ceux qui se laissent glisser au sommeil[1].

Ce texte célèbre appelle quatre remarques qui permettront d'approcher le sens de la démarcation rousseauiste. 1) Dans notre perspective, il est inutile d'insister sur le fait que la mort dessine l'horizon naturel de l'accident, qui en livre ainsi une forme d'expérience ; plutôt que d'opposer cette orientation à celle des *Rêveries*, rappelons[2] que les yeux clos de Montaigne expriment la conscience apaisée d'une union essentielle entre la vie et la mort. Il va de soi que cet enseignement marque une étape majeure dans l'acquisition de la sagesse, mais là n'est pas ce qui nous importe. 2) Tandis que le grand calme que Rousseau éprouvera à son tour dans les premiers instants suivant l'accident s'assortira de l'éparpillement d'un moi incapable de se circonscrire, Montaigne fait état d'une disposition de soi par laquelle il soutient une tendance paraissant le conduire jusqu'à la mort. L'esprit est bien présent et conscient d'une expérience dont il produit de surcroît une certaine interprétation, fût-elle vague. 3) Pourtant, cette conscience et le sentiment d'auto-disposition qu'elle atteint ne sauraient en aucun cas s'identifier, pour l'une avec une souveraine discipline de l'attention et, pour l'autre, avec une volition autonome. L'état de l'âme se produit « superficiellement », stipule Montaigne – ce qui revient à dire que, loin de trouver sa cause dans quelque intimité focalisant toutes les impressions, cet état réside essentiellement dans une affection, dans un événement dont l'âme n'a pas l'initiative et qui, à proprement parler, ne la requiert qu'autant que c'est bien à elle qu'il advient. 4) Montaigne apporte à cet égard deux précisions décisives. D'une part, la conscience que l'âme prend de cette expérience est une « imagination » : selon nous, le problème n'est pas de dénoncer ainsi le caractère fautif d'une interprétation spontanée de l'expérience conduisant le blessé à « pousser

1. *Les Essais*, loc. cit., p. 374.

2. Après H. Friedrich, par exemple : « L'irréductible antinomie entre la mort et la vie lui a découvert leur unité paradoxale, que peut supporter une couche profonde du moi dont l'homme réconcilié cesse de s'inquiéter » (*Montaigne*, Paris, Gallimard, 1968, p. 294).

[la vie] hors » de lui ; il s'agit bien davantage de présenter ces pensées, en tant qu'elles arrivent à l'âme, comme des modifications imprimées à la fantaisie, et d'écarter l'illusion suivant laquelle un esprit maître chez lui se les donnerait pour conserver une assiette paisible. D'autre part, cette lecture est confirmée par l'affirmation suivant laquelle il en va de la disposition de l'âme à la mort comme de « tout le reste », c'est-à-dire, avant tout, de toutes les *sensations* qui affectent l'âme sous l'effet des blessures, de la stupéfaction du cœur ou de la lumière du jour.

Ainsi, dans les moments qui suivent l'accident, tous les sentiments qui convergent dans l'expérience de l'approche de la mort n'impliquent pas que le moi sombre dans la même dissolution complète dont parlera Rousseau ; mais cette conscience capable de se saisir en première personne à l'occasion des affections externes à l'âme ne désigne rien qui se tiendrait en deçà de celles-ci : elle n'est pas même l'auteur d'une résolution authentique et elle s'exprime plutôt dans un consentement strictement borné à l'impression donnée d'aller vers la mort. Le moi qui se dessine dans ces pages, capable d'interpréter ses sentiments, n'est donc pas le sujet d'une activité – c'est ce qui apparaît encore plus nettement dans le passage où Montaigne fait état de ses réactions un peu plus tardives, lorsqu'on le ramène chez lui. Le blessé s'inquiète alors de sa femme, qui vient à sa rencontre, et il semble ainsi qu'à proprement parler, il revienne à lui ; pourtant, Montaigne prévient une interprétation fautive de ce témoignage et précise que cette expression, loin de venir d'une volonté du moi, signale la réponse spontanée de l'âme aux impressions externes : « Il semble que cette considération dût partir d'une âme éveillée ; si est-ce que je ne l'étais aucunement : c'étaient des pensements [= des contenus de pensée] vains, en nuë [= en nuée, ou sans focalisation subjective], qui étaient émus par les sens des yeux et des oreilles; ils ne venaient pas de chez moi[1] ». Littéralement, le moi n'est pas à l'origine des paroles que prononce le blessé.

Chez Rousseau, la stupéfaction des forces vitales ne s'accompagne pas de telles expressions résiduelles, qui manifestent chez Montaigne les couches du moi indépendantes de la faculté de juger comme de la volonté. Lorsque, dans les *Rêveries*, toutes les facultés irréductibles chez l'homme à la sensibilité physique se trouvent en arrêt, plus rien ne demeure qu'une série d'impressions ne rencontrant dans l'esprit qu'un écho instantané et purement affectif. Certes, l'incapacité de saisir le temps qui passe donne l'aspect satisfaisant d'un *état* au plaisir vague de la renaissance qui, en un

1. *Les Essais*, loc. cit., p. 376.

paradoxe éclairé par Montaigne, s'identifie avec la seule expérience possible de la mort. Mais ce contentement même n'est pas réfléchi et Rousseau, dans les instants qui suivent l'accident, ne peut en déchiffrer l'orientation, comme Montaigne tâchait de le faire en fermant les yeux. C'est précisément que plus aucune réflexion n'a lieu et, jusqu'aux *Rêveries*, celle-ci fut toujours requise, selon Rousseau, pour que l'homme aperçoive simplement des rapports entre les choses sensibles. Que le blessé en revienne ainsi, à l'occasion de l'accident, à de pures sensations ou, très strictement, qu'il ne possède plus aucune *idée* du monde – cela signale sans ambiguïté l'absence de cette puissance active capable de forger d'authentiques perceptions et qui, d'un point de vue empirique (au livre II de l'*Émile*) ou d'un point de vue métaphysique (dans la Profession de foi du vicaire savoyard), définit d'une façon essentielle ce qu'on peut désigner comme le sujet rousseauiste. L'épisode de l'accident, c'est-à-dire, en référence à Montaigne, l'expérience de la mort, prive de toute instanciation une conception de la subjectivité humaine qui gouvernait l'ensemble du système; et son ancien empire se lit par contraste d'autant plus nettement que rien n'exprime, dans cette seconde promenade, les autres couches du moi qui, dans les *Essais*, permettaient de le définir, en deçà d'une volonté apparente, comme une pure puissance d'être affecté. Ainsi que nous l'avons déjà signalé, ce passage crucial des *Rêveries* étend à la genèse même des autres facultés l'état de stupéfaction de la puissance active, évidemment signalé par le retour des idées aux sensations – c'est particulièrement vrai de la mémoire, ancrée dans le corps et dont le silence entraîne la perte provisoire de l'identité: «(...) je n'avais nulle notion distincte de mon individu, pas la moindre idée de ce qui venait de m'arriver; je ne savais ni qui j'étais ni où j'étais[1] ». Si l'on songe que la mémoire s'absente des premiers moments succédant à la chute, il est normal que la continuité de la personne se trouve affectée et, par suite, qu'elle devienne indistincte pour une réflexion ankylosée, qui ne la saisit plus dans la *notion* unifiée d'un individu. Il y a plus. Pourvu qu'on inscrive ce phénomène de dissolution de l'individualité en marge de l'analyse empirique exposée dans l'*Émile*, on constate que l'accident annule une conquête presque archaïque qui, du petit enfant, fit une personne. Autrement dit l'imminence de la mort ne se réduit pas à une sorte d'anticipation ou, à tout le moins, de pressentiment: son épreuve concrète réside dans la dislocation d'une l'histoire *plus ancienne* dont l'homme fait ne

1. *Rêveries*, deuxième Promenade, p. 1005.

garde pas le souvenir. Atteint dans son origine, c'est le moi lui-même qui semble condamné.

La relation de l'accident pose ainsi de façon brûlante le problème du moi et des interprétations divergentes dont il est susceptible. Chez Montaigne, l'âme n'est pas éteinte, elle peut communiquer et saisir une sorte d'orientation à même l'expérience, sans pour autant se ramasser dans une activité transparente à elle-même ; chez Rousseau, en revanche, l'arrêt des facultés paraît étouffer le moi, précisément parce qu'il fut identifié avec un individu « vraiment un » puis, d'une façon plus fondamentale, avec un sujet pleinement actif, titulaire exclusif d'une connaissance où se lit, dans chaque idée, l'empreinte embryonnaire de la volonté. Mais puisque Rousseau n'admet pas les couches supplémentaires qui, chez Montaigne, interdisent de réduire l'expérience de l'âme à celle d'un sujet, nous devrons nous interroger sur la possibilité de penser une nouvelle forme d'expérience dans ces conditions où l'activité spirituelle se voit suspendue : cette question est d'autant plus importante que les *Rêveries* répètent l'exigence de jouir *de l'ordre* après la mort – or une telle conscience synoptique, fût-elle affective, présente nécessairement un certain degré d'élaboration. Paradoxalement, la description de l'accident, sous ce point de vue, déstabilise les positions antérieurement admises par Rousseau (sur la genèse des facultés et le rôle de la puissance active dans le passage aux idées) et en fonction desquelles le registre de cet épisode est pourtant établi. L'accident lui-même a donc le statut d'une *épreuve* authentique, non seulement dans ses conséquences physiques mais, surtout, en ce qu'il impose de déplacer les limites qui circonscrivaient les capacités de l'homme : il existe bien, comme l'écrivait Montaigne, une expérience de la mort ; les perfectionnements de l'esprit analysés dans la « théorie de l'homme » ne présentent pas, en fin de compte, le caractère irréversible que Rousseau n'avait cessé d'affirmer ; dans la passivité même une jouissance peut s'éprouver, qui demeure en attente de compréhension.

Ces déplacements prennent tout leur sens dans le paysage d'ensemble de ce que nous désignons comme la dernière philosophie de Rousseau : les propriétés essentielles et exclusives que le vicaire savoyard attribuait à l'âme immatérielle sont provisoirement suspendues et leurs compétences propres se voient assumées par d'autres instances. Dans notre perspective, il apparaît nettement que l'accident joue, au plan expérientiel, le même rôle que l'analyse de la musique au plan théorique : ces deux cas brisent le carcan d'une réduction du moi au sujet actif qui ordonne les sensations dans un monde d'idées. Deux réserves s'imposent cependant. D'une part, la relation de l'accident s'arrête à cette suspension et, s'il apparaîtra qu'elle dessine une place pour un certain type de rêverie, il demeure qu'il ne s'agit encore, dans la deuxième Promenade, que d'une place vide. D'autre part, la perception de l'harmonie, le bien-être paradoxal éprouvé au seuil de la mort ne conduisent pas Rousseau à énoncer de nouveaux principes, à distribuer dans un système révisé un ensemble de thèses : la dernière philosophie que ces textes imposent d'identifier réside plutôt dans le mouvement d'une élucidation sincère de l'expérience, délestée des principes reçus de l'empirisme.

Une dernière question demeure en suspens, qui regarde la prise de conscience du vrai sens de l'accident comme expérience de la mort : comme nous l'avons vu, elle ne peut pas avoir lieu dans le moment même du réveil, comme il advenait à Montaigne. Elle s'accomplit bien plus tard, selon les *Rêveries*, lorsque le monde social renvoie à Rousseau les échos de cet épisode. D'un strict point de vue factuel, ce détour est certes mensonger et consiste en un travestissement; mais d'une façon plus profonde, il revient plutôt à radicaliser les leçons de l'expérience – à la *quasi*-rupture affectant l'existence du moi répond en effet l'altération *définitive* de l'image du soi chez les autres : « En peu de jours cette histoire se répandit dans Paris tellement changée et défigurée qu'il était impossible d'y rien reconnaître. J'aurais dû compter d'avance sur cette métamorphose[1] » – antithèse frappante, où seules sont prévisibles la discontinuité et une défiguration dont l'issue est sans relation empirique avec l'événement même, mais qui en dégage la signification. Quelle est en effet la plus grande métamorphose que les contemporains pouvaient inventer? La mort, bien évidemment, qu'ils ne manquent pas d'annoncer : « J'appris enfin que le bruit public était que j'étais mort lors de ma chute[2] ». Ainsi l'exagération mensongère est-elle en fin de compte révélatrice du sens de l'expérience : ce n'est pas seulement que, sur le moment, il n'appartient plus à une méditation auto-relative d'en instruire le moi, comme c'était le cas dans la Profession de foi; bien plus, c'est le monde, fût-il mensonger, qui nomme l'état que Rousseau a presque vécu (la mort) et qui montre ainsi ce dont il était question dans l'accident.

Enfin, ce détour social empêche que la méditation se détourne de l'horizon de mort en se réfugiant dans l'espérance consolatrice qu'un mémorial restera pour l'humanité : l'annonce presque publique du décès de Rousseau, en effet, s'opère sur un mode qui interdit de compter sur la reconnaissance de la postérité. Les *Confessions* pouvaient encore (et c'est

1. *Rêveries*, deuxième Promenade, p. 1006-1007.
2. *Ibid.*, p. 1009.

moins une affaire de chronologie que de statut textuel) demander à ceux qui les recueillent de « ne pas ôter à l'honneur de ma mémoire le seul monument sûr de [son] caractère qui n'ait pas été défiguré par [ses] ennemis[1] », les dépositaires fussent-ils les ennemis mêmes. Désormais, l'état d'hostilité *vraiment* universelle des hommes ne permet plus que la voix de Rousseau se transforme en un témoignage pérenne : « (...) la destinée de ma personne et celle de ma réputation ayant été fixées de concert par toute la génération présente, nul effort de ma part ne pouvait m'y soustraire puisqu'il m'est de toute impossibilité de transmettre aucun dépôt à d'autres âges sans le faire passer dans celui-ci par des mains intéressées à le supprimer[2] ». L'illusion d'un retour posthume parmi les hommes est ainsi congédiée – et, du même coup, la quasi-expérience de la mort n'est en aucun cas une euphémisation de celle-ci.

Par une sorte de resserrement qui suit la destruction des dimensions empiriquement construites du soi, l'accident livre à qui sait le vivre (car tout est là : il survient après que les facultés suspendues se sont assez développées pour permettre de l'interpréter) un pressentiment de l'état de pure existence – sur la sensibilité d'un être tout faible, on voit mal comment il aurait pu signifier autre chose qu'une privation, et non une réduction féconde. Sur le fond de cette expérience, il faut reprendre le problème posé dans les *Rêveries*. Tout tient au sens de la défiguration que le monde social, plus que la chute, inflige à Rousseau. On se rappelle en quoi consistait l'ultime résistance, le noyau essentiel de la conviction rousseauiste dans la Profession de foi : « Quand je n'aurais d'autre preuve de l'immatérialité de l'âme que le triomphe du méchant et l'oppression du juste en ce monde, cela m'empêcherait seul d'en douter[3] ». Sous l'allure rhétorique de l'aphorisme, cette formule relevait essentiellement de la protestation. Il revient à la seconde Promenade, en assumant ce constat en première personne, de lui donner toute sa portée philosophique. Partons de la reprise de cette contradiction dans laquelle le juste est pris, telle qu'elle nous est donnée à la fin de cette Promenade : « Dieu est juste ; il veut que je souffre[4] » – il y a là une tension, certes ; mais elle paraît si vigoureuse,

1. *Confessions*, [p. 3].
2. *Rêveries*, deuxième Promenade, p. 1009.
3. Profession de foi, p. 589.
4. *Rêveries*, deuxième Promenade, p. 1010.

grandiloquente en un sens[1], que nous risquons de manquer le caractère le plus frappant de cet énoncé. Il réside dans l'inversion de l'objet de la volonté divine, tel qu'il était défini dans la Profession de foi : au fond, il était alors question de la volonté générale de Dieu pour l'ordre et pour la justice. Désormais, la volonté de Dieu paraît impliquer la souffrance particulière d'une âme juste, qui devrait s'y résoudre; mais deux développements donnent à cette thèse une portée spécifiquement rousseauiste. 1) Ce qui arrache à cette conviction son caractère religieux, c'est la généralisation des souffrances de Rousseau qui, en quelque sorte, les inscrit dans l'ordre : la conspiration dont il est victime relève d'un « accord universel trop extraordinaire pour être purement fortuit ». L'ordre divin révèle ainsi un aspect bifront – il est devenu illisible dans l'harmonie du tout et ne révèle sa beauté que dans les détails, tandis que la généralisation du malheur du juste l'exhibe paradoxalement, en se vérifiant dans toute une série d'expériences pour lesquelles les facultés de Rousseau semblent retrouver tout leur exercice : car il peut effectuer et récapituler « des foules d'observations particulières, soit dans le passé, soit dans le présent[2] ». Il y a bien une donation empirique de l'ordre, mais elle a lieu dans les déclinaisons de l'injustice qui ne souffrent aucune exception, en sorte qu'elles dépassent les intentions des hommes et révèlent un plan divin – ou, établira finalement la huitième Promenade, une stricte nécessité : mais la positivité d'un ordre s'y affirme aussi bien. 2) Pour autant, Rousseau ne peut conclure que ce plan implique sa damnation, c'est-à-dire son malheur, puisqu'il existe et, partant, qu'il désire légitimement – selon l'ordre des choses, en somme – le bonheur. Il faut donc prendre très au sérieux la mention d'Augustin; que signale en effet cette allusion à la querelle du pur amour ? Tout simplement la résistance de l'amour de soi, dont l'intégration dans l'ordre sera une dimension essentielle : « (...) alors redevenant amour de moi-même il est rentré dans l'ordre de la nature et m'a délivré du joug de l'opinion[3] », celle-ci s'étant épuisée dans l'ultime métamorphose. Il existe un ordre *général* des choses, puisque la conspiration est *universelle*; le bonheur doit être accessible, puisque le désir que j'en ai est inscrit dans ma nature. Sans doute la fréquentation de la tradition philosophique nous conduit-elle à donner à ces deux propositions l'allure de thèses qui,

1. Quoi qu'il en soit de l'interprétation psychologisante qu'elle en donne, M. Crogiez met bien en évidence l'extrême tension qui parcourt ces lignes (*Solitude et méditation. Étude sur les* Rêveries *de J.-J. Rousseau*, Paris, Champion, 1997, p. 92).

2. *Rêveries*, deuxième Promenade, p. 1010.

3. *Rêveries*, huitième Promenade, p. 1079.

formulées conjointement, constituent une antinomie; la vérité est qu'elles doivent plutôt s'entendre, dans le registre des *Rêveries*, comme des faits que Rousseau ne peut ignorer. Elles permettent à nos yeux de suivre un itinéraire possible dans l'ouvrage, qui conduit de l'épisode de l'accident jusqu'aux ressources de la sagesse, exposées dans la huitième Promenade – nous devons dès à présent consulter ce texte pour comprendre l'orientation de la dernière philosophie de Rousseau.

L'accident est une expérience de la mort dont la reprise dans un récit (on n'ose dire une rêverie) de la deuxième Promenade, loin de l'euphémiser, révèle la structure d'ensemble comprenant la dissolution des projections imaginaires et sociales. Le principal cheminement tracé dans le dernier *opus* consiste à lire dans ce dispositif une authentique possibilité d'existence. Les repères que nous avons pris dans les deux premières Promenades, en effet, se projettent sur les effets de sagesse conquis dans la huitième, c'est-à-dire sur l'apaisement dont la persécution sociale est la cause occasionnelle – Rousseau doit à l'acharnement universel des hommes d'avoir pris conscience du rôle de son amour-propre dans ses malheurs, car c'est par cette passion que les défigurations que nous avons déjà mentionnées (corruption des textes, rumeurs de disparition, calomnies) ont pu l'atteindre. Au contraire, tel que compris dans sa formalité, l'accord de la proscription et du bonheur tiendra au retour de l'âme dans les bornes du seul amour de soi; nous tâcherons de donner plus tard un échantillon de ce qui peut servir *in concreto* cette harmonie paradoxale et il importe d'abord d'en consulter la formule, livrée dans le passage auquel nous venons de faire allusion :

> En se repliant sur mon âme, en coupant les relations extérieures et qui le rendent exigeant, en renonçant aux comparaisons et aux préférences il s'est contenté que je fusse bon pour moi; alors redevenant amour de moi-même il est rentré dans l'ordre de la nature et m'a délivré du joug de l'opinion. Dès lors j'ai retrouvé la paix de l'âme et presque la félicité. Dans quelque situation qu'on se trouve ce n'est que par lui qu'on est constamment malheureux [1].

Ces lignes décisives, si elles sont compatibles avec les thèses sur l'amour-propre établies de longue date par Rousseau, présentent des aspects profondément originaux qu'il importe de bien identifier. 1) Il n'y est qu'indirectement question des vices et des passions ruineuses dont l'amour-propre est le moteur; l'essentiel tient dans l'indexation stricte et

1. *Ibid.*, p. 1079-1080.

très pure de la félicité et du malheur, respectivement sur l'amour de soi et sur l'amour-propre : cela seul compte encore pour un solitaire qui, à la fin de sa vie, ne peut plus nuire à personne et n'entretient de rapport qu'à ses propres états. Ainsi sommes-nous reconduits au problème qui gouverne l'ensemble des *Rêveries*. 2) Ce rapatriement dans les frontières de l'amour de soi est conforme à l'ordre de la nature ; or il nous semble incontestable que cette adéquation ne peut plus s'entendre, s'agissant d'un être libre et intelligent (fût-il diminué ainsi que Rousseau l'affirme de lui-même), comme un mystérieux retour au fonctionnement impeccable et stupide qui précédait la mise en œuvre de la perfectibilité, mais bien comme une certaine *expérience* de l'ordre naturel – nous n'avons pas affaire à une adaptation muette, mais à une sorte d'assentiment conscient de lui-même dont les ressorts restent à comprendre. 3) Dans cette opération, il n'est plus même nécessaire de conférer à l'universalité de la persécution le caractère de l'intention divine, comme c'était le cas dans la deuxième Promenade : il suffit de considérer les passions humaines comme des effets naturels et, selon la fameuse comparaison [1], comme des mouvements mécaniques qui, de ce fait même, ne doivent pas intéresser l'expression morale de la sensibilité. 4) Aussi bien le recentrement dont Rousseau prétend recevoir quelque félicité passe-t-il par la suspension des dimensions supérieures et, tout à la fois, dérivées de la vie affective : la stricte contemporanéité entre l'amour-propre et les autres passions, en effet, signifie qu'en trompant le premier, on doit également abandonner les autres. Autrement dit, la concentration de l'amour de soi sur soi seul marque le renoncement de l'âme à la sensibilité identifiante et forte qui l'intéresse aux autres hommes. L'adhésion à l'ordre ne passera plus par les vues sublimes qui se livraient à l'esprit dans sa plus grande expansion, mais par un assentiment donné à l'état présent du moi, en évitant les projections intellectuelles et affectives qui le portaient au-delà de ses bornes.

Il s'avère très cohérent que cette réponse décisive à la situation physique, psychique et sociale définie dans les deux premières Promenades assume les dimensions principales relevées dans l'expérience de la mort – il en va ainsi de la suspension des dispositifs de représentation de l'avenir qui rendent les peines insupportables. Sans doute retrouvons-nous ici certaines leçons de la théorie de l'homme, mais la voie explorée dans les

1. « (...) je compris que mes contemporains n'étaient par rapport à moi que des êtres mécaniques qui n'agissaient que par impulsion et dont je ne pouvais calculer l'action que par les lois du mouvement. (...) Je ne vis plus en eux que des masses différemment mues, dépourvues à mon égard de toute moralité » (*Rêveries*, huitième Promenade, p. 1078).

Rêveries dépasse amplement ces éléments de sagesse pratique. Il est absolument remarquable, en particulier, que le rapatriement de l'âme sur l'amour de soi vienne balancer la structure normale de l'individu empirique, où les facultés supérieures et, parmi elles, l'imagination, construisent l'identité en assurant la continuité des sentiments : « La prévoyance et l'imagination les multiplient, et c'est par cette continuité de sentiments qu'on s'inquiète et qu'on se rend malheureux [1] ». À proprement parler, la félicité subjugue, non seulement l'amour-propre, mais encore la marche progressive de la sensibilité telle qu'analysée dans la théorie de l'homme. La seconde Promenade préfigurait cette situation : c'est en détruisant provisoirement le sentiment du moi forgé par la mémoire et l'imagination que l'accident faisait place à un « moment délicieux », débarrassé du principe de sa propre abolition. Il ne suffit cependant pas d'observer que cet épisode enveloppe l'indication, certes provisoire, d'un plaisir parfaitement pur. Nous devons surtout comprendre que, pour cet individu dont la société prononce la destruction, le resserrement de l'attention sur l'amour de soi, qui engendre la félicité, détourne nécessairement le processus qui, enchaînant le sentiment présent à ceux qui le suivent, produit l'identité même. Mais il s'agira dès lors d'expérimenter une autre forme de continuité dans le temps, susceptible de convertir le plaisir en état – car il y a là une condition du bonheur –, quoi qu'il en soit des persécutions extérieures et, à dire le vrai, à leur occasion, puisqu'elles conduisent Rousseau à démasquer l'amour-propre sous la fierté.

S'il fallait donner un *programme* aux *Rêveries*, sans doute se trouverait-il dans le délicat montage affectif que nous décrit cette page de la huitième Promenade ; mais ne négligeons pas que l'ouvrage nous livre le registre de ce qu'éprouve Rousseau au seuil de la mort, plutôt qu'une morale dont il s'agirait de fonder les maximes. Il nous fallait procéder à la comparaison textuelle de la deuxième Promenade et des lignes décisives qui, dans la huitième, donnent à l'accident son prolongement existentiel ; mais le bilan qui nous est alors proposé n'a de sens qu'autant qu'il répond à des expériences authentiques, où la volonté n'entre plus pour grand-chose – à des rêveries, pour tout dire, comme l'atteste au demeurant le fait que Rousseau, dans ce passage, indique qu'il peuple sa solitude d'une compagnie imaginaire. Rejouant toute une existence, ces rêveries particulières exhibent d'une façon presque emphatique le refus de la projection dans l'avenir : « Tout me ramène à la vie heureuse et douce pour laquelle j'étais

1. *Ibid.*, p. 1080.

né[1] ». Dans cette circonstance, l'amour de soi permet d'éprouver rétrospectivement quelque chose d'un destin (celui qui promet au moi la jouissance de vivre) qui n'a pas eu lieu. Encore aura-t-il fallu, pour donner toute leur portée à ces nouvelles thèses sur l'amour de soi, que l'expérience de la rêverie fît l'objet d'une compréhension plus profonde.

Récapitulons. Selon les formulations explicites retenues dans les premières Promenades, l'enjeu des *Rêveries* consiste à articuler un retour sur soi peu compréhensible dans les termes trop simples de l'autobiographie et que force la destruction sociale de Rousseau, avec une certaine restauration de l'ordre pour moi – ce second point, parfois négligé et souvent rabattu sur la métaphysique du vicaire savoyard, est en réalité établi sur d'autres bases dans l'œuvre ultime. Les *Rêveries* font ainsi passer au premier plan des déclarations qui, nous l'avons vu, demeuraient à l'état d'indices ou d'éléments rhétoriques dans les textes plus anciens – la fin de la *Lettre à Voltaire*, le début du livre II de l'*Émile*, la protestation du cœur face à l'injustice dans la Profession de foi, le bilan qui suit le récit du vicaire : d'une façon ou d'une autre, toutes ces pages présentaient déjà le besoin d'être heureux, à l'aune duquel Rousseau postule la restauration finale de l'ordre, non comme une illusion ou comme une passion contingente, mais comme une dimension essentielle et *fondée* de l'existence humaine. Or l'espérance que maintiennent les *Rêveries*, tandis que les facultés manquent pour penser les principes régissant l'harmonie de toutes choses – tandis qu'il n'est plus question d'édifier une théodicée, aussi bien –, cette espérance ne présume précisément rien d'autre que la possibilité de satisfaire l'amour de soi (et seulement lui), dans la dimension réduite mais irrécusable que révèle paradoxalement l'imminence de la mort.

L'EXPÉRIENCE DE LA RÊVERIE

Rousseau ne se contente évidemment pas, dans les *Rêveries*, de dégager dans toute sa virulence une exigence qui l'animait de longue date ; d'une façon générale, une possibilité qui demeure totalement abstraite ne retient *jamais* son intérêt et l'essentiel est de comprendre qu'en l'occurrence, elle reçoit un remplissement expérientiel : une félicité sans reste peut s'éprouver dans les conditions extrêmes qui furent mises en place. C'est la réalité d'un tel état qui donne une valeur autre que simplement psychologique à l'économie de l'amour-propre dont nous avons examiné

1. *Rêveries*, huitième Promenade, p. 1081.

le bilan final. Mais pour reconnaître cette épreuve lorsqu'elle a lieu, les instruments qui déchiffrent les états de l'âme devront être pensés à nouveaux frais.

Il faut donc en venir au texte qui, à nos yeux, représente l'aboutissement des profonds mouvements de la dernière philosophie de Rousseau : la rêverie du lac de Bienne. Cela suppose un choix de notre part, car les rêveries proprement dites sont de différents types et l'épisode même qui nous intéresse comprend en fait deux volets. Mais ce choix ne relève pas d'une lecture téléologique : d'une part, nous ne présumons pas du tout que tout est dit, à propos des dernières méditations de Rousseau, dès ce moment-là – il reste cinq promenades, qui comportent parfois des développements plus manifestement théoriques. D'autre part, dans le cours de nos recherches, nous n'avons pas reconstitué *a parte post* le cheminement qui conduit de la *Lettre à Christophe de Beaumont* à l'œuvre ultime, de 1764 à 1778, en fonction d'une idée préconçue sur ces pages des *Rêveries* : d'une façon plus modeste, nous constatons que les décisions complexes et parfois techniques (ainsi sur le jugement) qui se forgent durant cette période éclairent la description de l'état de bonheur qui, enfin, s'éprouve sur le lac. Dans la cinquième Promenade, en somme, convergent les réflexions de Rousseau sur le problème fondamental de la connaissance : celui des rapports entre passivité et activité – et l'épreuve qui répond au problème existentiel du destin de l'amour de soi.

Les deux grands sujets de ce texte sont bien identifiés et, fût-ce d'une façon parfois confuse, leur intime articulation fait l'objet d'un constat unanime chez les commentateurs. D'une part, on sait que Rousseau y décrit l'expérience d'un bonheur sans reste : « De toutes les habitations où j'ai demeuré (et j'en ai eu de charmantes), aucune ne m'a rendu si véritablement heureux ni ne m'a laissé de si tendres regrets que l'île de Saint-Pierre au milieu du lac de Bienne[1] ». Il est assez remarquable que le bonheur dont il sera ici question conjugue une expérience fondamentale de l'auto-suffisance affective et des circonstances qui ont imposé de s'y résoudre – ce point a été souligné de façon très heureuse dans un texte par ailleurs assez curieux de Louis Marin : « (...) le bonheur est fait, ici-bas, non pas pour l'homme, mais pour un homme, non pas un individu, une individualité sérielle, distributive (l'individualité bourgeoise) mais une destinée. Singularité naturelle, historique, métaphysique, définie comme le point de croisement entre une destinée et un désir [on ne saurait mieux dire, selon

1. *Rêveries*, cinquième Promenade, p. 1040.

nous] : d'un côté, une destinée, la loi ; de l'autre, le goût naturel, le désir[1] ». D'autre part, dans le moment culminant de la rêverie de la rive, Rousseau nous livre un texte fondamental, mais extrêmement difficile – d'une difficulté qui, cependant, tient pour une bonne part au fait qu'il n'a pas été resitué dans la série des réflexions de Rousseau postérieures à 1764 –, sur le sentiment de l'existence, que R. Ricatte qualifie d'une façon très heureuse de « centre de ralliement de la cinquième Promenade[2] ».

Il est important de rappeler que cette rêverie du lac de Bienne a déjà fait l'objet d'une description au livre XII des *Confessions* – or les différences entre les deux textes, nous allons le voir, marquent l'ajustement progressif de la pensée de Rousseau sur la vraie valeur de l'expérience de la rêverie. Le plus souvent, on a souligné le dépeuplement auquel Rousseau procède dans les *Rêveries*, là où les *Confessions* associaient un plus grand monde au lac de Bienne[3]. Mais le plus important, nous semble-t-il, n'a pas été vu. Il y a tout d'abord lieu de noter que cette opération répond à l'inscription de la cinquième Promenade dans le projet d'ensemble des *Rêveries*, c'est-à-dire sous l'horizon de la double mort, sociale et quasi-biologique, qui fut vécue dans la deuxième Promenade. Surtout, la coloration affective de l'expérience change profondément d'un texte à l'autre – de l'autobiographie au registre. R. Ricatte, en une brève allusion, a su apercevoir cet élément décisif : « (...) la rêverie sur la grève est dans les *Confessions* envahie par l'inquiétude[4] ». De fait, Rousseau s'y déclare « craintif » : « (...) l'ardent désir de finir mes jours dans cette île était inséparable de la crainte d'être forcé d'en sortir[5] ». Et cette crainte, loin de demeurer marginale, contamine les mouvements heureux de la sensibilité active : « Ce repos dont je jouissais avec passion n'était troublé que par l'inquiétude de le perdre, mais cette inquiétude allait au point d'en altérer la douceur[6] ». C'est que l'inquiétude corrompt essentiellement la jouissance procurée par les rêveries, puisqu'elle déstabilise son caractère d'état : or le bonheur doit

1. « La pratique fiction-utopie », in *Utopie-marxisme selon Ernst Bloch. Un système de l'inconstructible*, Paris, Payot, 1976, p. 250-251.

2. *Réflexions sur les « Rêveries »*, Paris, José Corti, 1965, p. 83.

3. Voir M. Blanc, « La 5e Promenade ou comment, par la rêverie, J.-J. Rousseau procède à sa propre divinisation », in *Jean-Jacques Rousseau au présent*, [Chambéry], Association des amis de Jean-Jacques Rousseau, 1978, p. 12-13 ; et surtout R. Osmont, « Contribution à l'étude psychologique des *Rêveries du promeneur solitaire* (la vie du souvenir, le rythme lyrique) », *Annales de la Société Jean-Jacques Rousseau*, t. XXIII, 1934, p. 92-95.

4. *Réflexions sur les « Rêveries »*, p. 86.

5. *Confessions*, Livre XII, p. 645.

6. *Ibid.*

comporter cette dimension qui, dans la cinquième Promenade, sera portée à son plus haut degré. La position de Rousseau est déclarée « précaire », puisqu'elle est menacée par l'irruption plus ou moins hostile des autres hommes, en sorte qu'il se trouve dans une dépendance de fait qui, dès l'ouverture des *Rêveries du promeneur solitaire*, sera définitivement abolie par l'état de proscription universelle : « Ceux qui ne font que m'y souffrir peuvent à chaque instant m'en chasser et puis-je espérer que mes persécuteurs m'y voyant heureux m'y laissent continuer de l'être ?[1] ». Ainsi la description donnée dans les *Confessions* porte-t-elle autant sur l'expérience du rêveur, que sur la cessation toujours prévisible du bonheur : il y est solidairement question de la jouissance et de tout ce qui l'empêche de se constituer en une véritable condition.

Or il n'y a rien de tel dans les *Rêveries*. Certes, rappelle factuellement Rousseau, le séjour à l'île Saint-Pierre fut bref : « On ne m'a laissé passer guère que deux mois dans cette île[2] ». Mais le plus important est que l'espoir prend rigoureusement la place de l'inquiétude dans la relation donnée par Rousseau : « L'espoir qu'on ne demanderait pas mieux que de me laisser dans ce séjour isolé où je m'étais enlacé de moi-même (...), cet espoir, dis-je, me donnait celui d'y finir mes jours plus tranquillement que je ne les avais passés[3] ». C'est à une inversion rigoureuse que nous avons ici affaire : au « puis-je espérer » rhétorique et résigné de l'autobiographie, le registre substitue un « espoir » fondé et paradoxalement conquis devant la mort, lorsque Rousseau décrit cette expérience dans les conditions de la réminiscence. Comment comprendre qu'une seule et même expérience puisse ainsi relever de deux horizons existentiels radicalement divergents – qu'elle se présente selon l'inquiétude ou selon l'espoir ? La seule façon de prendre au sérieux ce problème, de ne pas le réduire à une pure variation textuelle, est de se référer au second déplacement que nous avons dégagé en posant la question de la méthode : ici se manifeste en effet, à un niveau proprement philosophique, le phénomène qui fait basculer le registre dans la réactivation de l'expérience. En l'occurrence, Rousseau procède à une projection vécue, depuis le moment où il est presque mort et où il *écrit* les *Rêveries*, jusque dans les rêveries du lac de Bienne qui, par là, se livrent dans leur vérité. Selon nous, la fin de la cinquième Promenade confirmera pleinement cette interprétation, lorsque s'y trouve répétée la certitude que rien ne peut troubler le bonheur éprouvé sur le lac. La projection dont nous

1. *Ibid.*, p. 645-646.
2. *Rêveries*, cinquième Promenade, p. 1041.
3. *Ibid.*, p. 1042.

parlons mérite alors son titre, puisque l'expérience passée est transformée en expérience virtuelle, engendrée par le registre lui-même : elle ne s'écrit pas au passé mais au conditionnel. Bien plus, elle suppose l'oubli pour donner corps à la possibilité d'une existence réduite, mais heureuse :

> Que ne puis-je aller finir mes jours dans cette île chérie sans en ressortir jamais, ni jamais y revoir aucun habitant du continent qui me rappelât le souvenir des calamités de toute espèce qu'ils se plaisent à rassembler sur moi depuis tant d'années ! Ils seraient bientôt oubliés pour jamais : sans doute ils ne m'oublieraient pas de même : mais que m'importerait, pourvu qu'ils n'eussent aucun accès pour y venir troubler mon repos [1].

Or c'est sous cette hypothèse que travaille Rousseau dans son dernier ouvrage. Autrement dit, l'écriture des *Rêveries*, en ce qu'elle est radicalement affranchie des autres, délivre le sens parfaitement pur des rêveries du lac de Bienne et en accomplit l'épreuve vécue, là où l'espoir placé dans les *Confessions* répondait au reste d'inquiétude travaillant empiriquement le même épisode et, du même coup, le maintenait dans son caractère révolu.

Deux pistes se dessinent à partir de ces premières remarques, que l'examen de l'expérience même nous donnera lieu d'explorer : d'une part, la rêverie du lac de Bienne et, singulièrement, celle de la rive engagent en leur essence un rapport au moment présent qui déréalise le problème factuel de l'irruption des autres et, d'une façon plus générale, de l'interruption du bonheur qu'on éprouve; d'autre part, cette expérience doit nous instruire en retour sur l'état de Rousseau dans les *Rêveries* et, peut-être, sur le sens très paradoxal et surtout inédit que revêt l'espérance (celle de l'ordre ou de la vie à venir) dans ce texte.

Le mouvement par lequel la cinquième Promenade tire les conséquences existentielles les plus profondes de la tendance de Rousseau à « se circonscrire [2] » – tendance répétée par une loi de la « destinée », on l'a dit – se lit également dans la suite des expériences qui nous sont décrites et qui aboutissent en fin de compte à la situation d'auto-suffisance des rêveries de la rive. Il y a là, en effet, comme un resserrement, bien souligné par R. Ricatte : Rousseau part « des rêveries du bateau qui évoquent par le pluriel (…) et par l'inconstance de leur objet, les fantaisies imaginatives du Siècle d'Or, et il aboutit à la rêverie de la rive, qui est rêverie à l'état pur, non figurative [3] ». Mais il faut remonter plus loin et reconnaître, dans la

1. *Rêveries*, cinquième Promenade, p. 1048.
2. *Ibid.*, p. 1040.
3. *Réflexions sur les « Rêveries »*, p. 83.

progression du texte étudié par Ricatte, la récapitulation de l'histoire des méditations de Rousseau. Car cette réduction de la rêverie à son essence non figurative accomplit un mouvement qui, selon nous, débute dans le deuxième Dialogue[1]. Ainsi se révèle un décalage notable qui donne tout son sens à la progression de la cinquième Promenade. Dans ce dernier texte, en effet, ce qui reçoit le titre de « rêverie délicieuse[2] » correspond très exactement au simple « relâche » qui, selon les *Dialogues*, succédait à une rêverie consommant au contraire toute la force de l'imagination :

> La rêverie, quelque douce qu'elle soit épuise et fatigue à la longue, elle a besoin de délassement. On le trouve en laissant reposer sa tête et livrant uniquement ses sens à l'impression des objets extérieurs. Le plus indifférent spectacle a sa douceur par le relâche qu'il nous procure et, pour peu que l'impression ne soit pas tout à fait nulle, le mouvement dont elle nous agite suffit pour (...) nourrir en nous le plaisir d'exister sans donner de l'exercice à nos facultés[3].

Il vaut la peine d'insister sur la démarcation que révèle la comparaison des deux passages : à la séquence décrite dans les *Dialogues*, conduisant des « rêveries très animées » au « relâche » qui, lui, ne reçoit pas le titre de rêverie, la cinquième Promenade substitue, s'agissant évidemment des mêmes expériences, un mouvement de concentration qui va des rêveries les plus animées à celle, « délicieuse », qui ne requiert plus le support de ce libre jeu de l'imagination. Nous reprendrons en détail l'explication de ce délice, mais il convient avant tout de faire un sort à cette tension apparente. Ce n'est pas tellement que les variations chatoyantes des *Dialogues* soient absentes dans les *Rêveries* : elles correspondent sans aucun doute aux « mille rêveries confuses mais délicieuses[4] » du lac proprement dit ; mais ce qui compte réside bien sûr dans la requalification du relâche de la rive, qui reçoit le titre de rêverie alors qu'il paraissait en suspendre les mécanismes (et, en tout cas, ne pas survenir en même temps) dans le texte de 1776. La question, que permet de formuler la comparaison textuelle, est donc de savoir ce qu'il y a de commun entre ces deux expériences, qui se trouve révélé dans les *Rêveries du promeneur solitaire* et qui est au cœur de l'articulation entre le bonheur et le sentiment de l'existence. Qu'est-ce qui justifie en fin de compte de rassembler sous le même titre de *rêverie* des

1. Sans procéder à cette comparaison de détail, Ricatte suggère d'ailleurs de rapprocher la cinquième Promenade de ce texte (*ibid.*, p. 84-85).

2. *Rêveries*, cinquième Promenade, p. 1045.

3. *Rousseau juge de Jean-Jacques*, IIe Dialogue, p. 816.

4. *Rêveries*, cinquième Promenade, p. 1044.

affections de la sensibilité apparemment si dissemblables? Car l'une sollicite l'exercice actif de l'imagination tandis que l'autre demande une forme d'abandon et, pour tout dire, de passivité. Même si, dans la suite de Ricatte[1], nous considérons que la rêverie non figurative de la rive délivre la vérité d'une expérience plus générale, il nous semble que, conformément à ce qu'indique l'histoire des textes, il faut dans un premier temps tâcher de l'appréhender à partir des rêveries plus vives qui s'éteignent à la fin de la vie de Rousseau, c'est-à-dire comme un certain mouvement de la sensibilité, accordée aux modifications du monde, dont le premier modèle résida dans l'animation de la sensibilité active (c'est patent dans les *Dialogues*). Gardons-nous cependant de mobiliser trop vite les leçons de la théorie de l'homme en imputant ce phénomène à l'activité de l'âme : c'est *l'animation* comme telle qui importe, sans qu'il soit nécessaire de la subordonner à un modèle explicatif qui, rappelons-le, était étroitement lié à la position de Rousseau sur le problème de la connaissance. Concrètement, même si la rêverie de la rive ne peint plus rien, même si elle s'accompagne du silence de l'imagination, elle émane d'un dispositif qui était également à l'œuvre dans les rêveries figuratives et que les *Dialogues* ne reconnaissaient encore que dans ces *productions* de l'esprit – le progrès des *Rêveries*, à cet égard, est de ne plus confondre les deux niveaux (celui de l'animation phénoménale de la sensibilité et celui de la cause qui s'exerce alors) et ainsi, dans un second temps, de dégager l'essence de la rêverie. L'expérience de la rive révèle le plus puissant ressort de *toutes* les rêveries, qui fonctionne également dans les expériences passionnées relatées dans les *Dialogues* : il s'agit du *rythme*, dont les pages centrales et difficiles de la cinquième Promenade vont montrer l'enjeu existentiel et, pour tout dire, métaphysique fondamental. Souvenons-nous d'ores et déjà de la fonction qu'il assumait également au terme de l'examen des paradoxes du jugement, tel qu'il fut conduit en musique.

Commençons par relever les trois principaux traits de la phénoménologie du rythme que propose la cinquième Promenade. 1) Le rythme se dit d'un tout dont il ne rompt pas la continuité : « (…) l'uniformité du mouvement continu qui me berçait[2] ». 2) Le sens, c'est-à-dire la sensibilité passive, aperçoit néanmoins des parties dans cette totalité ; un changement dans le mouvement continu est donc identifiable. 3) Ces parties se succèdent en un cycle qui nous reconduit à l'état de départ : « Le flux et

1. Il s'agit de dégager une « définition objective du bonheur chimiquement pur selon son cœur » (*Réflexions sur les « Rêveries »*, p. 85).
2. *Ibid.*, p. 1045.

reflux de cette eau, son bruit continu mais renflé par intervalles (...)[1] ». Au fond, dans le rythme, le mouvement est déchiffrable comme tel, en ce qu'il comporte quelque changement, mais sans saut ni rupture et en tant qu'il se referme sur lui-même au bout du compte: il s'agit en somme d'« un mouvement uniforme et modéré qui n'ait ni secousses ni intervalles[2] » – nul paradoxe dans cette proposition, où l'intervalle désigne une interruption du mouvement qui n'a pas lieu, tandis qu'il entre dans le rythme de son déroulement continu selon la première citation que nous avons retenue. S'agissant de Rousseau, il est très naturel de reconnaître dans cette page les échos, voire l'application d'un concept de rythme qui joue un rôle central dans son esthétique. On consultera donc la définition du *Dictionnaire de musique*: « C'est, dans sa définition la plus générale, la proportion qu'ont entre elles les parties d'un même tout[3] » – et Rousseau reprend de Quintilien les trois domaines dans lesquels il est permis de parler de rythme : à propos des corps immobiles, du mouvement local et de la durée relative des sons[4]. Loin de ne valoir que comme un rappel encyclopédique, cette référence doit être prise au sérieux car elle assure une généralité *efficace* au concept de rythme dont Rousseau fait usage. Le rythme des *Rêveries* participe en effet des deux dernières espèces distinguées dans le *Dictionnaire de musique* (le mouvement de l'eau et son bruit), voire des trois (car le phénomène touche aussi les yeux[5]). Aussi n'est-il guère étonnant que la rêverie de la rive, ordonnée selon la forme du rythme et non plus selon les contenus successifs des images, enveloppe toutes les dimensions de l'expérience du sujet.

Mais il nous faut surtout expliciter, en nous référant au rythme musical, le problème *philosophique* que pose le rythme – son importance esthétique n'étant pas douteuse pour Rousseau, qui le tient pour « une partie essentielle de la musique, et surtout de l'imitative[6] ». Il n'est au fond qu'une distribution régulière de l'objet extérieur et, pourtant, il éveille à coup sûr telle ou telle affection morale. L'enjeu, pour la pensée, de cette puissance incontestable du rythme ne saurait être sous-estimé. En réalité, la correspondance qu'elle réalise entre un type de mouvement (insistons sur le fait qu'il n'est ici question *que* de mouvement, sans égard à quelque contenu spécifique) et un certain un état du sentiment relève proprement de

1. *Ibid.*
2. *Ibid.*, p. 1047.
3. *Dictionnaire de musique*, art. « Rythme », p. 1023.
4. Voir Quintilien, *La Musique*, livre I, sect. 3, chap. XIII.
5. *Rêveries*, cinquième Promenade, p. 1045.
6. *Dictionnaire de musique*, art. « Rythme », p. 1026.

la métaphysique – positivement, en ce qu'elle engage de manière exemplaire une variante du problème de l'union tel que formulé depuis Descartes, et négativement sans doute, en ce qu'elle demeure inélucidable : « Quel est le principe par lequel ces retours tantôt égaux et tantôt variés affectent nos âmes, et peuvent y porter le sentiment des passions ? Demandez-le au métaphysicien[1] ». Le problème du rythme est celui de l'influence de la structuration du monde matériel, réduite à sa quasi-formalité, sur les modifications de la pensée[2]. Comment ne pas noter que la rêverie caractérise ainsi une situation rigoureusement inverse de celle qui occupait le vicaire savoyard, où l'on analysait la façon dont la puissance active du *je pense* pouvait mettre en forme les sensations externes : désormais, on se demande à rebours comment la force du temps dans les choses produit un effet existentiel très profond, indépendamment, nous allons le voir, du concours du sujet cognitif, du sujet qui réfléchit et qui compare.

Pour avoir pris à la lettre la référence au relevé barométrique que Rousseau utilise dans la première Promenade, Ricatte, à plusieurs reprises, voit dans le mouvement qui conduit au rythme pur et très doux de la rêverie de la rive une véritable enquête épistémologique sur le bonheur, avançant « par un processus d'éliminations scientifiques[3] ». Du point de vue de la méthode mise en œuvre dans le dernier ouvrage, cette lecture s'arrête avant le second déplacement que nous avons identifié, du registre à la réactivation de la rêverie. Surtout, elle nous fait courir le risque de perdre de vue le déplacement capital que nous venons de lire dans la cinquième Promenade : l'expérience de la rêverie essentielle ne devient pleinement intelligible que si l'on comprend qu'elle congédie, non seulement dans sa description (qui ne sera précisément pas méthodique, comme il fut stipulé dès l'ouverture des *Rêveries*) mais aussi dans son déroulement effectif, les procédures et le sujet de la connaissance.

Avant d'expliquer, autant qu'il est possible, l'effet du rythme sur le sentiment d'existence, il est utile de procéder par la négative, en montrant

1. *Dictionnaire de musique*, art. « Rythme », p. 1026.

2. En un sens, on peut dire que le rythme de l'être se substitue au rythme de l'âme, selon un dispositif que Marin a su apercevoir (art. cit., p. 259-260), lorsqu'il parle de « la nappe du monde se repliant dans le corps » (*ibid.*, p. 259) : « Ce n'est pas moi qui me sens exister, c'est le rythme de l'être qui advient en moi comme sentiment d'exister et c'est très différent » (*ibid.*, p. 260). Qu'il soit ou non pertinent de parler ici de l'« être » importe moins, dans l'estime où l'on doit tenir ce commentaire, que la vue très claire de Marin sur l'inversion de la relation du sujet au monde où il se trouve.

3. *Réflexions sur les « Rêveries »*, p. 85.

ce dont il prend la place, ce qu'il épargne en quelque sorte à un rêveur que son imagination n'épuise plus, comme c'était le cas dans les *Dialogues* ou, probablement, au début de la cinquième Promenade. Les termes de Rousseau sont parfaitement explicites : « Le flux et reflux de cette eau (...), *suppléaient aux mouvements internes* que la rêverie éteignait en moi [là où elle les supposait dans le Deuxième Dialogue] et suffisaient pour me faire sentir avec plaisir mon existence *sans prendre la peine de penser*[1] » – la pensée désignant ici une disposition active et, pour tout dire, réflexive et non, bien sûr, le simple contenu mental. L'existence est ainsi saisie comme jouissance, d'une façon consciente d'elle-même mais indépendamment de la réflexion. La rêverie de la rive suppose donc la passivité des puissances habituelles de l'âme qui, au contraire, étaient sollicitées dans les associations imaginaires bien plus vives que Rousseau, désormais, n'est plus en état de produire – cette passivité plaisante, du même coup, est seule réactivable lorsque décline l'esprit de vie.

Une telle proclamation de la passivité de l'esprit, dans l'expérience la plus complète qui soit, appartient encore à la philosophie, même si elle ne relève plus du tout du domaine d'une *théorie* organisée selon la méthode (analytique, en l'occurrence). On ne saurait certes qu'être frappé par l'évanouissement du fait intérieur que le vicaire plaçait au cœur d'une preuve réputée irrécusable de l'existence de l'âme. Lorsque Rousseau soutient que cette rêverie s'opère « *sans aucun concours actif* de [son] âme[2] », il met incontestablement fin à l'empire de la réflexion sur les essais de métaphysique empiriste : cela même qui exprimait la liberté et l'immatérialité de l'esprit, dans la Profession de foi, s'absente de l'expérience de la rive où Rousseau va pourtant toucher dans sa pureté le sentiment de son existence. Pour saisir ce changement dans sa virulence, on songera par exemple à la reprise de l'explication donnée par Descartes de l'erreur, qui permettait au vicaire de certifier, jusque dans son rapport empirique au monde, l'irréductibilité de la puissance active. Ainsi s'opère, dans la rêverie, un renversement du cartésianisme de Rousseau – encore faut-il noter que c'est un cartésianisme gnoséologique qui est ici laissé de côté : celui qu'H. Gouhier, entre autres, élevait au rang de paradigme dans les *Méditations métaphysiques de Jean-Jacques Rousseau.* L'auteur des *Rêveries du promeneur solitaire*, en revanche, prend sans nul doute une vue plus large d'un héritage cartésien comprenant précisément les expériences effectives d'une union substantielle qui, nous l'avons vu, est

1. *Rêveries*, cinquième Promenade, p. 1045.
2. *Ibid.*

au cœur du phénomène du rythme. Qu'il s'agisse en effet de *rêverie*, dans l'abandon de l'esprit aux douces modifications qui lui viennent du dehors, nul ne l'a mieux établi que Descartes lui-même, en des pages qui justifient à elles seules de donner le titre de rêverie à ce relâche où les *Dialogues* ne la reconnaissaient pas encore[1] – Descartes, en ce sens, précède Rousseau dans la désignation de ses propres concepts : les pensées « qui ne dépendent que de ce que les impressions précédentes ont laissé en la mémoire, et de l'agitation ordinaire des esprits, sont des rêveries, soit qu'elles viennent en songe, soit aussi lorsqu'on est éveillé, et que l'âme, ne se déterminant à rien de soi-même, suit nonchalamment les impressions qui se rencontrent dans le cerveau[2] ». On lira encore tel article des *Passions de l'âme*, où se trouvent désignées « les rêveries que nous avons souvent étant éveillés, lorsque notre pensée erre nonchalamment sans s'appliquer à rien de soi-même[3] » – or l'application de l'esprit qui se trouve ici délaissée participe d'une discipline de l'attention signalant par excellence l'activité de l'esprit. Ce qui rend cette référence spécialement importante tient au fait très remarquable que Rousseau adopte un chemin pensé par Descartes comme un remède à l'infortune et qui supposait de tourner le dos à la véritable méthode de la science – le *far niente* du début de la cinquième Promenade, sur lequel se sont opposés les commentateurs[4], répond au fond à la « nonchalance » que Descartes prescrivait à Élisabeth[5] : on s'accordera

1. Nous avons déjà parlé de l'usage du terme (et, dans certains cas, d'un concept) de rêverie chez Montaigne, chez Condillac et nous en venons maintenant à Descartes. Il ne nous semble pas utile d'énumérer en outre les diverses occurrences que les commentateurs ont déjà convoquées et étudiées chez d'autres auteurs; mais il nous faut dire un mot de Lelarge de Lignac, à qui M. Raymond accorde beaucoup d'importance (*J.-J. Rousseau. La quête de soi et la rêverie*, Paris, José Corti, 1962, p. 175-176) et que nous avons consulté à propos des critiques dirigées contre Helvétius. Quelle que soit l'apparente proximité de ses textes avec les descriptions de la cinquième Promenade, la rêverie rousseauiste comporte (au moins !) un élément supplémentaire tout à fait essentiel : il s'agit de l'influence du monde extérieur qui, chez Lignac, est purement et simplement éliminée dans l'explication de cette expérience.

2. À Élisabeth, 6 oct. 1645, AT IV, p. 311. Amplement négligée pour ce qui concerne la détermination conceptuelle de la rêverie, la référence cartésienne s'ajoute aux éléments de contextualisation que M. Raymond a su mettre en ordre d'une façon irremplaçable (voir en particulier « La rêverie selon Rousseau et son conditionnement historique », in *Rêveries sans fin*, *op. cit.*, p. 99-115).

3. *Les Passions de l'âme*, Ire Part., art. 21, AT XI, p. 345.

4. On suivra Ricatte (*Réflexions sur les « Rêveries »*, p. 86-87, note 12) lorsqu'il refuse de réduire ce sentiment au pur *far niente*, comme le suggérait Roddier. Cela, ce serait encore le sujet des *Confessions* qui, dans le passage consacré au lac de Bienne, consacraient un long développement, assez prévisible en un sens, à la véritable oisiveté, distinguée de celle des cercles, qui est « un travail de forçat » (liv. XII, p. 641).

5. À Élisabeth, juin 1645, AT IV, p. 237.

ainsi aux médecins prescrivant « qu'il se faut entièrement délivrer l'esprit de toutes sortes de méditations sérieuses touchant les sciences, et ne s'occuper qu'à imiter ceux qui, en regardant la verdeur d'un bois, les couleurs d'une fleur, le vol d'un oiseau, et telles choses qui ne requièrent aucune attention, se persuadent qu'ils ne pensent à rien[1] ». D'une même façon, la rêverie de la rive suppose de faire taire la puissance active qui est à l'œuvre dans la réflexion et qui, pourtant, découvrait au vicaire la vérité de son existence spirituelle. Mais la proximité des descriptions ne doit pas nous tromper et, comme nous l'avons déjà vu à propos de l'usage probable de Condillac dans les *Rêveries*, l'une des particularités philosophiques du registre consiste à révéler la portée toute nouvelle de certains phénomènes qui ont pu faire l'objet d'évocations partielles chez d'autres auteurs : dans le cas présent, si l'expérience fut bien décrite par Descartes, il revient à Rousseau de la faire en quelque sorte remonter, depuis une anthropologie forcément dérivée, jusqu'à son niveau métaphysique, ainsi que l'annonçait l'exposé consacré au rythme. Reste que, pour finir, il se révélera très important que la position inédite du sujet rousseauiste, dans la rêverie la plus pure, soit également exprimable comme un déplacement à l'intérieur du cartésianisme.

De même que l'inversion de la relation entre le moi et le monde n'apparaît qu'au prix d'une comparaison avec la théorie du jugement de la Profession de foi – de même, les enjeux de la rêverie de la rive ne peuvent faire l'objet d'une véritable explicitation qu'une fois replacés dans la suite de thèses fondamentales établies dans la théorie de l'homme : celles-ci dessinaient au fond un projet existentiel qui se réalise dans la cinquième Promenade. Revenons tout d'abord au livre II de l'*Émile*, où il est établi que, par la mémoire, l'individu « devient véritablement un, le même, et par conséquent déjà capable de bonheur ou de misère[2] ». Là où il y a saisie de l'existence dans sa relative continuité, là se joue la possibilité du bonheur ou du malheur, car le sujet appréhende l'état dans sa sédimentation et il imagine sa poursuite au-delà du sentiment ponctuel. Nous savons que le fait même d'exister produit une jouissance selon Rousseau : le problème est désormais de savoir de quelle façon la rêverie de la rive peut convertir ce plaisir en un bonheur authentique, qui ne soit plus affecté d'aucun pressentiment de fragilité. Ainsi s'éclairera le fait que, du deuxième Dialogue à la cinquième Promenade, l'irruption des autres hommes cesse

1. À la même, mai ou juin 1645, AT IV, p. 220.
2. OC IV, p. 301.

de contaminer une expérience qui se trouve enfin reconnue comme une authentique rêverie. Mais l'enjeu est en réalité plus général et concerne toute représentation du futur, car nos projections imaginaires nous exposent à chaque fois à quelque mal. Et c'est à ce niveau que nous rencontrons la seconde occurrence de la métaphore du flux :

> Tout est dans un flux continuel sur la terre (...). Toujours en avant ou en arrière de nous, [nos affections] rappellent le passé qui n'est plus ou préviennent l'avenir qui souvent ne doit point être : il n'y a rien de solide à quoi le cœur se puisse attacher. Aussi n'a-t-on guère ici-bas que du plaisir qui passe, pour le bonheur qui dure je doute qu'il y soit connu [1].

En apparence, ces lignes réactivent les leçons de sagesse de l'*Émile* relatives, en particulier, à l'affliction que provoquent les attitudes de prévention; mais l'important est que ce danger se trouve désormais neutralisé par le simple déroulement de la rêverie de la rive.

Nous pouvons dès lors en venir à l'acquis nouveau et essentiel de cette promenade : au flux (des affections imaginaires) répond immédiatement le reflux, c'est-à-dire le repli du sentiment sur sa répétition, qui est calqué sur le rythme de l'eau et qui installe peu à peu l'âme dans un véritable *état*. Cette situation, conquise dans la réminiscence de la cinquième Promenade, ne contient plus la cause interne de dissolution (l'inquiétude) que Rousseau mentionnait encore dans les *Dialogues*. En effet, le mouvement cyclique qui berce le promeneur interdit à l'imagination de porter le *moi* là où il n'est point, même lorsqu'un début de réflexion se dirige vers les hommes : « De temps à autre naissait quelque faible et courte réflexion sur l'instabilité des choses de ce monde [ce qui, donc, faisait l'inquiétude des *Confessions* et qui va se trouver désigné comme un flux purement imaginaire à la page suivante de cette cinquième Promenade] dont la surface des eaux m'offrait l'image : mais bientôt ces impressions légères s'effaçaient dans l'uniformité du mouvement continu qui me berçait [2] ». Ces lignes admirables sont tout près de renverser les principes de Rousseau sur le concours du physique et du moral, tels que nous les avons rencontrés à propos de l'expérience musicale – ou, pour mieux dire, elles évoquent une situation qui survient après le stade passionnel de l'existence humaine. On sait qu'une fois développée la sensibilité active, celle-ci investit les sensations d'une signification morale qui leur confère leur efficacité la plus grande; or

1. *Rêveries*, cinquième Promenade, p. 1046.
2. *Ibid.*, p. 1045.

Rousseau éprouve sur la rive l'extinction de ces effets[1] : le mouvement continu (c'est-à-dire, également, rythmé) de l'eau, s'appliquant d'abord à la sensibilité physique, efface l'œuvre de l'imagination, qui associe les affaires humaines aux impressions causées par la surface des eaux. Ce processus recouvre ainsi les images rapsodiques du monde social, qui ne renaissent qu'un instant dans une imagination presque *éteinte* – telle est sans doute la raison pour laquelle la vérité de l'expérience de la rive n'apparaît que dans sa réminiscence au seuil de la mort, et non dans l'ultime et grandiose tentative de justification des *Dialogues*, quelques années plus tôt : le relâche de l'âme, au moment de la cinquième Promenade, signifie l'extinction des facultés qui la projetaient hors d'elle-même. Et s'il est vrai que le sentiment du bonheur fut d'abord analysé à partir d'une théorie de la genèse des facultés (au livre II de l'*Émile*), il n'est finalement garanti que lorsque ces opérations supérieures de l'âme s'alanguissent sans retour. Appliquée à une passivité enfin comprise[2], la régularité du flux et du reflux de l'eau installe le promeneur dans une durée refermée sur elle-même qui empêche de dissoudre le contentement par la prise en vue du futur. Le rythme, tel qu'il s'éprouve sans que l'esprit ne le remplisse de quelque image, convertit donc le plaisir d'exister en un bonheur complet. Soulignons en outre que la composition du livre, c'est-à-dire la réactivation des rêveries, l'emporte ainsi de manière définitive sur la chronologie des épisodes qu'elles relatent, puisque l'épisode de la rive (dans la cinquième Promenade) accomplit la possibilité qu'indiquait simplement la relation de l'accident (dans la deuxième)[3] : le silence

1. M. Raymond l'a puissamment exprimé : « Nous voici en deçà, non seulement de toute pensée (...), mais presque de toute affectivité » (*J.-J. Rousseau. La quête de soi et la rêverie*, *op. cit.*, p. 218-219).

2. Entendons que la passivité ne se réduit plus au pôle physique de la sensibilité, par lequel les données disparates sont mises à la disposition du jugement qui s'y applique – tel était, pour l'essentiel, la situation envisagée dans la Profession de foi du vicaire savoyard. Il est vrai que, dans ce même texte, Rousseau mentionne ce qui permet, au niveau même où les sensations sont simplement éprouvées, de les reconnaître comme *miennes* ; et l'on peut imaginer que, sur cette base, l'expérience de la rêverie développe une possibilité fondamentale de la subjectivité, prise en vue dès 1762 et qui serait liée à la passivité du sentiment : c'est par excellence la thèse de P. Audi, *Rousseau, éthique et passion*, *op. cit.*, chap. I, en particulier p. 71 *sq.* Cette perspective ne doit cependant pas nous conduire à négliger les déplacements très importants qui surviennent, du traité d'éducation au dernier ouvrage, en ce qui concerne l'assignation de la *force* de configuration des sensations et l'effacement de la sensibilité active. Ces différences nous paraissent au total plus significatives pour l'intelligence des *Rêveries*.

3. M. Raymond, dans les dernières lignes de son étude, fait allusion à cet écho d'une promenade dans l'autre (*J.-J. Rousseau. La quête de soi et la rêverie*, *op. cit.*, p. 218-219).

provisoire des facultés expansives, qui libérait un « moment délicieux » où s'éprouvait la pure existence de l'être sensible, s'installe dans la temporalité paisible de la rêverie ; et la mort que prononçaient les hommes signifie désormais qu'ils ne sont rien pour le promeneur.

La description de cette expérience, par laquelle Rousseau s'y replonge et en atteint la vérité, importe enfin parce qu'elle referme l'interrogation constante de Rousseau sur la providence, comprise dans l'élément essentiel qui concerne l'amour de soi. On ne doit certes pas se méprendre sur la prétendue « divinisation » du rêveur, qui symbolise avant tout la pure jouissance de soi, c'est-à-dire le fait même de sentir son existence *dans la durée* : « Le sentiment de l'existence dépouillé de toute autre affection est par lui-même un sentiment précieux de contentement et de paix qui suffirait à rendre cette existence chère et douce à qui saurait écarter de soi toutes les impressions sensuelles [1] ». Mais lorsqu'elle est ordonnée selon le rythme, cette durée atteint une profondeur existentielle toute nouvelle, puisque l'âme qui s'y abandonne ne l'envisage plus du tout sous l'horizon de son interruption factuelle. Dès lors, le contentement apaisé dont parle Rousseau atteint la stabilité parfaite d'un état inédit dans la condition humaine et « on se suffit à soi-même comme Dieu » ; ce rapport au créateur est plus sérieux que ce que suggère cette comparaison outrancière – comment pourrait-il en aller autrement, d'ailleurs, lorsqu'on songe aux mentions vibrantes de l'ordre dans l'écriture des *Rêveries!* C'est en ce lieu que s'éprouve la continuité la plus profonde du projet de Rousseau, qui s'accomplit malgré le renversement de la méthode retenue dans la Profession de foi. Car l'association du sentiment d'existence au plaisir constitue le point d'application spécifique de la providence à la vie humaine, comme le stipulait tel passage difficile de la *Lettre à Voltaire* dont nous avons déjà souligné l'importance. Dans les choses morales, la bonté de Dieu tient à ce que « chaque être intelligent et sensible [soit disposé] le mieux qu'il est possible par rapport à lui-même ; ce qui signifie en d'autres termes que pour qui sent son existence, il vaut mieux exister que ne pas exister [2] ». La cinquième Promenade justifie dans une épreuve

Mais il revient surtout à E. Friedlander, sur d'autres bases que les nôtres, d'avoir rapproché ces deux passages de façon très éclairante : « Just as he felt at the moment of awakening after the accident, Rousseau is beside himself, feeling his existence in the ebb and flow of the water that takes the place of the inward agitation of the soul. But in contrast to that momentary experience of awakening, Rousseau describes here a state in which the precious feeling of existence can be experienced lastingly » (*An Afterlife of Words*, *op. cit.*, p. 58).

1. *Rêveries*, cinquième Promenade, p. 1047.

2. *Lettre à Voltaire*, p. 1069-1070.

vécue l'espérance du juste, ou la croyance, réaffirmée à plusieurs moments dans les *Rêveries*, que l'ordre finalisé par Dieu comprend son bonheur : la jouissance parfaite est tout simplement celle qui s'expérimente déjà dans la rêverie du lac de Bienne – sous l'espèce de l'éternité, puisque le reflux de l'état sur lui-même rend le promeneur semblable à Dieu.

On sait que Rousseau lui-même, à la fin de la cinquième Promenade, éprouve quelques scrupules sur le contentement qu'il a retiré de la rêverie du lac de Bienne et qui ne peut être choisi qu'une fois perdue la société des hommes – il est frappant de retrouver, dans ces lignes consacrées à la seule justification de Rousseau et débarrassées de toute théorie générale, une expression fort consciente de l'ancienne concurrence philosophique entre vie active et vie contemplative :

> Il ne serait pas même bon, dans la présente constitution des choses, qu'avides de ces extases, ils [= la plupart des hommes] s'y dégoûtassent de la vie active dont leurs besoins toujours renaissants leur prescrivent le devoir. Mais un infortuné qu'on a retranché de la société humaine et qui ne peut plus rien faire ici-bas d'utile et de bon pour autrui ni pour soi, peut trouver dans cet état à toutes les félicités humaines des dédommagements que la fortune et les hommes ne lui sauraient ôter[1].

La proscription justifie donc de se livrer à une jouissance qui autrement serait malsaine, à proportion même de son intensité – puisqu'elle compense tous les plaisirs de la vie sociale. Il convient dès lors de corriger la lecture trop simple des déclarations par lesquelles Rousseau veut croire que son infortune s'inscrit dans quelque plan divin compensant, à la fin des fins, les malheurs subis parmi les hommes. Cet appel à la Providence n'exprime pas seulement (et d'une façon qui serait assez ordinaire) l'espérance du croyant; nous devons prendre au sérieux la certitude qui s'énonce alors, dans la mesure où elle s'appuie sur une expérience effective : le sombre destin infligé à Rousseau débarrasse l'extase d'une honte valant pour tout homme qui se retranche volontairement de la compagnie de ses semblables pour jouir de sa rêverie. Autrement dit, le bonheur auto-suffisant du rêveur n'est tout à fait pur qu'au sein d'un vaste système qui neutralise les rapports interhumains, car la dissolution de l'obligation morale qui leur est associée emporte la dissipation du malaise qu'il y aurait à s'y soustraire. S'il est en fin de compte possible de croire que le système implacable qui conduit à la mort sociale de Rousseau exprime la volonté de Dieu, c'est d'une part parce que les volontés particulières et désordonnées des persécuteurs

1. *Rêveries*, cinquième Promenade, p. 1047.

conspirent dans un ordre général où il est possible de les négliger pour ne considérer que des « masses différemment mues [1] » ; d'autre part et surtout, parce que cet ordre apparemment injuste libère la rêverie des derniers liens qui la hanteraient : alors le promeneur se rend « semblable à Dieu même » dans la jouissance de son indépendance. Mais il faut sans doute donner un autre sens à cette fameuse déclaration ou, plutôt, atteindre la signification vécue qu'elle revêt pour Rousseau : la certitude de n'être pas oublié par Dieu, lorsqu'elle est comprise dans son actualité et non comme une expression emphatique de l'espérance, signifie que la proscription et l'extase, l'ordre *nécessaire* de la persécution (car les ennemis sont réduits à des machines) et le reflux du plaisir sur lui-même produisant un effet d'éternité, sont intimement compris dans une même expérience. Au lieu de l'amour de Dieu trop abstrait auquel aboutissait le vicaire savoyard, nous devons dès lors reconnaître, dans l'affirmation de cette ressemblance improbable, un amour sensible de Dieu.

Le passage de la première à la deuxième Promenade met précisément en place le cadre philosophique original des méditations de Rousseau dans les *Rêveries* : ce territoire est libéré par un effacement du problème de la connaissance qui dominait encore la partie métaphysique de la Profession de foi. Or l'abandon de la voie de l'analyse, qu'il ne s'agit plus même de critiquer sur un plan théorique, est une condition *nécessaire* pour qu'apparaisse la richesse de la promenade elle-même, dans le moment exemplaire où, durant la cinquième, l'existence se trouve éprouvée dans un sentiment de jouissance auquel rien ne manque. Précisons. Nous avons appris qu'un bonheur effectif est possible et qu'il donne sa signification véritable à l'espérance dans l'ordre proclamée par le juste, en la repliant en quelque sorte sur elle-même, en la contenant à l'intérieur d'un présent pérennisé ; mais dans notre perspective, il importe surtout de souligner que cet état ne dépend plus du tout du sujet de la connaissance. Bien plus : il est atteint en inversant les relations entre passivité et activité qui, selon le modèle du jugement de comparaison, permettaient au vicaire de reconnaître en lui une âme immatérielle.

L'enquête méthodologique ne définit certes pas les enjeux de ce cheminement, qui relèvent d'une élucidation de l'amour de soi – nous conclurons sur les liens qu'entretiennent ces deux aspects de notre travail –; mais elle a le mérite d'en situer les bornes de façon nette. La démarche *empiriste* (et, *via* de notables démarcations, condillacienne)

1. *Rêveries*, huitième Promenade, p. 1078.

est abandonnée dans la dernière philosophie de Rousseau, puisque la théorie échoue à stabiliser dans l'âme le lien qu'elle prétend engendrer entre l'amour de soi et l'amour de l'ordre; reste qu'une *expérience* doit encore attester la possibilité d'une jouissance parfaite jusque dans l'état de proscription : telle est la fonction de la rêverie.

Conclusion

AFFECT ET VÉRITÉ

Le chemin de Rousseau en philosophie le conduit de l'*empirisme*, fût-il perfectionné (dans le second *Discours* et dans les trois premiers livres de l'*Émile*), poussé à ses limites (au livre IV de l'*Émile*) ou diffracté en de nouvelles figures (dans le *Contrat social*), à une élucidation inédite de l'*expérience* – et, singulièrement, de l'expérience de l'ordre. Mais cette ultime clarification est conquise au prix d'un abandon du problème de la méthode tel qu'il se posait, de façon éminente, dans le traité d'éducation. On dira qu'une exigence se maintient dans ces diverses étapes et, dans une certaine mesure, qu'elle impose de passer de l'une à l'autre : il pourrait s'agir de la recherche du bonheur. Mais c'est au fond ne rien dire, si cette exigence ne s'articule pas à une ambition philosophique explicite : elle fut certes à l'œuvre dans l'*Émile*, mais qu'en est-il des *Rêveries* ? Ou, ce qui revient au même, qu'est-ce qui justifie de parler, à propos de ces Promenades, d'une dernière *philosophie* de Rousseau, alors que le seul cadre méthodologique réellement assignable dans les grands traités se trouve congédié ? Au terme de notre propre parcours dans l'œuvre, nous croyons possible d'identifier une décision théorique qui, de la Profession de foi aux *Rêveries*, fait l'objet de clarifications successives : elle regarde le critère du vrai, en deçà des preuves insuffisantes fournies par le vicaire et de l'ordre analytique prescrit par la marche de la nature dans la présentation systématique de la théorie de l'homme. Pour apercevoir ce qui constitue moins une continuité que le point d'ancrage des exposés successifs sur les « sublimes idées » qui importent à l'existence, il convient d'une part, d'un point de vue textuel, d'analyser les termes par lesquels les *Rêveries* définissent rétrospectivement le degré de certitude des dogmes de la Profession de foi; d'autre part, d'un point de vue conceptuel, de poser le problème du fondement d'une « règle générale » de vérité que Rousseau prétendit appliquer dans sa répétition du geste cartésien. Disons tout de suite qu'une telle règle, pour demeurer valable dans le domaine de réflexion ouvert par les *Rêveries du promeneur solitaire*, devra s'articuler à l'exigence existentielle qui domine le registre des Promenades, savoir la satisfaction finale de l'amour de soi ; il faut en somme que le critère et la nature s'associent dans une même expérience – selon nous, c'est une telle articulation qui confère au dernier *opus* le statut d'un projet philosophique.

Rousseau ne se contente pas d'alléguer sa bonne foi, ni de réclamer celle de son lecteur, lorsqu'il veut donner aux vérités qu'il aperçoit un caractère de nécessité. Il tâche de cerner cette adhésion intime par des dispositifs théoriques reçus avant lui, pour l'installer fermement dans le champ de la philosophie – là même, en somme, où se formulent les doctrines matérialistes, ou celles qui contestent la Providence. Cet effort s'arme donc de références qui sont comme emboîtées les unes dans les autres[1] : pour ce qui concerne les notions sublimes rencontrées au-delà de la genèse, l'usage de ces sources permet de retracer un cheminement qui remonte de l'empirisme condillacien à une certaine réception de Descartes. Aussi devons-nous nous poser une dernière fois la question des lectures de Rousseau, afin de le suivre dans les déplacements qu'il opère en empruntant tel syntagme, tel concept, tel problème aux prédécesseurs qu'il se choisit : nous approcherons ainsi d'une façon relativement sûre un aspect essentiel de sa décision philosophique.

Partons de la solidité que les *Rêveries du promeneur solitaire* attribuent aux résultats de la Profession de foi du vicaire savoyard. Rousseau affirme que sa doctrine, qui résiste aux objections des philosophes, est « renforcée de l'assentiment intérieur [qu'il sent] manquer à toutes les autres[2] » – nous reprendrons pour finir l'intégralité de ce passage. Les commentateurs[3] ont depuis longtemps souligné qu'une telle conception de l'assentiment rappelle le sentiment intérieur de Malebranche qui, de surcroît, porte sur les mêmes objets qui intéressent prioritairement le vicaire, savoir « l'immortalité, la spiritualité, la liberté de notre âme[4] ». Mais est-il bien certain que Rousseau songe *directement* aux pages de l'oratorien ? Bien plus significatif, quant à l'intelligence de sa démarche, nous semble le fait que les termes mêmes employés pour exprimer la résistance de la vérité à toute

1. Ces sources ont parfois été identifiées par les commentateurs, rarement mises en ordre.
2. *Rêveries*, troisième Promenade, p. 1018.
3. Ainsi Derathé, *Le Rationalisme de J.-J. Rousseau*, *op. cit.*, p. 70 *sq.*
4. *Recherche de la vérité*, liv. III, IIe partie, chap. VII, § 4, OC I, p. 453.

tentative pour la rejeter (plutôt que ceux qui désignent l'instance de cette appréhension) répètent assez fidèlement, ici comme en d'autres occurrences, ce que Condillac retient de la conception malebranchiste du « maître intérieur » : « (...) ne donnez votre consentement que quand vous ne le pourrez refuser sans sentir une peine intérieure et des reproches secrets de votre conscience[1] ». En un retournement remarquable, c'est donc au cœur d'une critique empiriste des systèmes (en l'occurrence celui de la vision en Dieu) que Rousseau puise les éléments théoriques requis par sa propre critique de l'empirisme : ce que Condillac écrit de Malebranche vaut d'être retenu, mais dans une intention contraire, c'est-à-dire pour dépasser les bornes où s'arrête le progrès des connaissances mis en ordre par la méthode analytique.

Reste qu'il faut précisément mesurer ce qui, fût-ce par cet intermédiaire, a pu intéresser Rousseau dans la doctrine malebranchienne de la connaissance par sentiment intérieur : si l'on se défait du poids des commentaires répétitifs et très affirmatifs sur ce point, on constatera qu'il n'est jamais question de valider les attendus métaphysiques de cette hypothèse gnoséologique, mais d'y reconnaître l'expression juste des limites de la connaissance dont sont susceptibles les « vérités incompréhensibles et pourtant incontestables » auxquelles il faut se ménager un accès. Quoi qu'il en soit de la fréquentation tardive des milieux oratoriens, Rousseau, en ce point, n'emprunte pas à Malebranche le *contenu* de ses propres méditations mais un instrument pour mesurer leur *valeur*. On souligne la plupart du temps que cet héritage permet au Genevois d'admettre les notions vraies et pourtant obscures que nous trouvons dans les limites de notre entendement[2] – à la lettre, cependant, les choses ne se passent pas ainsi et il faut suivre de plus près le cheminement exposé dans les *Rêveries*. Certaines notions, auxquelles les conditions d'accès de la pensée demeurent confuses, *i.e.* irréductibles à la genèse des idées, éveillent dans l'esprit une conviction que *justifie* l'assentiment intérieur : disons en somme que la réflexion dont il est en charge, sans pour autant clarifier ces notions, stabilise l'adhésion qui nous y attache. Mais d'une façon générale, il ne la produit pas – et, une fois encore, il ne faut pas confondre la réception protéiforme de Malebranche dans Rousseau avec une influence pure et simple. Dans les *Rêveries*, l'assentiment intérieur ne vient que « renforcer », au plan intellectuel, une adhésion qui a d'autres motifs. Et si le résumé fourni dans le *Traité des systèmes* est sans doute l'une des sources

1. *Traité des systèmes*, chap. VI, p. 63.
2. *Cf.* Derathé, *Le Rationalisme de J.-J. Rousseau*, *op. cit.*, p. 71.

de la règle de vérité appliquée dans la Profession de foi, il faut prendre acte d'une notable démarcation : Condillac, après Malebranche, parle de la *conscience*, là où Rousseau n'attribue presque jamais à ce *dictamen* qui s'exprime dans la pratique une fonction gnoséologique que le *cœur* doit assumer.

Bien sûr, la mention du cœur, elle aussi, est précisément référencée ; mais la source pascalienne ne prend son sens que dans la stricte mesure où elle a parfaitement sa place dans le cheminement de Rousseau – entendons, tout à la fois, dans les différents états de sa pensée et dans la reconstruction méditative proposée à l'imitation de Descartes. On sait que la méditation, chez Rousseau, s'inscrit sous un horizon moral et non plus épistémique ; mais il faut comprendre, d'une façon plus précise, qu'elle porte à la conscience d'elle-même une recherche essentiellement attachée à notre *nature* – le problème est de savoir comment l'homme peut atteindre le bonheur dans les aléas de sa *condition* : il s'agit par exemple, selon les *Lettres morales*, « d'examiner une fois tout ce qu'on pense, tout ce qu'on croit, tout ce qu'on sent et tout ce qu'on doit penser, sentir et croire *pour être heureux autant que le permet la condition humaine*[1] ». Cette dualité de la nature et de la condition, reprise de Pascal, joue d'ailleurs un rôle essentiel dans le livre I de l'*Émile*[2]. Quoi qu'il en soit, le but étant ainsi fixé, qu'en est-il de la règle générale, qui assurera l'esprit de la vérité des notions qui, dépassant les conditions empiriques de la formation des idées, orientent la recherche du bonheur et en justifient la promesse ?

> Portant donc en moi l'amour de la vérité pour toute philosophie, et pour toute méthode *une règle facile et simple* qui me dispense de la vaine subtilité des arguments, je reprends sur cette règle l'examen des connaissances qui m'intéressent, résolu d'admettre pour évidentes toutes celles auxquelles *dans la sincérité de mon cœur* je ne pourrai refuser mon consentement, pour vraies, toutes celles qui me paraîtront avoir une liaison nécessaire avec les premières, et de laisser toutes les autres dans l'incertitude…[3]

Certes, une telle présentation est assez malvenue en termes rigoureusement cartésiens, puisqu'il est question de dégager, non point

1. *Lettres morales*, II, OC IV, p. 1087. Souligné par nous.

2. Voir notre étude : « Pascal dans Rousseau », in *Il moderno fra Prometeo e Narciso : Giornate Pascal 2005*, a cura di Maria Vita Romeo, Catana, c.u.e.c.m., 2007.

3. *Émile*, liv. IV, p. 570. Souligné par nous.

seulement la règle du vrai[1] mais celle de l'évidence elle-même. Ce décalage permet à Rousseau de répondre aux objections formulées par Condillac, pour qui les successeurs de Descartes « n'ont que des conseils vagues à donner[2] » afin de définir l'évidence. Là n'est pas l'essentiel et c'est l'emboîtement des références, unifiées dans un même projet profondément original, qui nous importe bien davantage : Descartes doit être suivi quelques pas, car il ouvre le chemin lorsque la pensée doit s'engager dans le doute et s'aventurer dans un domaine que la philosophie désigne comme métaphysique. Mais les notions sublimes auxquelles il importe de s'élever et de se maintenir malgré les infortunes de notre condition – ces notions sollicitent une adhésion particulière, dont Pascal a dégagé l'instrument. Outre qu'il appartient au *cœur* d'atteindre les principes, rappelons que, sous son aspect de volonté, il se manifeste dans une recherche universelle du bonheur qui intéresse directement Rousseau : « (...) le désir d'être heureux, que personne ne peut pas ne pas avoir, outre plusieurs objets particuliers que chacun suit pour y arriver[3] ». La démarcation ultime et décisive survient en ce point et elle atteste que les acquis de la théorie de l'homme sont maintenus, bien que les méditations de Rousseau se poursuivent au-delà de la méthode qui permit de l'exposer : l'exclusion du péché originel, en effet, écarte la dualité de présentation de ce cœur qui, dans *L'Art de persuader*, permet de connaître les principes mais qui est également soupçonné d'indignité. Le désir fondamental de l'homme, qui exprime l'amour de soi chez cet être intelligent et libre, vaut donc d'être reçu pour pierre de touche dans l'examen des notions qui dépassent la raison.

Voilà ce qui oriente les *méditations* de Rousseau ; mais qu'en est-il de ses *réponses aux objections* des matérialistes, que la Profession de foi ne permettait pas d'écarter de façon définitive ? Il revient aux *Rêveries du promeneur solitaire* de les congédier en mobilisant le même critère que nous venons de dégager, sans égard aux réfutations détaillées qu'une méthode désormais vacante imposait de conduire :

> Dans des matières si supérieures à l'entendement humain une objection que je ne puis résoudre renversera-t-elle tout un corps de doctrine si solide, si bien liée et formée avec tant de méditation et de soin, si bien appropriée à

1. Tel est l'objet de la règle générale : « (...) je jugeai que je pouvais prendre pour règle générale, que les choses que nous concevons fort clairement et fort distinctement sont toutes vraies » (*Discours de la méthode*, IVe partie, AT VI, p. 33).

2. *Traité des systèmes*, chap. VI, p. 63.

3. *Art de persuader*, édition Lafuma des *Œuvres complètes*, Paris, Seuil, 1963, p. 355b.

> ma raison, à mon cœur, à tout mon être et renforcée de l'assentiment intérieur que je sens manquer à toutes les autres ?[1]

Il est manifeste que Rousseau emprunte ici à Pascal la distinction des deux mêmes voies naturelles par lesquelles l'âme donne son assentiment : la raison et le cœur, nommées au début de *L'Art de persuader*. Le dénombrement des opérations mises en œuvre dans la réception des vérités supérieures est donc fort clair : 1) les éléments fondamentaux de la doctrine sont moins *prouvés* par la *raison* qu'ils ne lui *conviennent*[2] – entendons qu'ils entrent en accord avec l'exigence dont elle porte témoignage mais qui, chez l'homme, demeure pour l'essentiel bornée aux idées des choses sensibles. 2) Rousseau mentionne ensuite le *cœur*, dont il reprend à l'évidence la double qualification pascalienne : il se prononce au-delà de la raison et il atteint les premiers principes. C'est à lui qu'est revenu, dans la seconde partie de la Profession de foi, de certifier la sainteté des Évangiles[3], malgré la critique rationnelle des révélations – Pascal excluait ce procédé, précisément à cause de la dualité du cœur que Rousseau prétend avoir surmontée en rejetant le dogme du péché originel. 3) La raison et le cœur se rassemblent pour découvrir ce qui convient « à tout mon être » et qui se trouve finalement ratifié, c'est-à-dire fortifié, par « l'assentiment intérieur » – nous sommes à présent en mesure de mieux comprendre son fonctionnement : il appartient à la justification quasi-réflexive produite par l'assentiment intérieur de mettre les doctrines en balance et d'exclure les spéculations désespérantes, qui ne produisent pas le sentiment d'une concomitance entre l'ordre des choses et le désir du bonheur comme dimension irrécusable de l'existence humaine. Pour Rousseau, l'assentiment intérieur est, au fond, l'estime de ce rapport.

Certes, les lecteurs ne manquent pas, qui tiendront pour foncièrement insatisfaisante la position de thèses métaphysiques (relatives à la séparabilité de l'âme et, surtout, à la justice de l'ordre général) à partir d'une exigence de notre nature. Mais cette insatisfaction, à nos yeux, oscille entre la présomption et la naïveté : d'un côté, on s'imagine qu'il est envisageable d'écrire une métaphysique qui, de bout en bout, serait tout à fait libérée des

1. *Rêveries*, troisième Promenade, p. 1018.
2. Cette dimension gnoséologique de la convenance s'ajoute aux différentes significations que F. Guénard a dégagées dans son livre.
3. Profession de foi, p. 625.

perspectives d'une existence typiquement humaine[1]; de l'autre, on ignore la profondeur de la décision de Rousseau – profondeur conceptuelle, mais aussi historique, qui renforce la première. Dans les *Rêveries du promeneur solitaire*, l'exploration des possibilités inédites de l'amour de soi achève de montrer qu'il est essentiellement attaché à la nature d'un être sensible et conscient de lui-même: au seuil de la mort, tandis qu'il se détache des impératifs de la conservation, il demeure la source d'une jouissance pérenne qui, dans l'expérience du rythme, rend l'ordre sensible et qui, surtout, affranchit l'espérance de sa dimension d'inquiétude. Dans ces ultimes transformations, l'amour de soi est donc l'acquiescement définitif de l'homme aux bornes de sa nature, qu'il cesse d'appréhender selon un principe externe de limitation (l'amour-propre des autres hommes). Mais à l'inverse, il est également exclu d'établir une distinction réelle entre cette affection et la nature de l'homme, fût-ce en considérant celle-ci dans l'imminence de la destruction du corps. Qu'en résulte-t-il dans l'ordre de la croyance? Compris à cet étiage, l'amour de soi n'est pas la simple coloration affective de nos opinions, mais le fond même de l'adhésion que l'âme peut consentir; et s'agissant des matières supérieures à l'usage normal d'un entendement enraciné dans les sens – lorsqu'aussi bien le consentement est donné par le cœur, celui-ci opère encore sous l'horizon que prescrit l'amour de soi : en clair, les opinions qu'il valide doivent être compatibles avec ce souci existentiel fondamental.

Le critère qui, s'agissant des connaissances les plus hautes, s'applique dans les bornes indépassables de notre nature se trouve-t-il pour autant relativisé? La perspective historique doit alors fournir au lecteur l'instrument d'une juste évaluation de la certitude atteinte par Rousseau; car le promeneur solitaire rejoint en ce point une vérité du geste cartésien, par-delà les médiations que nous avons restituées. Il nous semble très clair que, pour le Rousseau des *Rêveries* (et non dans les périodes précédentes), le doute qui fut appliqué aux choses morales, puis levé par les voies que nous avons énumérées, ne se trouve pas réactivé au prétexte que les arguments des raisonneurs pourraient atteindre *dans l'abstrait* les notions sublimes qui nous importent. Car les philosophes sceptiques les examinent justement sans égard au besoin qui oriente le cœur lorsqu'il les aperçoit – sans égard, en somme à notre nature, en ce qu'elle nous assigne définitivement un point de vue enraciné dans l'amour de soi et orienté par le désir

1. Nous n'ignorons pas qu'il existe des exemples d'une telle ambition : au terme de ce parcours, on nous pardonnera de confesser l'incrédulité quelque peu consternée qu'ils nous inspirent.

du bonheur. Nous sommes ainsi tout proches d'une réponse définitive apportée par Descartes à toute tentative pour mettre en doute l'évidence *actuelle*[1]. L'entière persuasion qui accompagne l'évidence déréalise complètement la question de savoir si la vérité qui se manifeste dans ces conditions pour l'esprit humain pourrait se révéler fausse pour un esprit supérieur au nôtre :

> Car que nous importe si peut-être quelqu'un feint que cela même de la vérité duquel nous sommes si fortement persuadés paraît faux aux yeux de Dieu ou des anges, et que partant, absolument parlant, il est faux? Qu'avons-nous à faire de nous mettre en peine de cette fausseté absolue, puisque nous ne la croyons point du tout, et que nous n'en avons pas même le moindre soupçon? Car nous supposons une croyance ou une persuasion si ferme qu'elle ne puisse être ôtée, laquelle par conséquent est en tout la même chose qu'une très parfaite certitude[2].

La fermeté de la croyance justifie donc de s'en tenir à la seule considération du rapport de notre nature à la vérité qu'elle atteint. Il en va exactement de même pour Rousseau, en ce sens très précis que lorsqu'elles sont désignées par le cœur conformément aux exigences de notre nature, les vérités supérieures ne sont pas ébranlées par les arguments sceptiques et leur hypothétique « fausseté absolue » ne nous importe en aucune façon. Les différences, bien entendu, sautent aux yeux, entre la transparence de l'évidence cartésienne et la pénombre où demeurent, pour Rousseau, les notions de l'âme et de l'ordre, lorsque l'esprit parvient à les apercevoir : ce vers quoi tend tout l'être sensible et que le cœur parvient à désigner n'en reste pas moins inaccessible en droit pour un entendement que définit, non point la lumière naturelle, mais une implantation principielle dans l'expérience sensible. Il en résulte, chez Rousseau, une hantise des objections philosophiques et une réitération des moments de doute qui fut très pertinemment soulignée par J.-M. Beyssade[3]. Nous croyons nécessaire de nuancer le constat de ces balancements inconfortables. Certes, ils ne sont nulle part signalés avec tant de précision que dans les *Rêveries* : notons toutefois que le souvenir de cette douloureuse condition est relaté avant l'énoncé de la règle de vérité – il s'agit alors de revenir sur un état d'incertitude latente que Rousseau a longtemps connu, mais dont rien n'indique qu'il menace encore le promeneur solitaire. Ce changement se

1. L'hypothèse du dieu trompeur, on le sait, affecte uniquement le souvenir des évidences passées.

2. *Secondes réponses*, AT IXa, p. 113-114.

3. « Choix des principes et irréversibilité du temps », art. cit., p. 143-144.

comprend aisément si l'on donne son assise concrète à la dimension affective du rapport de l'âme à la vérité qui, s'agissant de ce qui peut enfin stabiliser le juste dans ses opinions, repose sur l'amour de soi. L'époque où Rousseau raisonnait contre Helvétius, celle où il éprouvait la puissance et les limites de la méthode – cette époque était aussi celle des grands mouvements de la sensibilité, de son expansion jusqu'à la vision d'une humanité inscrite dans l'ordre des choses. Ces vues sublimes, toutefois, ne réglaient pas constamment son existence : lorsqu'il se réalise comme principe pour d'autres passions, l'amour de soi connaît inévitablement des moments de défiguration et sa rectitude peut devenir illisible – telle est selon nous l'une des causes des retours à l'état de doute que Rousseau évoque rétrospectivement. C'est seulement dans les possibilités inédites disposées par la proximité de la mort que le principe reflue en lui-même, se défait de toutes ses dérivations et apparaît dans sa nudité : les vérités qui s'y conforment, confirmées dans de nouvelles expériences (la rêverie réactivée), font alors l'objet d'une persuasion apaisée – réconfortante, certes, mais en cela, conforme à la nature.

Les *Rêveries du promeneur solitaire* portent ainsi en pleine lumière les relations paradoxales qui, parcourant toute l'œuvre, associent le problème de la méthode et l'un des principaux concepts – peut-être même le principal – dont Rousseau voulut produire la clarification philosophique : l'amour de soi. C'est bien la méthode comme *problème*, et non comme ensemble de règles, qu'il faut prendre en vue afin de suivre ce cheminement jusqu'à son terme : telle que Rousseau l'a reçue, admirablement comprise et appliquée, la méthode de l'empirisme est impure, c'est-à-dire légitimée par des références externes (les théories de la Terre), poussée à ses limites extrêmes (les notions sublimes aperçues au livre IV de l'*Émile*), critiquée (dans la Profession de foi) et, finalement, abandonnée – le point essentiel étant que, pour autant, nulle autre méthode ne s'y substitue. Si l'on aperçoit l'importance de cette interrogation sur la voie technique de la philosophie dans le cheminement de Rousseau, on est en mesure de poser quelques jalons dans l'évolution de ces relations entre le problème de la vérité et l'affection essentielle de l'être sensible et intelligent : il existe tout d'abord une étroite suture entre le programme d'analyse génétique de la théorie de l'homme et l'élucidation de l'amour de soi comme principe – c'est-à-dire comme origine et fondement de toutes les relations morales. Dans l'état de corruption des rapports humains, ensuite, l'amour que le juste se porte conduit Rousseau à interpréter les limites normées de la méthode empirique comme de véritables obstacles au-delà desquels il faut se porter pour fonder l'espérance. Enfin, lorsque la vacance de la méthode, au début des

Rêveries, laisse apparaître pour elle-même la règle de vérité qui guidait de façon implicite Rousseau depuis la *Lettre à Voltaire*, c'est une réduction véritablement éprouvée au plan du pur amour de soi qui fournit une assise stable (une nature sans corruption) au témoignage du cœur. L'amour de soi n'est pas davantage suspecté, quant au salut qu'il désigne, que ne l'est chez Descartes l'évidence actuelle pour la connaissance humaine. La thèse essentielle de la bonté des mouvements de la nature reçoit ainsi son couronnement, au-delà de la méthode qui en illustra la fécondité pour l'intelligence de la condition humaine.

BIBLIOGRAPHIE

Pour l'essentiel, les indications qui suivent sont restreintes aux éditions et aux études utilisées dans la présente recherche.

INSTRUMENTS DE TRAVAIL

Annales de la société Jean-Jacques Rousseau, Genève, librairie Jullien ; périodique noté *ASJJR* dans la suite.

CIORANESCU (Alexandre), *Bibliographie de la littérature française du XVIII*[e] *siècle*, Paris, éd. du CNRS, 1969, t. III.

CONLON (Pierre-M.), *Ouvrages français relatifs à J.-J. Rousseau (1751-1799). Bibliographie chronologique*, Genève, Droz, 1981.

KLAPP (Otto), *Bibliographie des französischen Literaturwissenschaft*, begründet von Otto Klapp, [fortgeführt von] Astrid Klapp-Lehrmann, Frankfurt am Main, Klostermann, depuis 1956.

L'AMINOT (Tanguy), http://rousseaustudies.free.fr/

SCOTT (John T.), ed., *Jean-Jacques Rousseau : Critical Assessments of Leading Political Philosophers*, vol. III, edited by John T. Scott, London – New-York, Routledge, 2005.

ŒUVRES DE ROUSSEAU

Œuvres complètes, publiées sous la direction de Bernard Gagnebin et Marcel Raymond, 5 vol., « Bibliothèque de la Pléiade », Paris, Gallimard, 1959-1995.

Œuvres complètes et lettres, éd. dirigée par F. S. Eigeldinger et R. Trousson, 24 vol., Paris, H. Champion, 2012.

Correspondance complète de Jean-Jacques Rousseau, édition critique établie et annotée par R.-A. Leigh, Oxford, The Voltaire Foundation, 1965-.

Œuvres séparées

Institutions chimiques, éd. par B. Bernardi et B. Bensaude-Vincent, Paris, Fayard, Corpus des œuvres de philosophie en langue française, 1999.

Discours sur l'origine et les fondements de l'inégalité parmi les hommes, présentation et notes par B. Bachofen et B. Bernardi, Paris, GF-Flammarion, 2008.

Jean-Jacques Rousseau, Principes du droit de la guerre. Écrits sur la paix perpétuelle, édition du texte par B. Bernardi et G. Silvestrini, suivie d'études, Paris, Vrin, 2008.

Du Contrat social ou essai sur la forme de la République, édition du texte par B. Bernardi, suivie d'études, Paris, Vrin, 2012.

Du Contrat social, introduction et notes de B. Bernardi, Paris, GF-Flammarion, 2001.

Émile, ou de l'éducation, introduction, bibliographie et annotation conceptuelle par A. Charrak, Paris, GF-Flammarion, 2009.

La « Profession de foi du vicaire savoyard » de Jean-Jacques Rousseau, édition critique, introduction et commentaire historiques par P.-M. Masson, Fribourg, Librairie de l'Université et Paris, Hachette, 1914.

Profession de foi du vicaire savoyard, introduction et notes de B. Bernardi, Paris, GF-Flammarion, 1996.

Les Rêveries du promeneur solitaire, introduction, variantes et notes par H. Roddier, Paris, Garnier, 1960.

Lettres philosophiques, rassemblées par H. Gouhier, Paris, Vrin, 1974.

SOURCES PRIMAIRES

ABBADIE (Jacques), *L'Art de se connaître soi-même*, « Corpus des œuvres de philosophie en langue française », Paris, Fayard, 2003.

ARNAULD (Antoine) et NICOLE (Pierre), *La Logique ou l'art de penser*, Paris, Gallimard, 1992.

BENTLEY (Richard), *Defence of Natural and Revealed Religion*, London, Arthur Bettesworth and Charles Hitch, 1737.

BUFFIER (Claude), *Traité des premières vérités, et de la source de nos jugements*, Paris, Mauge, 1724.

BUFFON (Georges-Louis Leclerc de), *Œuvres*, « Bibliothèque de la Pléiade », Paris, Gallimard, 2007.

CONDILLAC (Étienne Bonnot de), *Œuvres philosophiques de Condillac*, texte établi et présenté par Georges Le Roy, Paris, P.U.F., 1947, 3 vol.

– *Essai sur l'origine des connaissances humaines*, Paris, Vrin, 2002.

– *Traité des systèmes*, « Corpus des œuvres de philosophie en langue française », Paris, Fayard, 1991.

DERHAM (Guillaume), *Physico-theology, or a demonstration of the existence and attributes of God by his works of creation, 1713; Théologie physique ou démonstration de l'existence et des attributs de Dieu tirée des œuvres de la création, Vollers*, 1715.

DESCARTES (René), *Œuvres* publiées par C. Adam et P. Tannery, 11 vol., Paris, Vrin-CNRS, 1964-1974.

DIDEROT (Denis), *Œuvres complètes* par J. Assézat et M. Tourneux, Nendeln, Kraus Reprint, 1966.

– *Œuvres complètes*, éditées par Herbert Dieckmann (†) et Jean Varloot, 25 volumes parus, Paris, Hermann, à partir de 1973.

– *Œuvres philosophiques*, éd. Vernière, Paris, Garnier, 1964.

DUTENS (Louis), *Lettres à Monsieur D... B... sur la Réfutation du livre de* L'Esprit *d'Helvétius par J.-J. Rousseau*, Londres, Société Typographique, 1779.

Encyclopédie, ou Dictionnaire raisonné des sciences des arts et des métiers, par une société de gens de lettres. Mis en ordre et publié par M. Diderot (...), et quant à la partie mathématique, par M. d'Alembert, Paris, Briasson, David, Le Breton, Durand; puis Neuchâtel, S. Faulche, 1751-1765, 17 vol.

ESTÈVE (Pierre), *Nouvelle découverte du principe de l'harmonie, avec un examen de ce que M. Rameau a publié, sous le titre de* Démonstration *de ce principe*, édition, introduction et notes par A. Charrak, Lyon, ENS Éditions, 1997.

HELVÉTIUS (Claude Adrien), *De l'Esprit*, « Corpus des œuvres de philosophie en langue française », Paris, Fayard, 1988.

Voir aussi Dutens.

KANT (Emmanuel), *Kants gesammelte Schriften*, herausgegeben von der Preussischen Akademie der Wissenschaften zu Berlin, 1900-.

Œuvres séparées :

L'Unique argument possible pour une démonstration de l'existence de Dieu, trad. fr. R. Theis, Paris, Vrin, 2001.

Remarques touchant les Observations sur le beau et le sublime, trad. fr. B. Geonget, Paris, Vrin, 1994.

LA METTRIE (Julien Offray de), *Œuvres philosophiques*, [Paris], Coda, 2004.

LELARGE DE LIGNAC (Joseph Adrien), *Examen sérieux et comique des discours sur l'esprit. Par l'auteur des Lettres Américaines*, Amsterdam, 1759, 2 vol.

LOCKE (John), *Essai philosophique concernant l'entendement humain*, trad. fr. Coste, Paris, Vrin, 1994.

Pensées sur l'éducation, trad. fr. G. Compayré, Paris, Vrin, 1992.

MALEBRANCHE (Nicolas), *Œuvres complètes*, sous la dir. d'André Robinet, Paris, CNRS-Vrin, 1962-1990.

MAUPERTUIS (Pierre-Louis Moreau de), *Œuvres* [1768], Hildesheim, Olms, 1974.

MÉRIAN (Jean Bernard), « Parallèle de deux principes de psychologie », *Histoire de l'Académie Royale des Sciences et Belles-Lettres de Berlin, Année 1757*, Berlin, Haude et Spener, 1759.

MONTAIGNE (Michel Eyquem de), *Les Essais*, éd. Pierre Villey, Paris, P.U.F., 1965.

NIEUWENTYT (Bernard), *L'Existence de Dieu démontrée par les merveilles de la nature*, Paris, Jacques Vincent, 1725.

PASCAL (Blaise), *Œuvres complètes*, « L'Intégrale », Paris, Seuil, 1963.

PLUCHE (abbé Antoine), *Histoire du Ciel, où l'on recherche l'origine de l'idolâtrie, et les méprises de la philosophie sur la formation, et sur les influences des corps célestes*, 2e édition, t. I, Paris, Estienne, 1740.

– *Le Spectacle de la nature*, Paris, Veuve Estienne, 1735-1750.

QUESNAY (François), *Œuvres*, Francfort-Paris, Baer-Peelman, 1888.

RAMEAU (Jean-Philippe), *Génération harmonique*, Paris, Prault, 1737.

Nouvelle découverte du principe de l'harmonie, Paris, Jorry, 1752.

VOLTAIRE (François-Marie AROUET, dit), *La Métaphysique de Newton ou parallèle des sentiments de Newton et de Leibni[t]z*, Amsterdam, Jacques Desbordes, 1740.

LITTÉRATURE SECONDAIRE

AUDI (Paul), *Rousseau, éthique et passion*, Paris, P.U.F., 1997.

– *Rousseau : une philosophie de l'âme*, Paris, Verdier, 2008.

BABBIT (Irving), *Rousseau and romanticism*, New York, Meridian Books, 1955.

BACZKO (Bronislaw), *Rousseau : solitude et communauté*, Paris-La Haye, Mouton, 1974.

BAERTSCHI (Bernard), *Conscience et réalité. Études sur la philosophie française au XVIIIe siècle*, Genève, Droz, 2005.

BEAULAVON (Georges), « La philosophie de J.-J. Rousseau et l'esprit cartésien », *Revue de métaphysique et de morale*, vol. XLIV, 1937.

BELAVAL (Yvon), « Rationalisme sceptique et dogmatisme du sentiment chez Jean-Jacques Rousseau », *ASJJR*, t. XXXVIII, 1969-71.

BERNARDI (Bruno), « J.-J. Rousseau, une chimie du politique ? Pour une relecture du *Contrat social*, I, 5 », *Philosophie*, n° 56, 1997.

– et BENSAUDE-VINCENT (Bernadette) [éditeurs], *Rousseau et les sciences*, Paris, L'Harmattan, 2003.

– *La Fabrique des concepts. Recherches sur l'invention conceptuelle chez Rousseau*, Paris, H. Champion, « Travaux de philosophie », 2006.

– « Un corps composé de voix », *Cahiers philosophiques*, n° 109, 2007.

BESSE (Guy), *Rousseau, l'apprentissage de l'humanité*, Paris, Messidor-Éditions sociales, 1988.

BEYSSADE (Jean-Marie), « Choix des principes et irréversibilité du temps chez Jean-Jacques Rousseau », *Les Cahiers philosophiques de Strasbourg*, tome 13, printemps 2002.

BLANC (Maurice), « La 5e Promenade ou comment, par la rêverie, J.-J. Rousseau procède à sa propre divinisation », in *Jean-Jacques Rousseau au présent*, [Chambéry], Association des amis de Jean-Jacques Rousseau, 1978.

BLUMENBERG (Hans), *La Légitimité des temps modernes*, Paris, Gallimard, 1999.

BOUCHARDY (François), « Une définition de la conscience par J.-J. Rousseau », *ASJJR*, t. XXXII, 1950-1952.

BRÉHIER (Émile), « Les lectures malebranchistes de Rousseau », in *Études de philosophie moderne*, Paris, P.U.F., 1965.

BURGELIN (Pierre), *La Philosophie de l'existence de J.-J. Rousseau*, Paris, P.U.F., 1952.

– « Kant lecteur de Rousseau », in *Jean-Jacques Rousseau et son œuvre : problèmes et recherches*, Paris, Klincksieck, 1964.

– « Hors des ténèbres de la nature », *in* P. Arnaud, H. Barth *et al.*, *Rousseau et la philosophie politique*, Paris, P.U.F., 1965.

BUZON (Frédéric de), Mathesis *et phénomène. La science cartésienne et son objet*, Paris, Champion, à paraître.

Les Cahiers philosophiques de Strasbourg, « Jean-Jacques Rousseau », tome 13, printemps 2002.

CARNEVALI (Barbara), *Romantismo e riconoscimento. Figure della coscienza in Rousseau*, Bologna, Il Mulino / Ricerca, 2004 ; trad. fr. Ph. Audegean, Genève, Droz, « Bibliothèque des Lumières », 2012.

CARRAUD (Vincent), « "La matière assume successivement toutes les formes". Notes sur le concept d'ordre et sur une proposition thomiste de la cosmogonie cartésienne », *Revue de métaphysique et de morale*, n° 1, 2000.

CASSIRER (Ernst), *Le Problème Jean-Jacques Rousseau*, Paris, Hachette, 1987.

CHARRAK (André), *Musique et philosophie à l'âge classique*, « Philosophies », Paris, P.U.F., 1999.

– « Du droit naturel au droit naturel raisonné », *Les Cahiers philosophiques de Strasbourg*, tome 13, printemps 2002.

– *Empirisme et métaphysique. L'*Essai sur l'origine des connaissances humaines *de Condillac*, Paris, Vrin, « Bibliothèque d'histoire de la philosophie », 2003.

– « Le sens de l'expérience dans l'empirisme des Lumières : le cas de Condillac », *Quaestio : annuario di storia della metafisica*, « L'Expérience », a cura di Costantino Esposito e Pasquale Porro, Bari, Turnhout, Brepols, 2005.

– « "J'ai dû me borner à raisonner". La présentation des traités de 1762 [dans la 1re des *Lettres*] », *in* B. Bernadi, F. Guénard et G. Silvestrini (éd.), *Religion, liberté, justice. Sur les* Lettres écrites de la montagne *de J.-J. Rousseau*, Paris, Vrin, 2005.

– « Pascal dans Rousseau », in *Il moderno fra Prometeo e Narciso : Giornate Pascal 2005*, a cura di Maria Vita Romeo, Catana, c.u.e.c.m., 2007.

– *Empirisme et théorie de la connaissance. Réflexion et fondement des sciences au XVIIIe siècle*, Paris, Vrin, « Bibliothèque d'histoire de la philosophie », 2009.

– « Descartes au principe des cosmogenèses matérialistes », *Corpus. Revue de philosophie*, n° 61 : « Matérialisme et cartésianisme », 2011.

COZ (Michel) et JACOB (François) (éd.), *Rêveries sans fin. Autour des* Rêveries du promeneur solitaire, Orléans, Paradigme, 1997.

COOPER (Laurence D.), *Rousseau and Nature : The Problem of the Good Life*, Penn State University Press, 1999.

COTONI (Marie-Hélène), « Le "christianisme" de Rousseau au temps des *Rêveries du Promeneur Solitaire* », *Études Jean-Jacques Rousseau*, tome X, 1998.

CRANSTON (Maurice), *The Solitary Self. Jean-Jacques Rousseau in Exile and Adversity*, Chicago, The University of Chicago Press, 1997.

CROGIEZ (Michèle), *Solitude et méditation. Étude sur les Rêveries de Jean-Jacques Rousseau*, Paris, Champion, 1997.

DERATHÉ (Robert), *Le Rationalisme de J.-J. Rousseau*, Paris, P.U.F., 1948.

– « La problématique du sentiment chez Rousseau », *ASJJR*, t. XXXVII, 1966-1968.

DERRIDA (Jacques), *De la Grammatologie*, Paris, Minuit, 1967.

DI PALMA (Marco), « "Un soin que je me dois": self-regarding virtues in Rousseau's *Dialogues* », *French Studies* 58 (1), 2004.

DUCHESNEAU (François), « Condillac critique de Locke », *Studi internazionali di filosofia*, VI, 1974.

EIGELDINGER (Marc), *Jean-Jacques Rousseau et la réalité de l'imaginaire*, Neuchâtel, Les Éditions de la Baconnière, 1962.

EIGELDINGER (Frédéric), *Des Pierres dans mon jardin : les années neuchâteloises de Jean-Jacques Rousseau et la crise de 1765*, Paris, H. Champion, 1992.

FRIEDLANDER (Eli), *J.-J. Rousseau. An Afterlife of Words*, Cambridge-London, Harvard University Press, 2004.

FRIEDRICH (Hugo), *Montaigne*, Paris, Gallimard, 1968.

GAGNEBIN (Bernard), « Les conditions du bonheur chez Jean-Jacques Rousseau », *Revue d'histoire et de philosophie religieuses*, 1975-1.

GOLDSCHMIDT (Victor), *Anthropologie et politique. Les principes du système de Rousseau*, Paris, Vrin, 1983.

GOUHIER (Henri), *Les Méditations métaphysiques de Jean-Jacques Rousseau*, Paris, Vrin, 1984.

– « Modèle, mythe, réalité dans la pensée de J.-J. Rousseau », *ASJJR*, t. XL, 1992.

GROSRICHARD (Alain), « Gravité de Rousseau. L'Œuvre en équilibre », *Cahiers pour l'analyse*, vol. 8 : « L'impensé de Rousseau », 1967.

– « Dans la nuit des Lumières », *in* A. Novaes (éd.), *Les Aventures de la raison politique*, Paris, Métailié, 2006.

– « "Où suis-je ?", "Que suis-je ?" Réflexions sur la question de la *place* dans l'œuvre de J.-J. Rousseau, à partir d'un texte des *Rêveries* », *in* M. Coz et F. Jacob (éd.), *Rêveries sans fin. Autour des* Rêveries du promeneur solitaire, Orléans, Paradigme, 2000.

GUÉHENNO (Jean), *Jean-Jacques 1758-1778. Grandeur et misère d'un esprit*, Paris, Gallimard, 1952.

GUÉNARD (Florent), *Rousseau et le travail de la convenance*, Paris, Honoré Champion, 2004.

HATZENBERGER (Antoine), *Rousseau et l'utopie. De l'État insulaire aux cosmotopies*, Paris, H. Champion, 2012.

HOUSSET (Emmanuel), *L'Intelligence de la pitié. Phénoménologie de la communauté*, Paris, Le Cerf, 2003.

JACOB (François) : voir COZ (Michel).

KAWAI (Kiyotaka), « Sur la théodicée du vicaire savoyard », in *Rousseau, l'*Émile *et la Révolution, Actes du colloque international de Montmorency, 27 sept. – 4 oct 1989*, publiés par R. Thiéry, Paris, Universitas, 1992.

KELLY (Christopher), « The *Confessions* as Philosophic Autobiography », in *The Cambridge Companion to Rousseau*, Cambridge, Cambridge University Press, 2001.

LABUSSIÈRE (Jean-Louis), « J.-J. Rousseau et la perfectibilité : de l'individu à l'espèce », *in* B. Binoche, *L'Homme perfectible*, Seyssel, Champ-Vallon, 2004.

MARIN (Louis), « La pratique fiction-utopie », in *Utopie-marxisme selon Ernst Bloch. Un système de l'inconstructible*, Paris, Payot, 1976.

MARSHALL (Terence), « Perception politique et théorie de la connaissance dans l'œuvre de Jean-Jacques Rousseau », *Revue française de science politique*, t. 29, n° 4-5, 1979.

MARTINEAU (Emmanuel), « Nouvelles réflexions sur les *Rêveries* », *Archives de philosophie*, 47, 1984, 3.

MASSON (Pierre-Maurice), « Questions de chronologie rousseauiste », *ASJJR*, t. IX, 1913.

– *La Religion de Jean-Jacques Rousseau*, Paris, Hachette, 1916, 3 vol.

MASTERS (Roger D.), *La Philosophie politique de Rousseau*, trad. fr. Gérard Colonna d'Istria et Jean-Pierre Guillot, Lyon, ENS Éditions, 2002.

MEIER (Heinrich), « Les Rêveries du promeneur solitaire ». *Rousseau über das philosophische Leben*, München, Carl Friedrich von Siemens Stiftung, 2005.

MORCAVALLO (Bruno), *Scienza e pensiero teologico da Boyle a Ray*, Cosenza, Edizioni Busento, 1988.

MOREAU (Pierre-François), *Le Récit utopique. Droit naturel et roman de l'État*, Paris, P.U.F., 1982.

O'DEA (Michael), *Rousseau : Music, Illusion and Desire*, New York, St Martin's Press, 1995.

OSMONT (Robert), « Contribution à l'étude psychologique des *Rêveries du promeneur solitaire* (la vie du souvenir, le rythme lyrique) », *ASJJR*, t. XXIII, 1934.

RADICA (Gabrielle), *L'Histoire de la raison. Anthropologie, morale et politique chez Rousseau*, Paris, H. Champion, 2008.

RAYMOND (Marcel), « La rêverie selon Rousseau et son conditionnement historique », *in* M. Coz et F. Jacob (éd.), *Rêveries sans fin. Autour des* Rêveries du promeneur solitaire, Orléans, Paradigme, 2000.

– *J.-J. Rousseau. La quête de soi et la rêverie*, Paris, José Corti, 1962.

RICATTE (Robert), *Réflexions sur les « Rêveries »*, Paris, José Corti, 1965.

RILEY (Patrick) (ed.), *The Cambridge Companion to Rousseau*, Cambridge, Cambridge University Press, 2001.

ROBINET (André), « À propos d'ordre dans la Profession de foi du vicaire savoyard », *Studi Filosofici*, vol. 1, Florence, Olschli, 1978.

RUEFF (Martin), « L'ordre et le système, l'empirisme réfléchissant de Jean-Jacques Rousseau », *in* J. Boulad-Ayoub, Isabelle Schulte-Jenckhoff et P.-M. Vernes (éd.), *Rousseau anticipateur retardataire*, Paris, L'Harmattan, Laval, P.U.L., 2000, chap. XVII, p. 275-344.

– « L'optique dans la théorie de l'homme », *in* B. Bensaude-Vincent et B. Bernardi (éd.), *Rousseau et les sciences*, Paris, L'Harmattan, 2003.

– « Apprendre à voir la nuit : l'optique dans la théorie de l'homme », *Corpus* (43), 2003.

SARTRE (Jean-Paul), *L'Imaginaire*, Paris, Gallimard, 1986.

SCOTT (John T.), « The harmony between Rousseau's musical theory and his philosophy », in *Journal of the History of Ideas* 59 (2), 1998.

SILVESTRINI (Gabriela), « Républicanisme, contrat et gouvernement de la loi », *Cahiers philosophiques de Strasbourg*, tome 13, printemps 2002.

STAROBINSKI (Jean), *Jean-Jacques Rousseau : la transparence et l'obstacle*, Paris, Gallimard, 1971.

– « The motto Vitam impendere vero and the question of lying », in *The Cambridge Companion to Rousseau*, Cambridge, Cambridge University Press, 2001.

INDEX NOMINUM

TABLE DES MATIÈRES

Achevé d'imprimer en novembre 2022
sur les presses de
La Manufacture - Imprimeur – 52200 Langres
Tél. : (33) 325 845 892

N° imprimeur : 220970 - Dépôt légal : février 2013
Imprimé en France